VIKTORIA SCHRADER

Über Schuld und Durchschnittsmenschen – auch ein Beitrag zum Verbandsstrafrecht

Lieber Klaus,

mit einem großen Dankeschön für all die anregenden Diskussionen und spannenden Anregungen – und vor allem für all die Unterstützung!

Viktoria

D1731297

Schriften zum Strafrecht

Band 375

Über Schuld
und Durchschnittsmenschen –
auch ein Beitrag
zum Verbandsstrafrecht

Von

Viktoria Schrader

Duncker & Humblot · Berlin

Die Juristische Fakultät der Technischen Universität Dresden
hat diese Arbeit im Jahre 2020 als Dissertation angenommen.

Bibliografische Information der Deutschen Nationalbibliothek

Die Deutsche Nationalbibliothek verzeichnet diese Publikation in
der Deutschen Nationalbibliografie; detaillierte bibliografische Daten
sind im Internet über http://dnb.d-nb.de abrufbar.

ISSN 0558-9126
ISBN 978-3-428-18266-4 (Print)
ISBN 978-3-428-58266-2 (E-Book)

Gedruckt auf alterungsbeständigem (säurefreiem) Papier
entsprechend ISO 9706 ♾

Internet: http://www.duncker-humblot.de

Vorwort

Die vorliegende Arbeit wurde im August 2020 von der juristischen Fakultät der Technischen Universität Dresden als Dissertation angenommen. Sie berücksichtigt Rechtsprechung und Literatur bis April 2020. Ihr Entstehen wurde durch unheimlich viele Menschen auf vielfältigste Weise unterstützt, denen ich an dieser Stelle danken möchte.

Als erstes gilt mein Dank meinem Doktorvater, Herrn Prof. Dr. Detlev Sternberg-Lieben, auf dessen Unterstützung ich mich immer verlassen konnte und der es auf bewundernswerte Weise immer wieder geschafft hat, mir neben aller wissenschaftlichen Freiheit hervorragende Unterstützung und produktiven Austausch zu gewähren. Ebenfalls herzlich bedanken möchte ich mich bei Herrn Prof. Dr. Martin Schulte für die freundliche Übernahme und die zügige Erstellung des Zweitgutachtens sowie bei Herrn Prof. Dr. Dietmar Schanbacher für sein Mitwirken in der Prüfungskommission.

Viele wertvolle Anregungen, ständige Diskussions- und stete Hilfsbereitschaft verdanke ich meinen Freunden, Bekannten und Kollegen. Sie alle haben mich auf vielfältige Weise auf diesem Weg begleitet – als kritische Korrekturleser, konstruktive Diskussionspartner oder kreative Inputgeber waren sie in dem richtigen Maß konstant, konventionell und konspirativ. Der größte Dank aber gilt meiner Familie. Ihre immerwährende uneingeschränkte, vielseitige Unterstützung und ihre Liebe haben im wesentlichen Maße zum Gelingen dieser Arbeit beigetragen. Ihnen widme ich diese Arbeit.

Dresden, im März 2021   *Viktoria Schrader*

Inhaltsverzeichnis

A. Einleitung 11

B. Die Problematik um den rechtlichen Schuldbegriff 14

   I. Die Ablösung des psychologischen durch den normativen Schuldbegriff 18

   II. Die positiv-rechtliche Erwähnung der Schuld 20

   III. Die materielle Seite der Schuld 22

     1. Philosophische Betrachtungen 27

       a) Determinismus 27

         aa) Grundlage: Das Libet-Experiment 29

         bb) Die Wiederaufnahme 30

         cc) Zusammenfassung 33

       b) Indeterminismus 35

       c) Das Dilemma der Willensfreiheit und die Ansätze des (agnostischen) Kompatibilismus 39

         aa) Kompatibilismus nach George Edward Moore 41

         bb) Die Auffassung von Moritz Schlick 42

         cc) Schwache Freiheit bei Peter F. Strawson 43

         dd) Die Erweiterung der Position durch Harry Frankfurt 44

           (1) Frankfurt Fälle 44

           (2) Frankfurts Konzept der Willensfreiheit 45

         ee) Keine ‚Faule Vernunft'? – Die Position Daniel Dennetts 47

         ff) Zusammenfassung 48

     2. Strafrechtswissenschaftliche Schuldkonzeptionen 49

       a) Der Bundesgerichtshof und die Konzeption des „Anders-Handeln-Können" 49

       b) Charakterschuld 52

       c) Der agnostische Kompatibilismus in der Rechtswissenschaft 56

         aa) Funktionaler Schuldbegriff von Günther Jakobs 57

         bb) Roxins normative Ansprechbarkeit 61

         cc) Hold von Ferneks maßgerechter Mensch 65

         dd) Zusammenfassung der Schuldkonzepte 66

   IV. Zusammenfassung 68

C. Die Normativität des Rechts 71

  I. Zur Sein und Sollen-Dichotomie 71

    1. Grundlagen 72

    2. Die Sein & Sollen-Dichotomie in der Rechtswissenschaft 74

      a) Zur „Natur der Sache" 78

      b) Reine Rechtslehre – Hans Kelsen 80

      c) Naturrechtliche Ansätze 86

      d) Rechtssoziologische Ansätze 88

      e) Prinzipientheorie 91

      f) Die Wechselwirkung von Norm und Wirklichkeit 94

      g) Zusammenfassung 97

  II. Normen, Personen und deskriptive Begriffe 98

    1. Was sind (rechtliche) Normen? 98

    2. Die Definition von Rechtspersonen 101

    3. Deskriptive Begriffe 106

  III. (Wertausfüllungsbedürftige) Begriffe der Rechtswissenschaft 106

    1. Normative Tatbestandsmerkmale 108

    2. Typusgedanken und Maßfiguren 111

    3. Zusammenfassung 118

  IV. Die Ausgestaltung des Rechts durch Moral oder Fakten 119

    1. Standard 119

    2. Rechtsprinzipien 122

      a) Rechtsprinzipien als Bestandteil der Rechtsordnung 122

      b) Begriff der Prinzipien 126

      c) Menschenwürde als Rechtsprinzip und Grundrecht 127

      d) Das Menschenbild des Grundgesetzes 129

    3. Zusammenfassung 131

  V. Ergebnis 132

D. Schuldfähigkeit juristischer Personen 137

  I. Problemaufriss 138

  II. Juristische Person als Rechtsperson 139

    1. Geschichte der juristischen Person 140

    2. Adressat der Erwartungshaltung 143

    3. Anthropozentrik des Grundgesetzes 145

  III. Das Unternehmen als handelndes Subjekt? 146

  IV. Schuld(un)fähigkeit? 148

    1. Ablehnung der Schuldfähigkeit 149

    2. Schuld durch Zurechnung 150

    3. Originäre Schuldfähigkeit von Unternehmen 151

V. Ergebnis 153

  1. „Anders-Handeln-Können" der juristischen Person? 154

  2. Juristische Personen – Träger einer Ehre und Adressaten einer sittlichen
     Pflicht? 155

  3. Anerkennung eines Persönlichkeitsrechts? 157

  4. Schuldfähigkeit durch die Herausbildung normativ-sozialer Konventionen? 157

E. Zusammenfassung der wesentlichen Erkenntnisse 159

Literaturverzeichnis 161

Stichwortverzeichnis 190

A. Einleitung

„Jeder ist an allem schuld. Wenn jeder das wüßte, hätten wir das Paradies auf Erden."[1]

Schuld wurde in vielen Disziplinen immer wieder thematisiert: *Dostojewski* erschuf unzählige literarische Werke, welche die Schuld des Einzelnen und der Gesellschaft zum Gegenstand haben.[2] *Nietzsche* philosophierte über Gegenstand und Rechtfertigung der Schuld und versuchte, die theologischen Bezüge aufzulösen.[3] *Freud* entwickelte seinen Ödipus-Komplex und rechtfertigte mit diesem die Schuld, welche der Mensch im Laufe seiner Entwicklung auf sich lädt.[4] Literatur, Philosophie, Psychologie, Neurologie haben die Schuld des Einzelnen immer wieder zum Gegenstand ihrer Betrachtungen gemacht und dabei die Frage aufgeworfen, ob Schuld nicht doch lediglich Interpretation darstellt und rein auf der subjektiven Wahrnehmung der Anderen beruht.[5]

So erscheint Schuld als eine zentrale Frage des Menschseins. Auch die Strafrechtswissenschaft hat sich dem Thema zugewandt und Schuld in § 46 StGB positivrechtlich als Grundlage für die Bemessung der Strafe definiert. Dabei wird der Inhalt der Schuld herkömmlicherweise als ein „Anders-Handeln-Können"[6], auf indeterministischer Grundlage „als das Dafür-Können der Person für ihre rechtswid-

---

[1] Das Zitat wird immer wieder *Dostojewski* zugeschrieben. Er hat so ähnlich in „Die Gebrüder Karamasow" festgehalten: „Jeder von uns ist vor allen anderen schuldig, und ich am allermeisten". *Dostojewski*, Die Brüder Karamasow, S. 462.

[2] Die Frage nach der Schuld des Menschen war wesentlicher Gegenstand von *Dostojewskis* umfassendem Werk. *Die Brüder Karamasow, Schuld und Sühne* (richtiger übersetzt „*Verbrechen und Strafe*"), *Der Idiot* und viele weitere.

[3] „Angenommen, daß wir nachgerade in die *umgekehrte* Bewegung eingetreten sind, so dürfte man mit keiner kleinen Wahrscheinlichkeit aus dem unaufhaltsamen Niedergang des Glaubens an den christlichen Gott ableiten, daß es jetzt bereits schon einen erheblichen Niedergang des menschlichen Schuldbewußtseins gäbe; ja die Aussicht ist nicht abzuweisen, daß der vollkommene und endgültige Sieg des Atheismus die Menschheit von diesem ganzen Gefühl, Schulden gegen ihren Anfang, ihre *causa prima* zu haben, lösen dürfte. Atheismus und eine Art *zweiter Unschuld* gehören zueinander." *Nietzsche*, Genealogie der Moral, 2. Abhandlung Rn. 20; weitere Zitate sogleich.

[4] *Lohmann*, Freud-Handbuch, S. 202.

[5] *Kraatz*, Sachverhaltsfeststellung, S. 278 f.; *Engisch*, Wahrheit und Richtigkeit, S. 19.

[6] Den Begriff des „Andershandelnkönnen" verwendet bspw. *Eisele*, in: Schönke/Schröder, StGB, Vor § 13 Rn. 110; wobei er diesen mit dem Begriff des „Anderswollenkönnen" gleichsetzt. Dieser Gleichlauf findet sich ebenso in der Passage des BGH, wonach der Täter „... deshalb befähigt ist, sich für das Recht und gegen das Unrecht zu entscheiden, sein Verhalten nach den Normen des rechtlichen Sollens einzurichten ...". Zur Unterscheidung von Willens- und Handlungsfreiheit jedoch bereits *Schopenhauer*, vgl. Fn. 188.

rige Willensbildung"[7] bestimmt. Die Schuld begründet den persönlichen Vorwurf gegen den Täter, dass er die rechtswidrige Handlung nicht unterlassen hat obwohl er sie hätte unterlassen können. Schuld, im strafrechtlichen Sinne, ist ein Begriff der Rechtsanwendung und von der Strafrechtsdogmatik und dem positiven Recht durchdrungen. Gleichzeitig ist sie ein überpositives Prinzip und lässt sich nicht allein durch juristische Methoden erschließen. Bei der Konkretisierung und zur Ausfüllung der Schuldidee wird die Menschenwürde als Gehalt und Gegenstand herangezogen. So hat das BVerfG in seiner Lissabon-Entscheidung[8] in Form von „gemeißelten Sätzen"[9] festgestellt, dass der „Grundsatz, dass jede Strafe Schuld voraussetzt, [...] seine Grundlage [...] in der Menschenwürdegarantie des Art 1 Abs. 1 GG [hat]" und der BGH formulierte in seiner bekannten Entscheidung von 1952, dass „der Mensch auf freie, verantwortliche, sittliche Selbstbestimmung angelegt und deshalb befähigt ist, sich für das Recht und gegen das Unrecht zu entscheiden"[10]. Das Schuldverständnis gründet daher auf der Willensfreiheit des Menschen, dessen Annahme seinem Selbstverständnis als freiem und selbstbestimmtem Wesen dient.[11] Als solches ist der Mensch frei in seinen Entscheidungen und auch die anderen sind frei in ihren Entscheidungen. Dies eröffnet die soziale Praxis der Zuschreibung von Schuld und Verantwortung und ist daher Grundlage des Schuldbegriffes.[12]

Gleichzeitig wird Schuld nicht absolut, sondern analogistisch festgestellt und übersehen wird bei der Beachtung der Handlung und bei der Bestimmung der Schuld als ein Anders-Handeln-Können häufig der diese Handlung Ausführende. So geht es nicht darum, dass der konkrete Täter Anders-Handeln-Konnte oder normativ ansprechbar war, sondern es wird vorausgesetzt, dass jemand wie er, in seiner Situation, anders gehandelt hätte. Fast nebensächlich taucht hier der Begriff des Durchschnittsmenschen auf, welcher eben (durchschnittlich) auch Anders-(hätte)-Handeln-Können müssen, damit sein Tun als schuldhaft bewertet werden kann. Die Wirkungsweise der Maßfigur auf den im Schuldurteil enthaltenen Imperativ lautet, dass Personen mit den Fähigkeiten des durchschnittlichen Menschen Anders-Handeln-Können sollen, und zwar selbst dann, wenn sie in der konkreten Situation tatsächlich nicht Anders-Handeln-Konnten. So stellt sich nicht mehr die Frage, ob der Täter zum Zeitpunkt der Tatbegehung selbst Anders-Handeln-Konnte, sondern ob ein Kunstgebilde in der Situation des Täters Anders-(hätte)-Handeln-Können. An den Täter werden damit Durchschnittsanforderungen gestellt, er wird mit einem Homunkulus, einem abstrakten Rechtsgebilde, verglichen.

---

[7] *Welzel*, Das deutsche Strafrecht, S. 27.

[8] BVerfGE 123, 267 (413).

[9] Dies aufgreifend Landau, NStZ 2015, S. 665 (666).

[10] BGHSt 2, 194 Rn. 15.

[11] „Was sich von der Philosophie lernen lässt, ist jedenfalls, dass das Problem der Willensfreiheit nicht lösbar ist." Vgl. *Bung*, Wissen und Wollen, S. 15.

[12] *Günther/Prittwitz* stellen fest, dass Schuld damit aus einer konstruierten Zuschreibung von Verantwortlichkeit hervorgeht und es sich daher um eine Wirklichkeit zweiter Ordnung handelt; *dies.*, FS-Hassemer, S. 331, 332, 334 ff.

Diese neben den Täter gestellte Kunstfigur gilt es zu bestimmen, denn an ihr zeigt sich das Erwartbare, das Normalmaß menschlichen Verhaltens. Dieses Kunstbild des durchschnittlich Erwartbaren wird erschaffen, indem das Recht außerrechtliche Wertungen in seine normativen Setzungen einbezieht und um die Kunstfigur bestimmen zu können, müssen die möglichen außerrechtlichen Bezugspunkte definiert, beleuchtet und die sich daraus ergebenden Folgen für die Ausgestaltung des Schuldbegriffes erörtert werden. Mit der Bezugnahme des Schuldbegriffs auf die Kunstfigur führt eine Ausgestaltung derselben auch zu einer Konkretisierung des Schuldbegriffs.

An dem Beispiel der Unternehmenssanktion zeigt sich die praktische Konsequenz dieser Betrachtungen. Seit Jahren wird über die Einführung eines Sanktionsrechts für Unternehmen diskutiert, wobei ein klassisches Strafrecht gegen Unternehmen wohl nicht in Betracht kommt: Diesen Gebilden fehlt die Handlungs-, die Schuld- und die Straffähigkeit und Zweiteres verdient unter Zugrundelegung der vorhergehenden Untersuchung eine genauere Betrachtung.

B. Die Problematik um den rechtlichen Schuldbegriff

Kaum ein Denker hat den „Instinkt des Strafen- und Richten-Wollens", das „Schuldig-finden-Wollen" leidenschaftlicher angegriffen als *Friedrich Nietzsche*.[1] So ist „die Lehre vom (freien) Willen [...] wesentlich erfunden zum Zweck der Strafe; d. h. des Schuldig-Finden-Wollens (...). Die Menschen werden frei gedacht, um gerichtet, um gestraft werden zu können."[2] Zu den gravierendsten Irrtümern der Menschheit zählt nach *Nietzsche* die „Fabel von der intelligiblen Freiheit"; die „Freiheit des Willens" ist „das anrüchigste Theologen-Kunststück, das es gibt, zu dem Zweck, die Menschheit in ihrem Sinne ‚verantwortlich', d. h. von sich abhängig zu machen".[3]

In der Strafrechtswissenschaft ist der Schuldbegriff seit jeher eines der zentralsten und gleichzeitig umstrittensten Institute. *Arthur Kaufmann* leitet die Problematik um den Schuldbegriff mit den bekannten Worten des Großen Strafsenates des Bundesgerichtshofes ein: Danach ist „der unantastbare Grundsatz allen Strafens, dass Strafe Schuld voraussetzt"[4] und dieser ist ein „Fundamentalsatz des modernen Strafrechts"[5]. Sicher ist, dass es sich bei „Nulla poena sine culpa" – dem Schuldprinzip – um eines der wesentlichen Gerechtigkeitsprinzipien unserer Rechtsordnung handelt. Nach *Frister* gilt der Schuldgrundsatz als Zurechnungsprinzip, welches das „vorverfassungsmäßige Gesamtbild" von der Rechtsordnung geprägt habe.[6]

---

[1] *Köpcke-Duttler*, Schuld, Strafe, Versöhnung in pädagogischer Sicht, S. 74.

[2] *Nietzsche*, Götzendämmerung, S. 977.

[3] *Nietzsche*, Götzendämmerung, S. 976 f. In Wahrheit beruhen jedoch – so *Nietzsche* in Menschliches, Allzumenschliches – „die bösen Handlungen, welche uns am meisten empören, [...] auf dem Irrtume, dass der andere, welcher sie uns zufügt, freien Willen habe, also, dass es in seinem Belieben gelegen habe, uns dies Schlimme nicht anzutun. Dieser Glaube (...) erregt den Hass, die Rachsucht (...). Leid tun nicht aus Erhaltungstrieb, sondern zur Vergeltung – ist Folge eines falschen Urteils. (...) Alles ist Notwendigkeit (...). Alles ist Unschuld. (...) Niemand ist für seine Taten verantwortlich, niemand für sein Wesen; richten ist soviel als ungerecht sein." „Die völlige Unverantwortlichkeit des Menschen für sein Handeln und sein Wesen ist der bitterste Tropfen, welchen der Erkennende schlucken muss, wenn er gewohnt war, in der Verantwortlichkeit und der Pflicht den Adelsbrief seines Menschentums zu sehen. Alle seine Schätzungen, Auszeichnungen, Abneigungen sind dadurch entwertet (...) worden (...), er darf nicht mehr loben, nicht mehr tadeln, denn es ist ungereimt, die Natur und die Notwendigkeit zu loben und zu tadeln". *Ders.*, Menschliches, Allzumenschliches. Ein Buch für freie Geister, S. 514 f.

[4] BGHSt 2, 194 (202).

[5] *Kaufmann*, Das Schuldprinzip, S. 15.

[6] *Frister*, Schuldprinzip, Verbot der Verdachtsstrafe und Unschuldsvermutung, S. 36 mit Verweis auf BVerfGE 2, 380 (403).

Zuletzt hat das BVerfG in seiner Entscheidung zum Verständigungsgesetz heraus-gearbeitet, wie das Schuldprinzip zu verstehen ist: „Der Grundsatz ‚Keine Strafe ohne Schuld' (nulla poena sine culpa) setzt die Eigenverantwortung des Menschen voraus, der sein Handeln selbst bestimmt und sich kraft seiner Willensfreiheit zwischen Recht und Unrecht entscheiden kann. Dem Schutz der Menschenwürde in Art. 1 Abs. 1 GG liegt die Vorstellung vom Menschen als einem geistig-sittlichen Wesen zugrunde, das darauf angelegt ist, sich in Freiheit selbst zu bestimmen und zu entfalten."[7] Mit dieser Entscheidung hat das BVerfG den engen Zusammenhang des Schuldprinzips mit dem Menschenbild des Grundgesetzes, welches auf Freiheit und Selbstbestimmung des Einzelnen gründet, erneut deutlich gemacht.

Dabei wird der Menschenwürde ebenso durch eine faire Behandlung Respekt gezollt. Eine faire Behandlung des Einzelnen durch den Staat ist dann gegeben, wenn der Täter die Chance hatte, Strafe im Voraus zu kalkulieren und zu vermeiden. Das Schuldprinzip bedeutet in diesem Kontext eine Ergänzung des Gesetzlichkeits-prinzips. Auch soweit die verfassungsrechtliche Verankerung des Schuldprinzips an Art. 3 I GG geknüpft wird, sind diese Funktionen des Schuldprinzips gefordert: Das besondere Opfer der Strafe darf nur demjenigen auferlegt werden, der es verdient hat.[8] Vom Grundgesetz wird das Schuldprinzip dagegen nicht erwähnt, der Ge-setzgeber hat das Erfordernis schuldhaften Verhaltens nicht festgeschrieben[9]; er setzt es aber voraus[10] und hat ihm an zahlreichen Stellen im Gesetz, wie bspw. in § 46 StGB und den §§ 17 ff. StGB, Ausdruck verliehen.[11] Das Schuldprinzip hat damit Verfassungsrang.[12] Es findet in dem Gebot der Achtung der Menschenwürde aus Art. 1 I GG[13] seine „wesentliche Grundlage"[14] und wird daneben mit dem Rechts-staatsprinzip und Art. 2 Abs. 1 GG begründet.[15] Erst das BVerfG hat es in einer Entscheidung im Grundgesetz verankert, als Verfassungsrechtssatz anerkannt und inhaltlich ausgeformt.[16] So muss auch eine Strafrechtspflege „dem Schuldgrundsatz

---

[7] BVerfGE 133, 168 (54) – Verständigungsgesetz.

[8] *Bröckers* betont den Aspekt der gerechten Behandlung des Einzelnen neben der aus-gleichenden Gerechtigkeit. Der Einzelne solle zumindest auch die Chance haben, der Inan-spruchnahme seiner Person planend zu begegnen. Nur bei Geltung des Grundsatzes „Keine Strafe ohne Schuld" bestehe die Möglichkeit, durch rechtmäßiges Verhalten eine Bestrafung zu vermeiden. *Bröckers*, in: Schuldbegriff und Fahrlässigkeit, S. 60.

[9] *Boetticher*, Der freie Wille und die Schuldfähigkeit, S. 196.

[10] *Hillenkamp*, JZ 2015, 391, 392, 396, mit eingehender historischer Analyse (393 ff., 398 ff.).

[11] Vgl. nur *Eisele*, in: Schönke/Schröder, StGB, Vor §§ 13 ff. Rn. 103, 104 mit weiteren Nachweisen.

[12] So ist es „im modernen Strafrecht selbstverständlich, daß eine Bestrafung Schuld vor-aussetzt", vgl. BVerfGE 9, 167 (169) mit Verweis auf BGHSt 2, 194 (200).

[13] Vgl. BVerfGE 95, 96 (140).

[14] So bspw. BVerfGE 80, 367 (378) mit Verweis auf BVerfGE 45, 187 (228 f., 259 f.), dort spricht das Gericht vom „Wesen der Strafe und [dem] Verhältnis von Schuld und Sühne."

[15] St. Rspr.; vgl. etwa BVerfGE 95, 96 (140); 86, 288 (313); 20, 323 (331).

[16] BVerfGE 45, 187 (228 f.); 86, 288 (313); 120, 224 (253 f.); 130, 1 (26).

Rechnung tragen, der sich aus der Garantie der Würde und Eigenverantwortlichkeit des Menschen (Art. 1 Abs. 1 und Art. 2 Abs. 1 GG) sowie aus dem Rechtsstaatsprinzip (Art. 20 Abs. 3 GG) ergibt. Danach ist jede strafende Ahndung einer Tat ohne Schuld des Täters ausgeschlossen."[17] Diese Ausformung des Schuldprinzips wurde mit der Lissabon Entscheidung im Jahr 2009 bestätigt.[18] Dort führte das BVerfG mit Verweis auf ältere Entscheidungen aus: „Die Zuständigkeiten der Europäischen Union im Bereich der Strafrechtspflege müssen zudem in einer Weise ausgelegt werden, die den Anforderungen des Schuldprinzips genügt. Das Strafrecht beruht auf dem Schuldgrundsatz. Dieser setzt die Eigenverantwortung des Menschen voraus, der sein Handeln selbst bestimmt und sich kraft seiner Willensfreiheit zwischen Recht und Unrecht entscheiden kann. Dem Schutz der Menschenwürde liegt die Vorstellung vom Menschen als einem geistig-sittlichen Wesen zugrunde, das darauf angelegt ist, in Freiheit sich selbst zu bestimmen und sich zu entfalten.[19] Auf dem Gebiet der Strafrechtspflege bestimmt Art. 1 Abs. 1 GG die Auffassung vom Wesen der Strafe und das Verhältnis von Schuld und Sühne. Der Grundsatz, dass jede Strafe Schuld voraussetzt, hat seine Grundlage damit in der Menschenwürdegarantie des Art. 1 Abs. 1 GG.[20] „Das Schuldprinzip gehört zu der wegen Art. 79 Abs. 3 GG unverfügbaren Verfassungsidentität, die auch vor Eingriffen durch die supranational ausgeübte öffentliche Gewalt geschützt ist."[21]

Nach der Rechtsregel des „nulla poena sine culpa" darf niemand für eine Tat bestraft werden, für die ihn keine Schuld trifft. Aus den Funktionen des Schuldprinzips ergibt sich ein Rechtfertigungsbedürfnis der Begründung und Begrenzung von Strafe.[22] Strafbegründend ist die Schuld die wichtigste Voraussetzung der Strafe: Vor allen Zwecken der Prävention rechtfertigt die Schuld des Täters seine Bestrafung.[23] Art. 104 Abs. 1 und 2 GG sowie Art. 2 Abs. 2 Sätze 2 und 3 GG ermächtigen den Staat zur Freiheitsentziehung durch richterliches Strafurteil.[24] Die verhängte Strafe ist ein Eingriff in die Freiheit der Person und bedarf somit der Rechtfertigung.[25] Diese ist die Schuld des Täters in ihrer strafbegründenden Funktion. Zur Rechtfertigung dieser Straffunktion muss der materielle Schuldbegriff also die Strafe selbst rechtfertigen. Strafbegrenzend verbietet das Schuldprinzip eine Strafe dort, wo

---

[17] BVerfGE 130, 1 (26) mit Verweis auf BVerfGE 20, 323 (331); 95, 96 (140); 109, 133 (171); 110, 1 (13); 122, 248 (270); 123, 267 (413).

[18] BVerfGE 123, 267 (413).

[19] BVerfGE 123, 267 (413) mit Verweis auf BVerfGE 45, 187 (227) sowie BVerfGE 95, 96 (140).

[20] BVerfGE 57, 250 (275); 80, 367 (378).

[21] BVerfGE 123, 267 (413).

[22] Sog. Zweiseitigkeit des Schuldprinzips, vgl. *Roxin*, ZStW 1984, 641 (654); *Freund*, MüKo StGB 2011, Vor §§ 13 ff. Rn. 239.

[23] Zuletzt BVerfGE 109, 133 (173).

[24] BVerfGE 33, 1 (9, 10).

[25] BVerfGE 29, 312 (316); *Freund*, in: MüKo StGB, Vor §§ 13 ff., Rn. 37, 243.

keine Schuld (mehr) besteht.[26] Die Strafzumessungslehre beruht auf dem Gedanken, dass die Strafe das Maß der Schuld nicht überschreiten darf. Dieser liberale Grundsatz ist aus dem Schuldprinzip ableitbar.[27] Weder darf Strafe ohne Schuld verhängt werden, noch darf sie über die Schuld hinausgehen. Dies ergibt sich sowohl aus dem Schuldprinzip selbst, findet jedoch auch eine gesetzliche Normierung in § 46 Abs. 1 S. 1 StGB. Hier setzt die Schuld präventiven Strafzwecken eine absolute Grenze:[28] Sie wirkt freiheitsverbürgend.[29] Die strafbegrenzende Schuldfunktion ist für den Täter positiv, somit ihm gegenüber nicht rechtfertigungsbedürftig. Sie führt indes zu einer Ungleichbehandlung von Tätern, bei denen das Präventionsbedürfnis die gleiche Strafbemessung verlangen würde. So wäre auch ein lediglich strafbegrenzend wirkendes Schuldprinzip rechtfertigungsbedürftig, diesmal vor dem allgemeinen Gleichheitssatz, Art. 3 Abs. 1 GG.[30]

In materieller Hinsicht setzt Schuld Verantwortungsfähigkeit voraus und so stellt sich die Frage, wann eine Person für ihr Verhalten im strafrechtlichen Sinne verantwortlich ist. Begreift man Verantwortlichkeit als die Fähigkeit, sich in derselben Situation auch anders verhalten zu können, wirft die Frage nach der Verantwortlichkeit auch die Frage nach der Willensfreiheit des Täters auf – und berührt damit den Jahrhunderte alten Streit um die Determinismus-Indeterminismus-Debatte. Damit tangiert die Unbeweisbarkeit von Willensfreiheit die Legitimation staatlichen Strafens überhaupt. Im westdeutschen Reformentwurf von 1962[31] heißt es: „Schuldstrafrecht setzt allerdings voraus, daß es menschliche Schuld gibt, daß sie festgestellt und gewogen werden kann. Der Entwurf bekennt sich zu diesen Voraussetzungen. Der Begriff der Schuld ist im Volke lebendig … Auch die Wissenschaft vermag nicht der Überzeugung die Grundlage zu entziehen, daß es Schuld im Handeln des Menschen gibt. Neuere Forschungen geben dem Raum."[32] Damit hat der historische Gesetzgeber die fehlende Beweisbarkeit der Schuld durch ein Bekenntnis zu Selbiger ersetzt.[33]

In all diesem zeigt sich das den Schuldbegriff umgebende Spannungsfeld: Selbiger hat Verfassungsrang, dient der Legitimation staatlichen Strafens überhaupt und damit dem Eingriff des Staates in die Freiheit der Person. Gleichzeitig handelt es sich bei dem Begriff der Schuld um einen unbestimmten Rechtsbegriff, welcher positivrechtlich nicht bestimmt, sondern lediglich vorausgesetzt wird. Wiederholt wird

---

[26] BVerfGE 109, 133 (173).

[27] *Roxin*, ZStW 96, S. 642.

[28] Wenn auch keine lückenlose, wie das Maßregelstrafrecht zeigt. Wird sie überschritten, entsteht aber ein besonderes Rechtfertigungsbedürfnis, vgl. BVerfGE 109, 133 (174–176).

[29] Begriff nach *Roxin*, Strafrecht AT 2006, § 19 Rn. 49.

[30] Das Gleichheitsproblem sehen auch *Detlefsen*, Grenzen der Freiheit – Bedingungen des Handelns – Perspektiven des Schuldprinzips, 2006, S. 115; *Merkel*, Willensfreiheit und rechtliche Schuld, 2014, S. 106.

[31] Genannt E 1962.

[32] E 1962, S. 96.

[33] *Roxin*, MSchrKrim, Band 56, S. 316.

angeführt, Grundlage der strafrechtlichen Schuld sei die Menschenwürde des Art. 1 I
GG, die Schuld sei an das Menschenbild des Grundgesetzes gekoppelt. Als unbe-
stimmter Rechtsbegriff ist der Schuldbegriff jedoch seit jeher Angriffen ausgesetzt –
als recht aktuelles, wenn auch nicht mehr neues Beispiel für derartige Angriffe ist die
Anfang der 2000er aufkommende Diskussion einiger Neurowissenschaftler über das
angebliche Fehlen eines freien Willens und mithin die Abschaffung des Schuldstrafrechts zu nennen.

I. Die Ablösung des psychologischen
durch den normativen Schuldbegriff

In der rechtsgeschichtlichen Entwicklung des Schuldbegriffes[34] löste der normative Schuldbegriff in den letzten Jahrzehnten den vorher herrschenden „psychologischen Schuldbegriff" ab. Letzterer entwickelte sich aus dem naturalistischen
Denken des späten 19. Jahrhunderts und fasste die Schuld als die subjektive Beziehung des Täters zum Erfolg auf. „Die psychischen Fakten der Innenseite (…) sind
die Schuld."[35] Nach dem psychologischen Schuldbegriff können der Sinn des Gesetzes und die Voraussetzungen der Straftat sämtlich wie empirische Fakten behandelt und ohne Wertung „induktiv"[36] erkannt werden.[37] Insofern handelte es sich
bei dem psychologischen Schuldbegriff zwar auch um eine Folge einer naturalistischen Betrachtungsweise, darüber hinaus entstand der psychologische Schuldbegriff
jedoch auch aus dem Bestreben, die Schuld sicher feststellen zu können.[38] Die
Feststellung, dass bestimmte Voraussetzungen gegeben seien, soll rechtliche Schuld
begründen.[39] Als Folge dieser Ansicht wird strikt zwischen ethischer oder religiöser
und rechtlicher Schuld getrennt.[40] Als „bahnbrechend"[41] für die Ablösung des
psychologischen durch einen normativen Schuldbegriff gilt die Arbeit von *Reinhard
Frank* „Über den Aufbau des Schuldbegriffs".[42] Dieser Schuldbegriff hält an dem
Gedanken von Schuld und Strafe fest und der Schuldvorwurf wird entsprechend der

---

[34] Ausführlich *Achenbach*, Historische und dogmatische Grundlagen der strafrechtssystematischen Schuldlehre.

[35] *Jakobs*, Strafrecht Allgemeiner Teil, S. 470.

[36] *v. Liszt*, Lehrbuch, S. 105 f.

[37] *Schünemann*, Grundfragen des modernen Strafrechtssystems, S. 20. Vgl. z. B. *v. Liszt*,
Lehrbuch, S. 163.

[38] *Jakobs*, Strafrecht Allgemeiner Teil, S. 471.

[39] *Schünemann*, Grundfragen des modernen Strafrechtssystems, S. 19; *Wieacker*, Privatrechtsgeschichte der Neuzeit, S. 332 ff.

[40] *v. Liszt*, Lehrbuch, S. 105 f.

[41] *Mezger*, Strafrecht, 267.

[42] *Frank*, Über den Aufbau des Schuldbegriffs.

Auffassung des BGH mit dem Merkmal der Vorwerfbarkeit ausgefüllt.[43] Im Rahmen seines neuen Schuldbegriffes[44] setzt er die Zurechnung bzw. die Zurechnungsfähigkeit der Schuld der Schuldfähigkeit gleich.[45] Er führt aus: „Damit man jemandem aus seinem rechtswidrigen Verhalten einen Vorwurf machen kann, wird dreierlei vorausgesetzt:

1. eine normale geistige Beschaffenheit, die wir Zurechnungsfähigkeit nennen. Ist sie bei jemandem vorhanden, so steht fest, dass man ihm aus seinem rechtswidrigen Verhalten im Allgemeinen einen Vorwurf machen kann [...],

2. eine gewisse konkrete psychische Beziehung des Täters zu der in Rede stehenden Tat [Vorsatz] oder doch die Möglichkeit einer solchen [Fahrlässigkeit] [...],

3. die normale Beschaffenheit der Umstände, unter welchen der Täter [keine Schuldausschließungs- bzw. Entschuldigungsgründe] handelt. Tut ein zurechnungsfähiger Mensch etwas Rechtswidriges, obwohl er die Tragweite seiner Handlung überblickt oder hätte überblicken können, so kann ihn [...] im Allgemeinen ein Vorwurf treffen. Aber was im Allgemeinen möglich ist, kann im einzelnen Falle unmöglich sein, und so entfällt die Vorwerfbarkeit [...]."[46]

Es sind also drei Voraussetzungen oder auch – nicht nur psychologische – Schuldelemente, bei deren Vorliegen *Frank* die Vorwerfbarkeit bejaht: „Zurechnungsfähigkeit" in Form „normaler geistiger Beschaffenheit des Täters", einer „gewissen konkreten psychischen Beziehung des Täters zu der in Rede stehenden Tat oder doch die Möglichkeit einer solchen" und der „normale(n) Beschaffenheit der Umstände, unter welchen der Täter handelt".[47] Die Erkenntnis, dass Schuld die Geisteshaltung des Täters bei der Tat bewerten und ermitteln muss, führte zur Ablösung des psychologischen Schuldbegriffs (Schuld als Entscheidung für das Unrecht) durch den normativen Schuldbegriff (Schuld als Vorwerfbarkeit des Unrechts).[48] Die Vorwerfbarkeit ist zentraler Begriff dieses normativen Schuldbegriffs, welcher wiederum die Grundlage sämtlicher vertretener Theorien der Schuld ist. Er

---

[43] *Frank*, Über den Aufbau des Schuldbegriffs, S. 3 ff. *Roxin* weist in seinem Lehrbuch auf die Meinung von *Achenbach*, 1974, 101 ff. hin, welcher meint, dass die Wendung zum normativen Schuldbegriff durch den Einfluss des wertbeziehenden neukantianischen Denkens in der Strafrechtswissenschaft schon vorgezeichnet war. Jakobs weist darauf hin, dass schon *Radbruch* die Relation zwischen Faktum und rechtlicher Missbilligung hergestellt hat, vgl. *Jakobs*, Strafrecht Allgemeiner Teil, S. 472.

[44] Als Ergebnis der Auseinandersetzung mit der damals vorherrschenden Lehre, welche maßgeblich von *Beling* und *v. Liszt* geprägt wurde. Beide verstehen Schuld als innere Seite der Tathandlung, sie ist die psychische Beziehung des Täters zur Tat. Vgl. *Beling*, Die Lehre vom Verbrechen, S. 180.

[45] Er geht dabei auf *Radbruch* ein, welcher die Zurechnungsfähigkeit zwar als Schuldvoraussetzung, nicht aber als Schuld-, sondern als Straffähigkeit versteht, *Frank*, Über den Aufbau des Schuldbegriffs, S. 519 (526).

[46] *Frank*, Über den Aufbau des Schuldbegriffs, S. 519 (S. 530).

[47] *Frank*, Über den Aufbau des Schuldbegriffs, S. 330.

[48] Vgl. nur *Lampe*, Strafphilosophie, S. 226; *Roxin*, Strafrecht AT I § 19 Rn. 11 ff.

besagt zunächst nur, dass ein Verhalten vorwerfbar sein muss.[49] Vorwerfbarkeit wird näher als das „Dafürkönnen der Person für ihre rechtswidrige Willensbildung" bestimmt.[50] Es bedeute, dass gerade der Täter einen normgemäßen Willen hätte bilden können, mit dem er das Unrecht nicht begangen hätte. Als Voraussetzungen der Vorwerfbarkeit nennt *Welzel* dann auch die Fähigkeit des Täters zu normgemäßer Motivation und die Möglichkeit des Täters, die Rechtswidrigkeit seines konkreten Verhaltens zu erkennen.[51]

Der Vorwurf des „Dafürkönnens" verbindet Täter und Tat: Der Täter ist strafbar, wenn ihm die Tat vorgeworfen werden kann und er ist strafbar in dem Maße, in dem sie ihm vorgeworfen werden kann.[52] Der normative Schuldbegriff schweigt jedoch, wann dieser Vorwurf erhoben werden kann und bringt daher die Frage mit sich, wie dieser normative Schuldbegriff auszufüllen ist.[53]

II. Die positiv-rechtliche Erwähnung der Schuld

Der Gesetzgeber hat das Erfordernis schuldhaften Verhaltens nicht positiv festgeschrieben.[54] In den §§ 19, 20, 21 und 46 StGB kommt das Schuldprinzip allerdings zum Ausdruck. Dort hat der Gesetzgeber die negativen Voraussetzungen der Schuldfähigkeit und die Wirkungen des Maßes der Schuld geregelt.[55] Aus diesem Regel-Ausnahme-Verhältnis ist zu ersehen, dass der Gesetzgeber von einer grundsätzlichen Verantwortlichkeit des Menschen ausgeht.[56]

Geistige Verstimmtheit und Schwachsinn waren ebenso wie exzessiver Rauschmittelgenuss und Affekte stets Begleitformen des sozialen Lebens. Dennoch erhielt erst das preußische ALR Bestimmungen über den Ausschluss der Schuldfähigkeit, Regelungen über die verminderte Schuldfähigkeit fanden erst 1933 Eingang in das StGB. Die heute geltenden Bestimmungen beruhen auf dem E 1962, dem seinerseits die Vorarbeiten der Großen Strafrechtskommission zugrunde lagen. Im Rahmen

---

[49] *Lackner/Kühl*, Kommentar zum StGB, § 20 Rn. 12 f.

[50] *Welzel*, Das Deutsche Strafrecht, S. 140.

[51] *Welzel*, Das Deutsche Strafrecht, S. 141. Die Entschuldigung des Täters bedeute, dass von einem Vorwurf ihm gegenüber abgesehen werde, weil diese Fähigkeiten herabgesetzt seien, wenn auch der Täter etwas für die Tat könne.

[52] Vgl. nur *Lampe*, Strafphilosophie, S. 226; *Roxin*, Strafrecht AT I § 19 Rn. 11–14.

[53] Zur Ausfüllung des Schuldbegriffs in der Rechtswissenschaft unten B III 2.

[54] *Boetticher*, Der freie Wille und die Schuldfähigkeit, S. 196.

[55] Ausgehend von einer rein positivistischen Betrachtung vertritt *Herzberg* einen negativen Schuldbegriff, bspw. *Herzberg*, FS-Frisch, S. 95, *ders.*, FS-Kühl, S. 259, *ders.*, FS-Schünemann, S. 391, *ders.*, GA 2015, 250, *ders.*, FS-Achenbach, S. 170 ff., *ders.*, ZStW 124 (2012), 23 ff. Dies auch feststellend *Rogall*, SK-StGB, Vor § 19 Rn. 24.

[56] Vgl. Entwurf des Strafgesetzbuches Drucks. IV/650, S. 137. Schon *Mezger* spricht von einer „beim Normalen vorausgesetzte Fähigkeit, auch anders handeln zu können", s. *Mezger*, ZStW 57 (1983), 688.

dieser Vorarbeiten wurden zahlreiche Sachverständige angehört, unter anderem um den Erkenntnissen der Medizin mit der Neufassung der Bestimmungen Rechnung zu tragen.[57] So „bekenne sich das Gesetz zu der Annahme, dass es menschliche Schuld gibt, dass sie festgestellt und gewogen werden kann. Auch die Wissenschaft vermag nicht der Überzeugung die Grundlage zu entziehen, dass es Schuld im Handeln des Menschen gibt. Neuere Forschungen geben dem Raum."[58] Mithin ist strafrechtliche Schuld auch heute noch der Vorwurf personalen Fehlverhaltens.[59] Ist ein Tatvorwurf nicht möglich, wird der Täter nicht zur strafrechtlichen Verantwortung gezogen.[60] § 20 StGB bestimmt, „dass ohne Schuld handelt, wer bei Begehung der Tat wegen einer krankhaften seelischen Störung, wegen einer tiefgreifenden Bewusstseinsstörung oder wegen Schwachsinns oder einer schweren anderen seelischen Abartigkeit unfähig ist, das Unrecht der Tat einzusehen oder nach dieser Einsicht zu handeln". Der Begriff der Störung ist weit auszulegen und umfasst auch angeborene Zustände. Seelisch bedeutet so viel wie psychisch und deckt den Bereich des Intellektuellen und des Emotionalen ab.[61] Krankhaft ist eine Störung, wenn sie nachweislich auf eine somatische Ursache zurückgeht oder wenn eine solche Ursache nach psychiatrischen Erkenntnissen vermutet werden muss.[62] Bewusstseinsstörungen sind Störungen der Fähigkeit zur Vergegenwärtigung des eigenen intellektuellen und emotionalen Erlebens, die nicht auf einem Organprozess beruhen. Diese ist tiefgreifend, wenn sie von einer solchen Intensität ist, dass das seelische Gefüge des Betroffenen zerstört, im Falle des § 21 erschüttert ist.[63] Schwachsinn ist eine angeborene Intelligenzschwäche ohne nachweisbare Ursache. Leichtere Formen, welche den Persönlichkeitskern nicht berühren, scheiden aus.[64] Der (umstrittene) Begriff der schweren seelischen Abartigkeit stellt einen Auffangbegriff dar. Unter diesen fallen alle Normabweichungen, die nicht einem der sonstigen Kriterien zuzuordnen und insbesondere nicht pathologisch bedingt sind. Neben seelischen Störungen und Fehlentwicklungen, ohne körperliche Ursache, können auch Charaktermängel eine seelische Abartigkeit darstellen.[65] Die psychologische Komponente des § 20 StGB unterscheidet zwischen Einsichts- und Steuerungsfähigkeit. Die

---

[57] *Schöch*, LK-StGB, Bd. 1, § 20, „Entstehungsgeschichte" mit weiteren Nachweisen.

[58] *Roxin*, Strafrechtliche Grundlagenprobleme, S. 4; er rezipiert die Begründung zu dem Gesetzesentwurf von 1962.

[59] Vgl. nur *Lampe*, Strafphilosophie, S. 226; *Roxin*, Strafrecht AT I4, § 19 Rn. 11–14.

[60] *Wolfgang/Schild*, in: Kindhäuser/Neumann/Paeffgen (Hrsg.), Strafgesetzbuch, § 20 Rn. 2.

[61] *Lackner/Kühl*, StGB, § 20 Rn. 3; § 24 E 1962 S. 137.

[62] *Lackner/Kühl*, StGB, § 20 Rn. 3.

[63] *Schöch*, in: LK-StGB, § 20, Rn. 61 f., vgl. auch den Bericht der BT-Drucks. V/4095 S. 10, wonach der Gesetzgeber die Terminologie des „Krankheitswertes" unter dem Eindruck von Einwänden aus psychiatrischen und psychologischen Kreisen änderte. Diese machten geltend, Krankes und Gesundes könnten nicht miteinander verglichen werden.

[64] Ebd., Rn. 67.

[65] *Schöch*, in: LK-StGB, § 20, Rn. 68 f., mit Verweis auf das Verhältnis von Charaktermängeln im Sinne des § 20 StGB zu der Charakterschuldlehre.

Unfähigkeit, das Unrecht der Tat einzusehen, ist gleichbedeutend mit einem – hier auf den „biologischen" Gründen des § 20 StGB beruhenden – unvermeidbaren Verbotsirrtum, weshalb diese Alternative des § 20 StGB für die Exkulpation des Täters keine eigenständige Bedeutung hat. Hatte der Täter tatsächlich die Unrechtseinsicht oder konnte er sie haben, so scheidet ein Schuldausschluss nach § 20 StGB wegen fehlender Einsichtsfähigkeit aus.[66] Schuldunfähig ist ein Täter dann, wenn er infolge eines „biologischen Zustandes" auch unfähig ist, seiner Unrechtseinsicht entsprechend zu handeln. Dabei geht es um die Fähigkeit, die Anreize zur Tat und die ihr entgegenstehenden Hemmungsvorstellungen gegeneinander abzuwägen und danach einen Willensentschluss zu normgemäßen Verhalten zu bilden. Ausgeschlossen ist die Steuerungsfähigkeit erst, wenn der Täter auch bei Aufbietung aller Widerstandskräfte zu einer normgemäßen Motivation nicht imstande ist.[67] Im Zusammenhang mit dieser psychologischen Komponente drängt sich die Frage nach der Willensfreiheit auf. Denn § 20 StGB verlangt für das Schuldurteil, dass der Täter Unrechtseinsicht hatte und ihr gemäß handeln konnte. Nur dann kann das Recht als Handlungsanweisung angesehen, nur dann dem Täter sein Tun vorgeworfen, er nur dann zur Rechenschaft gezogen werden. Dies führt zu der Frage, ob der Täter je anders handeln konnte und stellt ein tiefgreifendes Problem des § 20 StGB dar.[68] Forensische Psychiater haben immer wieder ausdrücklich betont, dass sie nie feststellen können, ob die Steuerungsfähigkeit zum Zeitpunkt der Tat beim Täter tatsächlich vorlag und damit die Tat tatsächlich hätte unterlassen werden können.[69]

Aus dem gesetzgeberischen Regel-Ausnahme-Verhältnis ergibt sich, dass der Gesetzgeber grundsätzlich von einer Verantwortlichkeit des Täters ausgeht und Selbige nur in den genannten Ausnahmefällen verneint. Die Schuld ist positivrechtlich nicht normiert, wird jedoch vorausgesetzt. Damit verbleibt weiterhin die Frage, was Schuld ist – konkret, wie die materielle Seite der Schuld zu bestimmen und auszufüllen ist.

III. Die materielle Seite der Schuld

Neben der Entstehungsgeschichte, dem Wortlaut und der Wirkung der §§ 19 ff., 46 StGB steht die materielle Seite der Schuld. *Achenbach* hat diese im Anschluss an *Arthur Kaufmann* die Schuldidee genannt und meint damit die „metajuristischen Probleme von Willensfreiheit und Determinismus, Tat- oder Charakterschuld, Sühne, Vergeltung und Menschenwürde".[70] Bei *Achenbach* findet sich eine Unter-

---

[66] *Perron/Weißer*, in: Schönke/Schröder (Hrsg.), Kommentar StGB, § 20 Rn. 27.

[67] *Perron/Weißer*, in: Schönke/Schröder (Hrsg.), Kommentar StGB, § 20 Rn. 29.

[68] *Bröckers*, Strafrechtliche Verantwortung ohne Willensfreiheit, S. 46.

[69] *Bröckers*, Strafrechtliche Verantwortung ohne Willensfreiheit, S. 46 f. m.w.N.

[70] *Roxin*, FS-Bockelmann, S. 279. Dazu auch *Armin Kaufmann*, FS Eb. Schmidt, S. 322: „Als Lehrstück gehört das Problem der Willensfreiheit zweifellos in die Schuldlehre, ohne jedoch besondere Voraussetzung innerhalb der Schuld und in dem Deliktsaufbau zu bilden."

teilung der Schuld in Funktionsstufen.[71] Auf der ersten Stufe, der „Schuldidee" wird nicht nach einem Schuldbegriff als einem Element des positiven Rechts gefragt, sondern nach der „Idee der Schuld". Für diese sei charakteristisch, dass die Antwort nicht mit Mitteln der Strafrechtsdogmatik allein gegeben werden kann, sondern dass ein Rückgriff auf übergreifende Prinzipien nötig sei, nämlich philosophischer, anthropologischer und soziologischer Art.[72] Auf der zweiten Stufe steht nach *Achenbach* die „Strafmaßschuld"[73], welche auf die Rechtsanwendung bezogen ist und in § 46 I 1 StGB ihren Niederschlag findet: „Die Schuld des Täters ist Grundlage für die Zumessung der Strafe." Dabei handelt es sich nicht um die gesamte „formelle" Schuld, sondern lediglich um den für die richterliche Strafzumessung bedeutsamen Ausschnitt.[74] Die dritte Stufe handelt von der „Strafbegründungsschuld" und damit von den Momenten, „die die Verhängung der Strafe gegen den individuellen Täter entweder rechtfertigen oder verhindern."[75] Im Gegensatz zur Schuldidee geht es bei der Strafbegründungsschuld um auf das positive Recht bezogene Problemstellun-

---

[71] *Achenbach*, Historische und dogmatische Grundlagen der strafrechtssystematischen Schuldlehre, S. 2 ff. Er behauptet, es handele sich nicht um einen identischen Begriff der Schuld, sondern um drei in ihren Strukturen und Merkmalen verschiedene Begriffe, die unter dem diffusen Begriff der „Schuld" zusammengefasst werden und deren Unterschiedlichkeit dadurch verdeckt wird, vgl. ebd. S. 5. Die Stufen übernehmend *Eisele*, in: Schönke/Schröder, StGB, Vor § 13 Rn. 107, 120 ff.; *Lackner/Kühl*, Vor § 13, Rn. 22; zur Strafbegründungs- und Strafzumessungsschuld *Roxin*, Allg. Teil I § 19 Rn. 54 f., wobei er klarstellt, dass die normative Ansprechbarkeit über die Strafbegründung entscheiden soll.

[72] *Achenbach*, Historische und dogmatische Grundlagen der strafrechtssystematischen Schuldlehre, S. 3. Er verweist für die rechtsphilosophische Methode auf *A. Kaufmann*, Das Schuldprinzip; *Oehler*, Das objektive Zweckmoment in der rechtswidrigen Handlung, S. 51 ff.; *Hardwig*, Personales Unrecht und Schuld, MschrKrim 1961 (44), S. 194 ff.
– Für die soziologische Methode auf *Bauer*, Das Verbrechen und die Gesellschaft; *ders.*, Gramatica, Grundlagen der Défense Sociale, Teil 1; *Ancel*, Die neue Sozialverteidigung.
Für die anthropologische Methode *Welzel*, Persönlichkeit und Schuld, ZStrW 60, 428 ff.; *Nass*, Ursprung und Wandlungen des Schuldprinzips; *Lampe*, Das personale Unrecht, S. 115 ff., 211 ff.
Nach *Tielsch* wurzeln die strafrechtlichen Begriffe von Kausalität und Schuld „immer noch in bestimmten philosophischen Vorstellungen von Seele, Freiheit oder Notwendigkeit, die in einen gewissen Schleier von Unklarheit und Unwissenschaftlichkeit gehüllt sind." *Tielsch*, ZStW 76 (1964), S. 391.

[73] Auch als „Strafzumessungsschuld" bezeichnet.

[74] *Achenbach*, Historische und dogmatische Grundlagen der strafrechtssystematischen Schuldlehre, S. 4. Die im Folgenden relevant werdende Bestimmung der Figur des „Durchschnittsmenschen" im Zusammenhang mit dem Schuldbegriff wird sich auf den Vergleich des Täters mit einer Maßfigur im Bereich der Schuldidee beziehen. Eine andere Frage stellt sich nach dem Zusammenhang von Durchschnittsmenschen im Zusammenhang mit der Strafzumessungsschuld, wenn es darum geht, ob bei der Verhängung der Strafe ein grobes Missverhältnis vorliegt und an welchem Maßstab ein solches zu bestimmen wäre, vgl. dazu nur *Miebach/Maier*, in: MüKo StGB § 46 Rn. 70. Auch im Rahmen der Strafrahmenverschiebung wird ein gedachter „Durchschnittsfall" neben den tatsächlichen Fall gestellt und an diesem Regelfall das „Maß der Schuld" festgestellt; vgl. zu den damit einhergehenden Problemen nur *Kühl*, in: Lackner/Kühl, StGB § 46 Rn. 48.

[75] Ebd.

gen.[76] Diese drei Begriffe eint die Gemeinsamkeit, dass die Schuldidee eine höhere Einheit zwischen ihnen stiftet.[77] Gleichzeitig sprechen nach *Achenbachs* Ansicht mehrere Gründe gegen eine Einbeziehung der Schuldidee in den Rechtsanwendungsbegriff der Schuld: So würde diese Einbeziehung keine Vorteile für den Anwendungsbegriff der Schuld bringen; darüber hinaus sei die Trennung von Idee und rechtlicher Erscheinung der Schuld ein Gebot der Sachlogik und drittens sei eine Trennung auch verfassungsrechtlich geboten. Denn Strafbegründungs- und Strafzumessungsschuld können nur dem Gesetz entnommen werden, welches selbst der Verfassung zu entnehmen ist. Wollte eine „aus vorrechtlichen Theoremen deduzierte Schuldtheorie unmittelbar Einfluss nehmen auf die Praxis der Strafverhängung, so würde sie damit unter Umgehung der verfassungsrechtlichen Kompetenzverteilung eine ihr nicht zustehende Sonderrolle beanspruchen."[78]

Diese strikte Trennung von der Schuldidee und den Begriffen der Rechtsanwendungsschuld hat *Roxin* bereits 1979 als „nicht mehr zutreffend" diagnostiziert.[79] Vielmehr werde auch im Rechtsanwendungsbereich der Schuld verstärkt nach ihrer materiellen Substanz gefragt, welche jedoch „nicht in metajuristischen Phänomenen, sondern vielmehr in den Erfordernissen strafzweckbedingter ‚Prävention' gefunden wird"[80]. Legt man den weiteren Überlegungen eine Einbeziehung der Schuldidee in den Rechtsanwendungsbereich der Schuld zugrunde, stellt sich die Frage nach dem Inhalt der Schuldidee. Diese ist bis heute wenig befriedigend gelöst – es geht um die Frage unter welchen Bedingungen es gerechtfertigt erscheint, die subjektive Zurechnung auch auf eine bestimmte Gesinnung zu gründen[81]; das heißt, welche Merkmale der Tat bzw. des Täters der Gesetzgeber überhaupt dem Schuldurteil zugrunde legen darf.[82] Es geht bei der Schuldidee um nicht weniger als die „metajuristischen Probleme von Willensfreiheit oder Determinismus, Tat- oder Charakterschuld, Sühne, Vergeltung und Menschenwürde."[83]

---

[76] *Achenbach*, Historische und dogmatische Grundlagen der strafrechtssystematischen Schuldlehre, S. 4 f.

[77] *Achenbach*, Historische und dogmatische Grundlagen der strafrechtssystematischen Schuldlehre, S. 5.

[78] *Achenbach*, Historische und dogmatische Grundlagen der strafrechtssystematischen Schuldlehre, S. 9; anders bspw. *Rogall*, SK-StGB, Vor § 19 Rn. 3, wo Strafbegründungs- und Strafzumessungsschuld jeweils als unterschiedliche ausgeformte Ausprägungen der Schuldidee verstanden werden.

[79] *Roxin*, FS-Bockelmann, S. 280.

[80] *Roxin*, FS-Bockelmann, S. 280; in seinem Lehrbuch erklärt *Roxin*, die Strafbegründungs- und Strafzumessungsschuld seien mit Ausnahme einiger Fälle unterschiedlich, vgl. *Roxin*, Strafrecht AT I, § 19 Rn. 54 f. Dagegen behauptet *Frisch*, Strafbegründungs- und Strafzumessungsschuld hätten das gleiche Substrat, vgl. *Frisch*, Müller-Dietz-FS, 2001, 259.

[81] *Jeschek/Weigend*, Strafrecht AT, S. 422.

[82] *Schmitt*, Schuld, S. 15.

[83] *Roxin*, FS-Bockelmann, S. 279; dass in den Bereich der Schuldidee die Frage nach der Willensfreiheit gehört auch *Eisele*, in: Schönke/Schröder, Vor §§ 13 Rn. 108.

Vorgreiflich soll an dieser Stelle bereits darauf hingewiesen werden, dass sich in der Literatur für die Bestimmung des Inhaltes der Schuldidee eine kompatibilistische (teilweise agnostische) Haltung findet, nach der der Schuldbegriff ein „sozialer" sei und welche auf die Vermeidbarkeit der Tat durch den Normalbürger abstellt.[84] Die Entscheidungsfreiheit des Menschen ist danach die logische Voraussetzung der Schuld, deren Feststellung nicht an der Unbeweisbarkeit der freien Willensentschließung der konkreten Person scheitern darf. Es reicht eine Bejahung der Freiheit im Sinne einer „Zuschreibung" oder „normativen Setzung" aus, wenn diese Entscheidung, Freiheit zuzuschreiben, in der Überzeugung getroffen wird, Menschen könnten nur in dem Bewusstsein von Freiheit und Verantwortung existieren.[85] Diesem Ansatz wird an späterer Stelle weiter nachgegangen.[86] Ausgehend von dem klassischen Determinismus-Indeterminismus-Streit geht der BGH in seiner Konzeption der Schuld von einem Anders-Handeln-Können des Täters aus und unterstellt, der Mensch sei befähigt, „sich für das Recht und gegen das Unrecht zu entscheiden"[87]. Er legt damit seiner Konzeption ein indeterministisches Menschenbild zugrunde.[88] Einen scheinbaren Gegensatz zu der Lehre des BGH stellt auf den ersten Blick die Lehre von der Charakterschuld dar.[89] Nach dieser Lehre haben Straftaten ihre Ursachen im Wesentlichen im Charakter des Täters und sind durch ihn „determiniert". Eine „freie" Entscheidung des Täters für oder gegen das konkrete Unrecht findet nicht statt, vielmehr liegt die von ihm begangene Straftat in seinem Wesen derart begründet, dass er zum Zeitpunkt der Tat eben nicht „Anders-Handeln-

---

[84] *Bockelmann/Volk*, Strafrecht Allg. Teil, S. 110 f.; *Roxin*, Strafrecht AT, § 19 Rn. 36; ähnlich *Eisele*, in: Schönke/Schröder, Vor § 13 Rn. 110. *Krümpelmann* spricht davon, dass es sich nur empirisch mitteilen lasse, „ob generell Personen in vergleichbarer Situation diese Möglichkeit haben", *ders.*, ZStW 88 (1976), S. 12. Nach *Mangakis*, ZStW 75 (1963), S. 516 f. dürfe auf das „generelle Können" abgestellt werden, da das Strafrecht als eine generelle Regel des sozialen menschlichen Lebens ‚generalisieren' und sich daher des generellen, erfahrungsmäßig gegebenen Könnens des Durchschnittsmenschen bedienen kann. *Jeschek/Weigend*, Lehrbuch des Strafrechts AT, S. 407 f. *Schünemann* nennt dies eine „Supervereinigungstheorie", vgl. *Schünemann*, in: FS-Lampe, S. 539.

[85] So *Eisele*, in: Schönke/Schröder, StGB, Vor § 13 Rn. 110, für eine „subjektivistische" Position im Sinne eines im Normalfall „faktisch vorhandenen Freiheitsbewusstseins als Grundlage des Schuldvorwurfs"; dagegen zuletzt *Burkhardt*, Lenckner-FS, S. 3 ff., 24, *ders.*, Eser-FS, S. 82 ff., *ders.*, Maiwald-FS 83 ff.; für einen subjektiv empirisch-normativen Schuldbegriff *Schöch*, LK StGB, § 20 Rn. 22 ff.

[86] Unten B. III. 1. c).

[87] BGSt (GrS) 2, 194 (200).

[88] Diese Aussage geht in ihrer Einfachheit fehl. Vielmehr kann, so einige prominente Theorien, bei einem strengen indeterministischen Menschenbild nicht mehr von einer freien Entscheidung für oder gegen Etwas ausgegangen werden, da Handlungen nur noch auf Zufall beruhen und gerade nicht mehr auf einer Entscheidung des Menschen, welche voraussetzen würde, dass er über Steuerungsmöglichkeiten seiner Umwelt verfügt. Ausführlich dazu siehe unten B. III. 1. c) („Moral Luck").

[89] Der Begriff „Gegensatz" soll – stark vereinfacht – den Antagonismus zwischen Determinismus und Indeterminismus aufzeigen, auf welchem die beiden Schuldkonzeptionen vermeintlich beruhen.

Konnte". Der strafbewehrte Vorwurf wird dem Täter aufgrund seines Charakters gemacht.[90]

Im Folgenden werden zunächst die beiden philosophischen Ansätze – Determinismus und Indeterminismus – beleuchtet. Innerhalb der Darstellung deterministischer Ansätze erfolgt ein Überblick über Erkenntnisse der Hirnforschung. Die Hirnforscher gehen seit neuerer Zeit von einem neurologischen Determinismus aus und fordern vor diesem Hintergrund, das Schuldstrafrecht abzuschaffen. Dem folgt eine ausführliche Darstellung der Schuldkonzeption des BGH und der Charakterschuld, welche sich an die ihnen jeweils zugrundeliegenden philosophischen Lehren anlehnen. Dieser Teil schließt mit dem „Dilemma der Willensfreiheit" ab: Unter Beachtung beider philosophischer Hintergründe können beide Ausgangspunkte nicht zu einer Lösung führen. Aus diesem Grund erfolgt im Anschluss ein Überblick über kompatibilistische Theorien. Dabei handelt es sich um eine Möglichkeit der Vereinbarkeit von Willensfreiheit und Determinismus.[91] Im Gegensatz dazu enthalten sich Agnostiker der Debatte um das tatsächliche Vorliegen von Willens- und Handlungsfreiheit und schreiben Schuld und Verantwortung zu, ohne auf das „Ewigkeitsproblem" der menschlichen Willensfreiheit zurück zu kommen. Diese These findet sich auch in den rechtswissenschaftlichen Strömungen: Hinsichtlich des materiellen Schuldbegriffes finden sich kompatibilistische Thesen, also solche, die Schuld zuschreiben ohne ein tatsächliches (beweisbares) Anders-Handeln-Können des Täters voraus zu setzen.[92]

---

[90] Grundlegend zu der Lehre von der Charakterschuld *Schopenhauer*, Preisschrift über die Freiheit des Willens, S. 131 ff.; *Engisch*, Die Lehre von der Willensfreiheit in der strafrechtsphilosophischen Doktrin der Gegenwart, S. 14; *Heinitz*, ZStW 63 (1951), S. 57; *Graf zu Dohna*, ZStW 66 (1954), 505; *Figueiredo Dias*, ZStW 95 (1983), S. 240.

[91] Man unterscheidet grundsätzlich zwischen deterministischen und agnostischen Kompatibilisten. Während erstere einen Determinismus sogar als notwendig für Willensfreiheit erachten, enthalten sich die Agnostiker dem Determinismus-Indeterminismus-Problem. Zu den bekanntesten Vertretern der klassischen kompatibilistischen These gehören *David Hume* (26. 4. 1711–25. 8. 1776) und *Thomas Hobbes* (5. 4. 1588–4. 12. 1679), welche zwischen Handlungs- und Willensfreiheit unterscheiden und nur erstere als Kompatibel mit dem Determinismus verstehen. Einen ausführlichen und leicht verständlichen Überblick über die verschiedenen Ansätze gibt *Beckermann*, Willensfreiheit – ein Überblick aus kompatibilistischer Sicht.

[92] So *Eisele*, in: Schönke/Schröder, StGB, Vor § 13 Rn. 109. Danach macht die Schuld das Zurückbleiben hinter Verhaltensanforderungen aus, die bei normaler Motivierbarkeit an jedermann gestellt werden müssen (vgl. *Lackner/Kühl*, Vor § 13, Rn. 23, 26) oder „unrechtes Handeln trotz normativer Ansprechbarkeit", bei welcher der Täter „als frei behandelt wird". So *Roxin*, Lehrbuch I 19/36 ff.; *ders.*, ZStW 96, 650 ff.; konkretisierend und mit weiteren Nachweisen *ders.*, GA 15, 489 ff.
Im Übrigen mit erheblichen Unterschieden im Einzelnen *Bockelmann*, ZStW 75, S. 348 ff.; *Engisch*, Willensfreiheit, S. 65; *Herzberg*, Achenbach-FS, S. 178 ff.; *Hoyer*, Roxin-FS-II, S. 723; *Krümpelmann*, GA 1983, S. 337; *Merkel*, Roxin-FS-II, S. 737; *Neumann*, ZStW 1999, S. 587 ff.; zum sog. „axiologischen Schuldbegriff" *Schmidhäuser*, Jescheck-FS, S. 485; *Schreiber*, Rechtliche Grundlagen der Schuldunfähigkeitsbeurteilung, in: Venzlaff (Hrsg.), Psychiatrische Begutachtung, S. 8. Die „Zurechnungsfähigkeit" als ontologischen Begriff begreift *Frister*, Die Struktur des voluntativen Verbotselements, S. 125 ff.: „Selbstbestimmungsfähigkeit als Fähigkeit zu einer hinreichend differenziert strukturierten Willensbildung".

1. Philosophische Betrachtungen

Nach dem bereits zitierten Urteil des BGH aus dem Jahr 1952[93] steht im Hintergrund zu der Problematik um die Schuldfähigkeit die Frage, ob Menschen über Willensfreiheit verfügen oder ob diese eine bloße Illusion ist.[94] Im Wesentlichen ist im Rahmen der philosophischen Debatte die Frage nach dem Verhältnis von Freiheit und Verantwortlichkeit zu bearbeiten und insbesondere zu fragen, welche Bedingungen für eine Freiheitszuschreibung erfüllt sein müssten und ob dies gegeben ist.

a) Determinismus

Es wäre vermessen, an dieser Stelle die Bedeutung des Begriffes „Determiniertheit" genau zu erfassen.[95] So dient der Begriff Determinismus[96] häufig „als Bezeichnung für eine ganz allgemeine Theorie der gesamten Realität, zu der auch die unbelebte Welt und insbesondere die physikalischen Elementarteilchen gehören. Oft wird der Ausdruck aber auch [...] als Bezeichnung für eine Vorstellung, eine Lehre oder eine Theorie, die von Personen handelt und zu dem Ergebnis führt, dass wir in irgendeinem Sinne nicht frei und verantwortlich sind"[97], verwendet. Und drittens kann der Determinismus „lediglich eine Anschauung über unsere Natur [sein], und zwar im Wesentlichen die Anschauung, wonach die gewöhnliche Kausalitätsvorstellung auf uns und unser Leben zutrifft und wir den Kausalgesetzen unterliegen."[98]

Wesentlich für die Frage nach der Willensfreiheit ist meist eine Form des kausalen Determinismus. Diesem liegt die Vorstellung zugrunde, nach der es „Bedingungen und Gesetze gibt, die festlegen, wann was geschieht."[99] „Die Vergangenheit legt in einer solchen Welt eine einzige, eindeutig bestimmte Zukunft fest. Die tatsächliche Vergangenheit dieser Welt, zusammen mit den in dieser Welt gültigen Gesetzen, lässt nur ein einziges zukünftiges Geschehen zu. Es gibt zu jedem Zeitpunkt nur eine

---

[93] BGSt (GrS) 2, 194 (200).

[94] Was ist denn Freiheit, und was ist ein Wille? So selbstverständlich die meisten Menschen wissen, was die Begrifflichkeiten ausdrücken, so umstritten ist ihre Ausfüllung bei genauerer Betrachtung. Einen ausführlichen Überblick über die Begriffe gibt *Merkel*, Willensfreiheit und rechtliche Schuld, S. 9 ff. Ein handhabbarer Topos ist das „Prinzip der alternativen Möglichkeiten" (kurz: „PAM"), wonach eine Handlung (allenfalls) dann „frei" ist, wenn der Handelnde auch anders hätte handeln oder einfach jedes Handeln hätte unterlassen können; *ders.*, ebd. S. 17. In der internationalen Debatte ist es das „Principle of alternative possibilities (PAP)"; *Kane* (ed.), The Oxford Handbook of Free Will, S. 281–334.

[95] Eine Übersicht über die verschiedenen Spielarten des Determinismus bei *Merkel*, Willensfreiheit und rechtliche Schuld, Fn. 19.

[96] Der Begriff Determinismus ist vom lateinischen Wort determinare abgeleitet, was ins Deutsche übersetzt so viel wie abgrenzen bzw. bestimmen heißt.

[97] *Honderich*, Wie frei sind wir? Das Determinismus-Problem, S. 8.

[98] *Honderich*, Wie frei sind wir? Das Determinismus-Problem, S. 8.

[99] *Bieri*, Das Handwerk der Freiheit, S. 16.

einzige mögliche Zukunft."[100] Dieser strenge Determinismus streitet gegen die Annahme einer Willens- bzw. Entscheidungsfreiheit und ist gleichbedeutend mit dem Kausalprinzip. Ihm eigen ist „die Annahme, dass alles in der Welt, d.h. jeder eindeutig definierte Weltzustand (state of affairs) nach unverbrüchlichen Kausalgesetzen durch jeden anderen logisch eindeutig festgelegt sei."[101] Mit naturgesetzlicher, geradezu zwingender Notwendigkeit folgt jeder Weltzustand aus dem vorangegangenen. Es handelt sich also gerade um den ‚Laplace'schen Dämon': Mit der vollständigen Kenntnis aller Naturgesetze und aller Zustände im Universum zu einem bestimmten Zeitpunkt ließe sich jede zukünftige Entwicklung exakt voraussagen. So heißt es im Vorwort des vom französischen Mathematiker und Astronomen *Pierre-Simon Laplace* im Jahre 1814 veröffentlichten Essai Philosophique sur les Probabilités: „Wir müssen also den gegenwärtigen Zustand des Weltalls als die Wirkung seines früheren und als die Ursache des folgenden Zustands betrachten. Eine Intelligenz, welche für einen gegebenen Augenblick alle in der Natur wirkenden Kräfte sowie die gegenseitige Lage der sie zusammensetzenden Elemente kennt, und überdies in derselben Formel die Bewegungen der größten Weltkörper, wie des leichtesten Atoms umschließen; nichts würde ihr ungewiß sein und Zukunft wie Vergangenheit würde ihr offen vor Augen liegen."[102] Es ging *Laplace* um die Vorstellung von einem allwissenden Wesen. Dieses Wesen kann das gesamte Weltgeschehen berechnen, da es Kenntnis von Ort, Masse und Geschwindigkeit aller Materieteilchen im Universum zu einem bestimmten Zeitpunkt hat. Auch wenn dieser Dämon ein reines Theoriekonstrukt darstellt, so zeigt er doch anschaulich, was Deterministen in diesem Zusammenhang umtreibt: Ob dann überhaupt noch Platz für Willensfreiheit ist.[103]

Grundlage für die Plausibilität eines umfassenden (kosmologischen) Determinismus waren bis in das 20. Jahrhundert die Naturwissenschaften, vor allem die klassische Physik. Man hielt es für zweifelsfrei, dass alle Vorgänge, Veränderungen, Ereignisse der physischen Welt von einem universalen Kausalprinzip beherrscht würden. Diese Auffassung ist mit der Entdeckung der quantenphysikalischen Phänomene hinfällig geworden.[104] Daher reklamieren Deterministen für ihre Position heute kaum noch eine kosmologische These. Sie behaupten nun, dass Entschei-

---

[100] *Bieri*, Das Handwerk der Freiheit, S. 16.

[101] *Buchheim*, Libertarischer Kompatibilismus. Drei alternative Thesen auf dem zu einem qualitativen Verständnis der menschlichen Freiheit, in: Hermanni, Friedrich/Koslowski, Peter (Hrsg.), Der freie und der unfreie Wille, S. 46.

[102] *Laplace*, Philosophischer Versuch über die Wahrscheinlichkeit, S. 1 f.

[103] *Schlick* weist in diesem Zusammenhang auf den weit verbreiteten Irrtum hinsichtlich der Begrifflichkeit eines Naturgesetzes. *Schlick*, Fragen der Ethik. Wiederabgedruckt als „Wann ist der Mensch verantwortlich?", in: Pothast (Hrsg.), Seminar: Freies Handeln und Determinismus, S. 157–168).

[104] *Merkel*, Willensfreiheit und rechtliche Schuld, S. 25. Diese Aussage wurde auch von Verteidigern der Willensfreiheit nicht bezweifelt, sodass diese entweder Kompatibilisten waren (z.B. Kant, Schopenhauer) oder irgendeine Form des Dualismus postuliert haben (z.B. Descartes).

dungen und die sie ausführenden Handlungen unmittelbar und vollständig von neuronalen Vorgängen im Gehirn hervorgebracht werden.

Einige Neurobiologen und Neuropsychologen interpretieren bestimmte Versuchsergebnisse dahingehend, dass vom Menschen nicht kontrollierbare, in seinem Gehirn ablaufende Prozesse sein Verhalten steuern und daher die Willensfreiheit nur eine Illusion sei.[105] So sieht sich der aufgeklärte Hirnforscher als „Spielverderber des Gesellschaftsspiels von Recht und Moral."[106] „Nicht das Ich, sondern das Gehirn hat entschieden"[107] ist dabei nur eines von vielen Zitaten, welches den Fortschritt in der Hirnforschung plakatiert. Dabei bringt *Streng* die Problematik auf den Punkt: „Diese neuen Befunde stellen die Idee der Willensfreiheit, zumindest aber unsere rationalistischen Vorstellungen von der menschlichen Entscheidungsfindung in Frage."[108]

aa) Grundlage: Das Libet-Experiment

Die in Frage stehenden wissenschaftlichen Untersuchungen gehen vor allem auf ein Experiment zurück, das vor etwa vier Jahrzehnten der amerikanische Wissenschaftler *Benjamin Libet* durchgeführt hat.[109] Als „Libet-Experiment" bekannt wurde die Messung des zeitlichen Abstands, der zwischen Nervenaktivität im Gehirn und dem Bewusstwerden der dazu gehörenden Handlungsentscheidung liegt. Das Ergebnis überraschte *Libet* selbst. Die Entscheidung einer Person, etwas Bestimmtes zu tun, war zu dem Zeitpunkt, in dem die Person glaubte die Entscheidung nach ihrem Willen (frei) zu treffen, ausweislich der aufgebauten Bereitschaftspotentiale offenbar bereits getroffen.[110] *Libets* anschließende Frage lautete: „Gibt es" – gleichwohl – „irgendeine Rolle für den bewussten Willen beim Vollzug einer Willenshandlung?"[111] Um diese Frage zu beantworten müsse man beachten, dass der bewusste Wille etwa 150 ms vor der Aktivität des Muskels auftrete. Diese Zeitspanne würde genügend Zeit zur Verfügung stellen, in der die Bewusstseinsfunktion das Endergebnis des Willensprozesses beeinflussen könnte. Daraus folgert *Libet*, dass der bewusste Wille das Ergebnis des Willensprozesses beeinflusst, auch wenn Letzterer durch unbewusste Gehirnprozesse eingeleitet wurde. Der bewusste Wille könnte den

---

[105] Eine detaillierte Übersicht gibt *Roth*, in: „Fühlen, Denken, Handeln. Wie das Gehirn unser Verhalten steuert"; einen Überblick über die interdisziplinäre Diskussion bietet der Band *Köchy/Stederoth*, Willensfreiheit als interdisziplinäres Problem.

[106] *Hirsch*, ZIS 2/2010, S. 62.

[107] *Roth*, Worüber dürfen Hirnforscher reden – und in welcher Weise?, in: Geyer (Hrsg.), Hirnforschung und Willensfreiheit, S. 77.

[108] *Streng*, „Hirnforschung, Willensfreiheit und Schuld", in: Duttge (Hrsg.), Das Ich und sein Gehirn, S. 97.

[109] *Libet*, in: Geyer (Hrsg.), Hirnforschung und Willensfreiheit, S. 268 ff.

[110] *Frisch*, in: FS-Kühl, S. 191 mit weiteren Nachweisen zur Wiederholung des Experiments durch andere Hirnforscher unter verbesserten Bedingungen.

[111] *Libet*, Mind Time, S. 177.

Prozess blockieren oder verhindern, so dass keine Bewegung auftritt.[112] Im Ergebnis hat *Libet* eine Differenzierung in der Form vorgenommen, dass er aus der Determination von Prozessen, die eine Entscheidung initiieren nicht die Prädetermination der Entscheidung ableitet. Seiner Ansicht nach besteht ohne Zweifel eine Veto-Möglichkeit des Gehirns[113], ohne dass er diese jedoch beweist. Deutlich wird in den Experimenten *Libets* auch der „Dualismus der Perspektiven". Da ist zum einen die nahezu universale Erfahrung, welche auch dem Indeterminismus zugrunde liegt: Unser Freiheitsgefühl. Zum anderen sind da die in dem Experiment festgehaltenen, dokumentierten und gedeuteten, von außen beobachtbaren und manipulierbaren Gehirnprozesse (Dritte-Person-Perspektive). Diese Perspektive ist dagegen der Blick des Hirnforschers auf diesen Prozess, es ist die neurobiologische Beschreibung dessen, was im Hirn des wollenden, des entscheidenden, des handelnden Menschen bei einem naturwissenschaftlichen Zuschauen von außen geschieht.[114] Bei diesen Perspektiven handele es sich um voneinander unabhängige Kategorien, die untersucht werden müssen, um ihre Beziehung zu verstehen.[115]

Daraus ist zu folgern, dass die ursprünglichen Libet-Experimente nicht dem Determinismus zugerechnet werden können. *Libet* schlussfolgert ausdrücklich, „dass die Willensfreiheit wirklich frei im Sinne der Nicht-Determiniertheit ist und dass die Existenz eines freien Willens eine genauso gute, wenn nicht sogar bessere wissenschaftliche Option ist als ihre Leugnung durch die deterministische Theorie".[116]

bb) Die Wiederaufnahme

Das umstrittene Experiment *Libets* wurde in der Folge mehrfach wieder aufgenommen.[117] Diese neueren Interpretationen der Experimente behaupten, wir hätten keinen freien Willen, da Entscheidungen bereits getroffen wurden, bevor sie in unser Bewusstsein vordringen.[118] Die Veto-Möglichkeit, aus der *Libet* noch die Existenz eines freien Willens ableitete und die gegen eine Zurechnung seiner Versuchser-

---

[112] *Libet*, Mind Time, S. 177 ff.

[113] *Libet*, Mind Time, S. 179 f.

[114] *Hillenkamp*, ZStW 2015, 127 (1), S. 18 f.

[115] *Libet*, in: Hillenkamp (Hrsg.), Neue Hirnforschung, neues Strafrecht? S. 111, 123 und ausführlicher zu beiden Welten *ders.*, in: Mind Time, S. 196 ff.

[116] *Libet*, Mind Time, S. 198; jeweils davor erklärt sich *Libet* zum Agnostiker im Streit um die Determinismus-Indeterminismus-Debatte.

[117] *Haggard/Eimer*, Brain Potentials, 1999. Sie verbesserten das Experiment durch die Einführung einer Handlungsalternative. Sie geben jeweils zu, dass der Proband bewusst Einfluss auf seine Handlung nehmen kann, ebd. S. 132. Außerdem *Herrmann* u.a., Neue Interpretationen, 2005. Darüber hinaus *John Dylan Haynes* und *Chun Siong Soon*, in: Soon u.a., Unconcious determinants, 2008. Eine ausführliche Darstellung der Experimente bei *Bruder*, Versprochene Freiheit: Der Freiheitsbegriff der theologischen Anthropologie im interdisziplinären Kontext, 2013.

[118] Ebd.

gebnisse zum Determinismus spricht[119], wird in der neueren Interpretation der Hirnforschung, vor allem von *Prinz, Singer, Roth* und *Markowitsch* bestritten. Diese führen zur Begründung ihrer Annahme, es gäbe eine neurologische Determiniertheit und diese lasse sich durch neurologische Experimente beweisen, an, „das(s) zum einen die ausnahmslose materielle Gebundenheit mentaler Phänomene nicht mehr in Abrede gestellt werden (könne)"[120]. Zum anderen sei „die strukturell unmögliche Erkennbarkeit der Zusammenhänge aus der Innenperspektive des einzelnen Menschen" ein wesentliches Argument für eine neurologische Determiniertheit.[121]

Nach *Prinz* sagt die Tatsache, dass wir uns frei fühlen, nichts darüber aus, wie frei oder unfrei die einer Entscheidung zugrundeliegenden Prozesse in Wirklichkeit sind. Er greift damit die Selbstwahrnehmung des Menschen als ein freies Wesen an. Denn wir schreiben zwar die Autorenschaft für unsere Handlungen uns selbst und – für deren Handlungen – auch anderen Personen zu.[122] Allerdings „wisse die Psychologie, dass die Wahrnehmung psychischer Vorgänge, die in uns ablaufen, immer nur ein unvollständiges und deshalb irreführendes Bild der der Wirklichkeit zugrunde liegenden Prozesse liefern könne".[123] Im Ergebnis tun wir – nach *Prinz* – nicht was wir wollen (und schon gar nicht, weil wir es wollen), sondern wir wollen, was wir tun. Handlungsentscheidungen ergeben sich „als Produkt der Zusammenführung von Präferenzen, Handlungswissen und Situationsbewertung."[124] Demnach ist kein Raum für, und auch kein Bedarf nach einer besonderen personalen Instanz, die die Entscheidung dann noch zu treffen hätte – wie etwa dem freien Willen.[125] Er greift daneben auch das klassische Argument der Deterministen auf und postuliert, eine radikal interpretierte Willensfreiheit mute uns auch zu, in einem ansonsten deterministisch verfassten Bild von der Welt lokale Löcher des Indeterminismus zu akzeptieren.[126] Nach *Roth* gilt: „Das Ich ist nicht Herr im Hause"[127]. Bei „... dem Entstehen von Wünschen und Absichten habe das unbewusst arbeitende emotionale Erfahrungsgedächtnis das erste und letzte Wort. Das erste Wort bei deren Entstehen; das Letzte bei der Entscheidung, ob das, was gewünscht wurde, ,jetzt und hier und so

---

[119] Wie soeben, *Libet*, Mind Time, S. 179 f.

[120] *Duttge*, „Über die Brücke der Willensfreiheit zur Schuld", in: Das Ich und sein Gehirn, S. 23 m.w.N.

[121] *Duttge*, „Über die Brücke der Willensfreiheit zur Schuld", in: Das Ich und sein Gehirn, S. 23 m.w.N.

[122] *Prinz*, Kritik des freien Willens – Psychologische Bemerkungen über eine soziale Institution, in: Senn/Puskás, Gehirnforschung und rechtliche Verantwortung, 2006, S. 35, 27, 29.

[123] *Prinz*, Kritik des freien Willens – Psychologische Bemerkungen über eine soziale Institution, in: Senn/Puskás, Gehirnforschung und rechtliche Verantwortung, S. 30.

[124] *Prinz*, Kritik des freien Willens, S. 202.

[125] *Prinz*, Kritik des freien Willens – Psychologische Bemerkungen über eine soziale Institution, in: Senn/Puskás, Gehirnforschung und rechtliche Verantwortung, S. 29 ff.

[126] *Prinz*, Kritik des freien Willens – Psychologische Bemerkungen über eine soziale Institution, in: *Senn/Puskás*, Gehirnforschung und rechtliche Verantwortung, S. 30.

[127] *Roth*, Das Magazin, 3 /2001, S. 32–34.

und nicht anders' getan werden soll"[128]. Diese letzte Entscheidung fällt 1–2 Sekunden, bevor wir diese Entscheidung bewusst wahrnehmen und den Willen haben, diese Handlung auszuführen.[129] Es ist daher unser limbisches System, welches die Entscheidungen trifft.[130] Dieses führt über verschiedene Hirnareale, nimmt bereits im Mutterleib seine Arbeit auf und ist im dritten bis vierten Lebensjahr in seinen Strukturen weitgehend festgelegt. Dabei speichert es alle Einflüsse und Erfahrungen, bildet das Zentrum auch für angeborene affektive Zustände und Verhaltensweisen und bewertet im Rahmen auch genetisch bedingter Vorgänge alles, was wir tun nach Kriterien wie gut/erfolgreich/lustvoll bzw. schlecht/erfolglos/schmerzlich. Es speichert die Resultate dieser Bewertung ab.[131] Den Konflikt zwischen der ersten und dritten Personen-Perspektive greift auch *Singer* auf. In den „getrennten Erfahrungsbereichen" kommen für *Singer* Wirklichkeiten dieser Welt zur Abbildung, die inkompatibel sind. So sind wir gespalten zwischen dem, „was wir aus der Erste-Person-Perspektive über uns wahrnehmen und dem, was uns wissenschaftliche Analysen aus der Dritte-Person-Perspektive über uns lehren"[132]. Nach der Erste-Person-Perspektive sehen wir uns „als eine geistige Entität, die sich der neuronalen Prozesse allenfalls bedient, (…) um Beschlüsse in die Tat umzusetzen"[133]. Insofern müsse das, was die „Erste-Person-Perspektive" als freien Willen beschreibt, als Illusion definiert werden. Die Freiheit selbst sei nur ein kulturelles Konstrukt, eine Selbstauskunft, die ein kognitives System über sich selbst gibt. Es herrsche die Gewissheit, dass unser Wollen und Entscheiden auf neuronalen Vorgängen im Gehirn beruht, dass Entscheidungen vom Gehirn getroffen werden.[134] Dualistische Welt-

---

[128] *Roth*, „Willensfreiheit und Schuldfähigkeit aus Sicht der Hirnforschung", in: Roth/Grün, Das Gehirn und seine Freiheit, S. 13.

[129] *Roth*, FS-Lampe, S. 52.

[130] So führt *Roth* aus, dass wir eine Wirkungskette vor uns haben, die von der Amygdala und vom Hippocampus ausgeht; beide wirken auf die ventrale oder limbische Schleife ein. Dies bewirke das Auftauchen von Wünschen, Absichten, Plänen und den damit verbundenen Gefühlen im Bewusstsein und beeinflusst die dorsale Schleife. Dies geschehe, indem die Ausschüttung von Dopamin durch die Substantia nigra in das in das Corpus striatum veranlasst wird, was zu einer ‚Freischaltung' der dorsalen Schleife führt. Über die thalamischen Umschaltkerne wird dann die prämotorische und supplementär-motorische Cortex so aktiviert, sich ein hinreichend großes Bereitschaftspotential aufbauen kann. Dieses führe dann zur Aktivierung des motorischen Cortex und über die Pyramidenbahn zur Initiierung einer Willkürbewegung. Daraus folgert *Roth*, diese Verkettung habe eben genanntes zur Folge, nämlich, dass beim Entstehen von Wünschen und Absichten das unbewusst emotionale Erfahrungsgedächtnis das erste und letzte Wort habe. Ebenfalls *Roth*, FS-Lampe, S. 52.

[131] *Hillenkamp*, in: Hirnforschung, Willensfreiheit und Strafrecht, S. 24; mit Verweis auf genaueres zum limbischen System *Roth*, Fühlen, Denken, Handeln, S. 259 ff.

[132] *Singer*, Ein neues Menschenbild? Gespräche über Hirnforschung, S. 32, 22.

[133] *Singer*, Selbsterfahrung und neurobiologische Fremdbeschreibung, Zwei konfliktträchtige Erkenntnisquellen, in: Schmidinger/Sedmak (Hrsg.), Der Mensch – ein freies Wesen? Autonomie – Personalität – Verantwortung, 2005, S. 141.

[134] *Singer*, Selbsterfahrung und neurobiologische Fremdbeschreibung, Zwei konfliktträchtige Erkenntnisquellen, in: Schmidinger/Sedmak (Hrsg.), Der Mensch – ein freies Wesen? Autonomie – Personalität – Verantwortung, 2005, S. 151.

systeme, wie sie den Erfahrungen aus der Ersten-Personen-Perspektive zugrunde liegen, können zwar behauptet und geglaubt, nicht aber belegt werden. Sie seien mit den bekannten Naturgesetzen unvereinbar.[135] Ebenso wie *Roth* leugnet *Markowitsch* die Willensfreiheit und zieht zu seiner Begründung neurologische Thesen heran. Der freie Wille sei „eine Illusion", unser Handeln sei durch die Verschaltungen im Gehirn determiniert. Denn was wir tun vollbringt nicht unser ‚freies Ich', sondern Nervenzellen, deren Aktivitätskonstellation durch genetische Anlagen, durch strukturelle vor- oder nachgeburtlich gemachte Erfahrungen bedingt, programmiert und verankert ist.[136] Das gefühlsmäßige Leben in der ersten Person ist nur ein subjektives Gefühl, kein Willensakt.[137] Was wir tun oder lassen wird durch unsere Nervenzellen bestimmt, deren Aktivitätenkonstellation durch genetische Anlagen, durch strukturelle vor- und nachgeburtliche Erfahrungen bedingt, programmiert und verankert sind.[138] Zusammenfassend, so stellt *Markowitsch* fest, lassen uns überdauernde neuronale Aktivitätsmanifestationen unseres Gehirns in jedem Moment unseres Lebens so denken, handeln und reagieren, wie es aufgrund der stofflichen Zusammensetzung vorgegeben ist.[139]

cc) Zusammenfassung

So sind es – zusammengefasst – von den Hirnforschern drei Argumente, welche ihrer Meinung nach für eine determinierte Welt und mithin eine Abschaffung eines (indeterminierten) Schuldstrafrechts sprechen: Nur weil wir uns frei fühlen, könne man nicht von einer indeterminierten Welt, einer freien Entscheidung ausgehen. Die Erste-Person-Perspektive aus der heraus wir uns als frei wahrnehmen, sei nicht gleichzusetzen mit der Dritte-Person-Perspektive, die einen objektiven Blick auf unsere Entscheidungsfindungsprozesse gewährt. Darüber hinaus seien Menschen wie alles Naturgeschehen determiniert und ein freier Wille sei in einer determinierten Weltstruktur die beweisbedürftige Ausnahme. Drittens würden die Libet-Experimente zeigen, dass Entscheidungen getroffen werden, bevor sie in unser Bewusstsein vordringen. Das „Veto-Recht", welches Libet unterstellte und eine Form des freien Willens darstellen sollte, konnte in keinem der Experimente nachgewiesen werden.

---

[135] *Singer*, Selbsterfahrung und neurobiologische Fremdbeschreibung, Zwei konfliktträchtige Erkenntnisquellen, in: Schmidinger/Sedmak (Hrsg.), Der Mensch – ein freies Wesen? Autonomie – Personalität – Verantwortung, 2005, S. 140.

[136] *Markowitsch*, Gene, Meme, „freier Wille": Persönlichkeit als Produkt von Nervensystem und Umwelt, in: Reichartz/Zaboura (Hrsg.), Akteur Gehirn – oder das vermeintliche Ende des handelnden Subjekts, 2006, S. 31, 40 f.

[137] *Hillenkamp*, Hirnforschung, Willensfreiheit und Strafrecht, S. 25 mit Verweis auf div. Veröffentlichungen von *Markowitsch*.

[138] *Markowitsch*, Gene, Meme, „freier Wille": Persönlichkeit als Produkt von Nervensystem und Umwelt, in: Reichartz/Zaboura (Hrsg.), Akteur Gehirn – oder das vermeintliche Ende des handelnden Subjekts, S. 31, 40 f.

[139] *Markowitsch*, Psychologische Rundschau, S. 163, 167.

In der Tat mag ein subjektives ‚Gefühl der Freiheit' für eine Begründung eines angeblich „objektiv" und „tatsächlich vorhandenen" indeterministischen Weltbildes nicht ausreichen. Jedoch kann den Hirnforschern entgegengehalten werden, dass der Mensch mehr ist als nur eine Verkettung von Neuronen. Dabei krankt die Argumentation der Hirnforscher bereits an den Gegenargumenten, welche in dem philosophischen Streit um die Willensfreiheit schon vor langer Zeit ins Feld geführt wurden. Eine wirkliche Neuerung ist damit nicht gegeben und ein Blick in die Geschichte zeigt, dass sich der Optimismus der Forscher auf diesem Gebiet noch bewahrheiten muss. Mit der Ideenwelt der deterministisch – materialistischen Mechanik gingen die meisten Physiker um 1900 davon aus, dass letztlich alle „wohldefinierten physikalischen Fragen auch Antworten bekommen könnten". Die Grenzen hingen von unseren Anstrengungen ab, nicht von objektiven Begebenheiten. Gleiches ergab sich in der Mathematik als *Hilbert* im Jahre 1930 erklärte, es gäbe keine schlechthin unlösbaren Probleme. Beide Ansätze wurden kurze Zeit später widerlegt, mit *Heisenbergs* Quantenunschärfe 1927 und in der Mathematik mit *Gödels* Theoremen 1931.[140] In ihrem Optimismus fordern die Neurobiologen und Neuropsychologen aufgrund der vollständigen Determiniertheit menschlicher Handlungen eine Abschaffung des Schuldprinzips. Die Argumente der Hirnforscher, welche sie in der Anfang der 2000er geführten Diskussion um die Freiheit des Willens vorbringen, führen tatsächlich zu keiner Lösung der Frage nach der Willensfreiheit des Einzelnen.[141] Der Forderung nach der Abschaffung des Schuldstrafrechts fehlt damit bereits die psychologische Grundlage. Darüber hinaus würde

---

[140] *Gierer*, „Willensfreiheit aus neurowissenschaftlicher und theologiegeschichtlicher Perspektive – Ein erkenntniskritischer Vergleich", S. 5; ausführlicher zu *Gödels* Theoremen und der *Heisenbergschen* Unschärferelation sogleich S. 35 f.

[141] Selbst wenn die Wiederaufnahme der Libet-Experimente bewiesen hätte, dass alles determiniert sei, so wären die Forderungen der Hirnforscher auf die mit der Abschaffung des Schuldstrafrechts zu erwartenden Folgen paradox. Denn obwohl wir „nicht wollen was wir wollen" und es folglich keine Bestrafung geben dürfe, sei die Sicherung der Gesellschaft vor dem unverbesserlich gefährlichen Täter durch Wegsperren legitim. Eine konsequente Anwendung dieser These würde in die Bereiche des Fatalismus, der bequemen Vernunft, führen. So weit gehen die Hirnforscher aber doch nicht. Vielmehr fordern sie zwar eine Abschaffung des Schuldstrafrechts, wollen den Täter jedoch durch Erziehungsmaßnahmen zu legalem Verhalten „befähigen". Dazu solle an das soziokulturelle Konstrukt der persönlichen Verantwortlichkeit angeknüpft werden und der Täter durch Erziehungs- und Behandlungsprogramme zu legalem Verhalten befähigt werden. Dies geschehe, so beispielsweise *Hillenkamp* durch „eine Konditionierung des limbischen Systems, das (…) einer Einflussnahme von außen *nicht gänzlich* verschlossen ist." *Hillenkamp*, ZStW, 2015; 127 (1); 10–96 (37). *Fischer* bewertet die Bedeutung der Diskussion als „überschätzt", sie sei lediglich im Hinblick auf ihren Zeitpunkt und ihre politische Stoßrichtung interessant; kommt jedoch zu dem Ergebnis, dass „das Postulat der Schuld(fähigkeit) eine ‚schlichte, generelle normative Verantwortungszuweisung' ist. Der Mensch orientiere sich auf seiner Existenz auf diesem Planeten sozial und daher normativ, vgl. *Fischer*, StGB, Vor § 13 Rn. 10 f. mit Verweis auf *Weiser*, GA 2013, S. 26, 38. Ähnlich *Eisele*, welcher ebenfalls darauf hinweist, dass die geforderte Abschaffung des Schuldstrafrechts pauschal gefordert wurde, ohne dass sich die Hirnforscher mit den verschiedenen Schuldkonzeptionen auseinandergesetzt hätten, vgl. *Eisele*, in: Schönke/Schröder, StGB, Vor § 13, Rn. 110b.

einer so begründeten „Abschaffung" ein Kategorienfehler entgegenstehen: Der ‚Kasten' des determinierten neuronalen Prozesses sei einer der Humanbiologie. Dies bringt es mit sich, dass die Erkenntnisse dieser Wissenschaft nicht in eine andere übertragbar sind, und dass Schlussfolgerungen aus der einen nicht in die andere übertragen werden können. Aus diesem Grund mag die Humanbiologie innerhalb ihres ‚Kastens' die Frage nach der Willensfreiheit richtig beantworten. Eine Übertragung auf das Strafrecht verbietet sich aber.[142] Doch die Diskussion zeigt die Fragilität des Schuldbegriffes und die Bedeutung nach einer Klärung der wesentlichen Grundlagen auf.

b) Indeterminismus

Der Indeterminismus gilt als die dem Determinismus entgegengesetzte Lehre[143] und besagt ganz allgemein, dass „bestimmte Ereignisse nicht geschehen mussten, sondern etwas anderes geschehen konnte. Diese Ereignisse sollen daher nicht notwendig herbeigeführt, nicht notwendige Folge oder Wirkung von etwas, sondern unbestimmt sein."[144] Der Mensch kann freie, daher nicht ausschließlich determinierte Willensentscheidungen treffen und durch eben diese Entscheidungen den Lauf der Welt mit beeinflussen.[145] Nach *Kant* ist ein Akteur dabei frei wenn er in der Lage ist, Begebenheiten ganz von selbst anzufangen.[146] Der willensfreie Mensch wird als Erst-Auslöser oder Letzt-Urheber seiner Entscheidungen angesehen.[147] In positiver Weise wird der Indeterminismus oftmals mit einem „Gefühl der Freiheit" begründet. So nehmen wir uns selbst als frei in unseren Entscheidungen und Handlungen wahr. Dass wir aus eben dieser freien und unabhängigen Entscheidung handeln können, und das bei den meisten von uns vorhandene Gefühl, dass unser Wille frei ist, nennt sich Erste-Person-Perspektive.[148] Diese Perspektive bezeichnet den introspektiven Blick des Menschen auf sein Wollen, Entscheiden und Handeln, also wie sich der Mensch selbst – und im Rückschluss von sich auf die Mitmenschen auch diese – sieht

---

[142] Der Begriff des „Kategorienfehlers" geht auf *Hassemer* zurück, vgl. *ders.*, ZStW 121 (2009), S. 845 ff.

[143] *Brugger*, Philosophisches Wörterbuch, S. 60.

[144] *Spilgies*, Die Bedeutung des Determinismus-Indeterminismus-Streits für das Strafrecht, S. 25. In der Philosophie wird eine Unterscheidung zwischen dem epistemischen und dem ontologischen Indeterminismus vorgenommen. Der ontologische Indeterminismus ist dabei „eine Eigenschaft der Natur selbst" während der epistemische Indeterminismus „nur in unserem Wissen liegt und keine objektive Eigenschaft der Natur ist." Vgl. dazu auch *Vorwinkel*, Maschinen mit Bewusstsein – Wohin führt die künstliche Intelligenz?, S. 67.

[145] *Bröckers*, Strafrechtliche Verantwortung ohne Willensfreiheit, S. 27.

[146] *Kant*, Kritik der reinen Vernunft II, A535/ B563, S. 490.

[147] *Bröckers*, Strafrechtliche Verantwortung ohne Willensfreiheit, S. 27.

[148] *Libet*, in: Hillenkamp (Hrsg.), Neue Hirnforschung, neues Strafrecht?, S. 111, 124; zur Kritik an der Annahme eines Indeterminismus auf Grundlage des Freiheitsgefühls bereits oben B. III. 1. c) ff).

und erfährt.[149] Diese Selbstwahrnehmung (und ihre Übertragung) ist grundlegend für die Annahme der Willensfreiheit des Einzelnen und eine damit – auf den ersten Blick – indeterministische Weltstruktur. Diese indeterministische Weltstruktur wurde im Laufe der Geschichte jedoch wiederholt angegriffen: Mit den Naturwissenschaften beispielsweise ließ sich diese Willensfreiheit kaum in Einklang bringen, denn im Rahmen dieser sollte alles Weltgeschehen determiniert sein.[150] Warum gerade der menschliche Wille ‚frei‘ sein sollte, ließ sich in einer vollständig determinierten Welt nicht erklären. Dies änderte sich erst mit den neuen Forschungsergebnissen aus der Quantenphysik der jüngeren Zeit. Damit hat das naturalistische Argument heute nur noch eingeschränkt Gültigkeit und lässt sich für einen harten Determinismus nicht mehr heranziehen. Vielmehr kann mit diesen neuen Erkenntnissen die Frage nach der Beweislast der Willensfreiheit zurück gereicht werden.[151]

Auch die Entdeckung quantenphysikalischer Phänomene stützt die These des Indeterminismus.[152] In der subatomaren Welt wird nach der *Heisenbergschen* Unschärferelation das Gesetz von Ursache und Wirkung aufgehoben. Es ist unmöglich, Ort und Impuls eines Teilchens gleichzeitig beliebig genau zu bestimmen, denn je genauer man den Ort eines Teilchens misst, desto ungenauer wird die Information über dessen Impuls und andersherum. Und auch wenn *Einstein* als Reaktion auf diese *Heisenbergsche* Theorie behauptete: „Gott würfelt nicht!"[153], so geben naturwissenschaftliche Erkenntnisse Anlass zu der Schlussfolgerung, dass ein objektiver Zufall existiert: Der radioaktive Zerfall gilt als Hauptanwendungsgebiet für den Zufall, dort handelt es sich um einen fehlenden objektiven Grund und nicht um fehlende Kenntnisse.[154] So können auf dem Gebiete der Quantenphysik nur Wahr-

---

[149] *Hillenkamp*, ZStW 2015; 127 (1): 10–96, S. 18.

[150] Beispielsweise *Einsteins* These des physikalischen Determinismus welche sich in dem bekannten Zitat „Gott würfelt nicht" wiederfindet, vgl. bereits oben.

[151] So man denn in diesem Zusammenhang von einer Beweislast sprechen kann, welche zumindest für die Rechtswissenschaft wohl verneint werden muss, denn das Recht gestaltet die Gemeinschaftsordnung auch nach Maximen, Zielvorstellungen und Wertentscheidungen, für deren Richtigkeit es keinen Beweis im strengen Sinn gibt (vgl. auch *Eisele*, in: Schönke/Schröder, StGB, Vor § 13 Rn. 110; *Jähnke*, in: LK StGB, § 20 Rn. 12; *Würtenberger*, JZ 54, 210).

[152] So beispielsweise Max Planck, Jordan, Hans-Peter Dürr, Albert Einstein.

[153] Das vollständige Zitat lautet: „Die Quantenmechanik ist sehr achtunggebietend. Aber eine innere Stimme sagt mir, daß das doch nicht der wahre Jakob ist. Die Theorie liefert viel, aber dem Geheimnis des Alten bringt sie uns kaum näher. Jedenfalls bin ich überzeugt, daß der nicht würfelt." – Brief an Max Born, in: Einstein/Born Briefwechsel 1916–1955, S. 97 f.

[154] „Der Zufall tritt nicht nur deshalb auf, weil wir nicht genug wissen, sondern weil kein objektiver Grund vorhanden ist." *Zeilinger*, Neue Zürcher Zeitung 30. 6. 1999; ähnlich: „Der Zufall in der Quantentheorie beruht, anders als der Zufall im Alltagsleben, nicht auf einer verborgenen kausalen Vorgeschichte, sondern auf deren Fehlen: Es ist ein primärer, ein ontischer Zufall." *Fink*, Aufklärung und Kritik 3/2010, S. 225.

scheinlichkeitsaussagen getroffen werden, jedoch keine exakten Voraussagen.[155] Damit wäre der *Laplace'sche* Dämon widerlegt.

Die Quantenphysik hat eine Brücke geschlagen, indem sie mit der Kopenhagener Deutung[156] dem (physikalischen) Determinismus seine Grundlage entzogen hat. Quantenphysikalische Naturvorgänge haben danach einen indeterministischen Charakter.[157] Mit dieser herrschenden Interpretation der Quantenmechanik hat sich gezeigt, dass die physikalische Welt keiner vollständigen kausalen Struktur unterliegt. Aus dieser Ablehnung eines physikalischen Determinismus folgt für die Willensfreiheit jedoch, dass das Argument der Beweislastumkehr nicht greifen kann. In einer indeterministischen Welt, wie sie die Quantenphysik vertritt, wären determinierte Entscheidungsprozesse die Ausnahme, welche es zu beweisen gelte.

Gegen die Annahme eines Determinismus spricht auch, dass es sich bei der Lehre aus logischer Perspektive um ein reductio ad absurdum handelt. Wer behaupte, alle Vorgänge in der Welt seien determiniert, müsse auch diese seine Behauptung für determiniert halten.[158] Damit begebe er sich aber jedes Anspruchs auf Zustimmung zu ihr: Warum sollte man einen Satz für wahr halten, der nicht aus guten Gründen seine Richtigkeit, sondern als Resultat „blinder" naturkausaler Abläufe entstanden ist?[159] Ob der Determinismus dadurch falsch ist oder sich uns (nur) nicht rational erschließt, mag an dieser Stelle dahingestellt bleiben.[160]

„Wohl sei der auf Gründe gestützte Wille zuletzt auf eine neurophysiologische Kausalkette angewiesen[161] – aber er benutze sie souverän im Modus ihrer autonomen Erzeugung, Beherrschung und Steuerung."[162] Der Kern der Philosophie des Geistes ist das Leib-Seele-Problem, manchmal auch „Körper-Geist-Problem" genannt. Es besteht in der Frage, wie sich die mentalen Zustände zu den physischen Zuständen

---

[155] Eine instruktive Darstellung des Verhältnisses zwischen Quantenphysik und (Quanten-)Philosophie findet man bei *Hisaki*, Naturphilosophie und Naturwissenschaft, S. 141 ff. Ebenso auch *Falkenburg*, Mythos Determinismus, S. 235 ff.

[156] Nach der sog. „Kopenhagener Deutung" können die Gesetze der Quantenmechanik nicht auf die makroskopische Welt Anwendung finden und umgekehrt die Gesetze der klassischen Physik nicht auf die Quantenwelt. *Schiemann*, „Warum Gott nicht würfelt, Einstein und die Quantenmechanik im Licht neuerer Forschungen", in: Breuniger (Hrsg.), Bausteine zur Philosophie, S. 117; *Pade*, Quantenmechanik zu Fuß 2: Anwendungen und Erweiterungen, S. 225 ff.; *Weizsäcker*, Die Einheit der Natur. S. 228; *Schurz*, Wahrscheinlichkeit, S. 56,

[157] Ebd.

[158] In seinem Seeschlacht-Kapitel in der Pero hermeneias argumentiert Aristoteles in ähnlicher Weise: „Wenn die Aussage ‚Morgen findet eine Seeschlacht statt' jetzt schon wahr wäre, hinge es nicht mehr von unseren Überlegungen und Handlungen ab, ob die Seeschlacht stattfindet." *Frede*, Aristoteles und die ‚Seeschlacht', Das Problem der Contingentia Futura in de Interpretatione 9.

[159] *Merkel*, Willensfreiheit und rechtliche Schuld, S. 36.

[160] Vertiefend vgl. *Merkel*, Willensfreiheit und rechtliche Schuld, S. 37 Fn. 45.

[161] Einen Überblick über die neurophysiologische Kausalkette und daher den Ablauf der Entstehung vom „Wollen" gibt *Roth*, FS-Lampe, S. 52.

[162] *Merkel*, Willensfreiheit und rechtliche Schuld, S. 50.

verhalten. Da es sich bei dem Leib-Seele-Problem um eines der ältesten Probleme der Philosophie handelt, ist eine einfache Lösung auch hier nicht ersichtlich und es bestehen mannigfaltige Ansätze zu dessen Lösung: Eine erste Weichenstellung – jeweils mit weiteren Spielarten – wird zwischen dem Dualismus und dem Monismus vorgenommen. Dabei behauptet der Dualismus, dass es sich bei Körper und Geist um zwei grundsätzlich verschiedene Phänomene handele – eben mentale und physische Entitäten. Daraus folgt die Frage, wie beide Phänomene zusammenwirken.[163] Im Gegensatz dazu besagt der Monismus, dass es nur eine Substanz gebe, wobei die meisten monistischen Theorien materielle Monismen sind. Danach sei die einzig vorhandene Substanz die physische Materie. Es sind jedoch auch andere Formulierungen möglich: Man könnte auch behaupten, dass es keine Materie gebe, sondern nur den Geist. Ein solcher Monismus wird heute nur noch selten vertreten. Eine dritte Möglichkeit ist, eine Substanz anzunehmen, die weder physische Materie noch Geist ist.[164] Das Leib-Seele-Problem gewinnt insofern Bedeutung, als dass es die Auffassung der harten Deterministen, dass alles gewissen Naturgesetzen unterliege, vor Beweisprobleme stellt. Wenn Geist und Körper verschiedene Entitäten sind, hätte selbst eine vollständige Determination des Körpers keinen Einfluss auf den Geist und die Neuropsychologie müsste beweisen können, dass eine vom Körper losgelöste Seele nicht besteht. Die Unterscheidung von Gründen und Ursachen wurde oft bis zu einer vollständigen Trennung von Gründen und Ursachen verschärft, so dass sie als antagonistisch angesehen wurde. „Die Ursachen, warum wir einen Satz glauben, sind für die Frage, was es denn ist, das wir glauben, allerdings irrelevant; aber nicht die Gründe, die ja mit dem Satz grammatisch verwandt sind und uns sagen wer er ist."[165] Etwas zu tun, weil die Vernunft es vorschreibt, bedeutet, durch einen Grund (oder die Anerkennung eines Grundes) veranlasst zu werden, so zu handeln. Jedoch sind Gründe keine physikalischen Bedingungen der Welt. Daher ist irgendeine meiner Handlungen, wenn sie durch physikalische Bedingungen verursacht wird, ipso facto nicht durch einen Grund (oder dessen Anerkennung) verursacht. Die einzige Hoffnung, einen vernünftigen Willen haben zu können, schließt ein, dass unser Bewusstsein von dem physikalischen Kausalzusammenhang ausgenommen ist.[166]

Für die Existenz des Indeterminismus streiten verschiedene Argumente. Quantenphysikalische Phänomene, die Tatsache, dass es sich um ein reductio ad absurdum handelt, sowie das grundlegende Problem der Philosophie um die Existenz der Seele,

---

[163] „Der platonische Dualismus unterscheidet zwischen Ideenwelt und Welt der sinnlichen Erfahrung, die Kraft ihrer Teilhabe an jener existiere. Die irrtumsbehaftete Ebene der sinnlichen Wahrnehmung wird von jener der wahren Erkenntnis abgegrenzt. *Descartes* Substanzendualismus stellt dem materiellen, ausgedehnte Sein ein immaterielles, nicht ausgedehntes, bewusstes Sein gegenüber. Aus letzterem ergibt sich das Leib-Seele-Problem; der psychophysische-Dualismus." *Prechtl/Burkard* (Hrsg.), Metzler Lexikon Philosophie, S. 122.

[164] „Je nach der Konzeption des Monismus wird die Einheit mehr statisch oder mehr dynamisch, mehr nach dem Vorbild mathematisch-mechanischer Ordnung oder mehr als organisches Leben gesehen." *Prechtl/Burkard* (Hrsg.), Metzler Lexikon Philosophie, S. 389.

[165] *Wittgenstein*, The Big Typescript, Nr. 267.

[166] *Dennett*, Ellenbogenfreiheit, S. 42.

sprechen für eine indeterminierte Weltstruktur, womit nicht die Abwesenheit jeglicher Kausalität gemeint ist, sondern das Fehlen absoluter Determiniertheit. Darüber hinaus wird das Zufallsargument angeführt: Unsere Handlungen wären spontan und ohne Urheberschaft, sie wären nicht von Motiven, Wünschen oder unserem Charakter bestimmt, sondern lediglich unerklärlich. Der Indeterminismus ist in dieser Interpretation gerade keine Bedingung für Freiheit im Sinne einer freien Entscheidungsmöglichkeit. Vielmehr schließt er Willensfreiheit, Selbstbestimmung und damit auch moralische Verantwortlichkeit aus.[167] Aus diesem Grund kommt eine Schuldzuschreibung auf Grundlage eines strengen indeterministischen Menschenbildes nicht in Betracht.

c) Das Dilemma der Willensfreiheit und die Ansätze des (agnostischen) Kompatibilismus

Der Begriff der Willensfreiheit ist umstritten und es bestehen mannigfaltige Ansätze zu seiner Ausfüllung. Mit diesem Problem sieht sich auch die Strafrechtswissenschaft konfrontiert, wenn sie Willensfreiheit zur Begründung oder Ablehnung des Schuldstrafrechts heranzieht.[168] Sowohl deterministische als auch indeterministische Ansätze haben darüber hinaus ihre Schwächen und können kaum für eine Zurechnung und Bestrafung menschlichen Handelns herangezogen werden. Darüber hinaus sind beide Ansätze unbeweisbar – der Nachweis einer determinierten oder indeterminierten Welt und der in ihr geschehenden Handlungen gelingt nicht.[169]

Dies führt zu dem Dilemma der Willensfreiheit: War eine Handlung in einem strengen Sinne determiniert, so können wir das handelnde Subjekt für diese Handlung nicht in einem strafrechtlichen Sinne verantwortlich machen. Wird eine Handlung dagegen unter Zugrundelegung eines strengen indeterministischen Menschen- (oder Welt-) Bildes betrachtet, so war diese Handlung Zufall und eine Zurechnung scheidet ebenso aus. Denn wären unsere Handlungen in einem strengen Sinne indeterminiert, so wären sie unbegründet, unerklärlich und unvorhersehbar,

---

[167] *William James*, der amerikanische Philosoph und Mitbegründer des philosophischen Pragmatismus, prägte den Begriff „weicher Determinist" in einem einflussreichen Essay mit dem Titel „The Dilemma of Determinism". Danach liegt die Bedeutung der Frage des Determinismus in der Hoffnung. Ausweg aus dem Dilemma der persönlichen Verantwortung, welche entweder zu blankem Pessimismus oder zu einem degenerierten Subjektivismus führe, sei, die Rolle des Zufalls zu akzeptieren.

[168] Grundlegend ist dafür natürlich das bereits zitierte Urteil des BGH – BGHSt (GS) 2, 194; weitere (implizite) Stellungnahmen des BGH zur Willensfreiheit hat *Haddenbrock* durchgesehen und in 37 von 41 Entscheidungen zu den §§ 20, 21 StGB festgestellt, dass eine deutliche Dominanz des Freiheitskriteriums zu ersehen ist. Gegenstand der Prüfung der Schuldfähigkeit ist, „ob der Täter die ihm vorgeworfene Handlung [...] hätte unterlassen können" *Haddenbrock*, MschrKrim 1994, 44 (46). Dies bestätigt auch *Jescheck* wenn er ausführt, ein auf die Willensfreiheit gestützter Schuldbegriff „dürfte auch noch immer unausgesprochen der Leitsatz unserer Praxis sein." *Jescheck*, RECPC 2003, 1 (5).

[169] Zu der Frage der Beweisnotwendigkeit in diesem Zusammenhang, vgl. bereits Fn. 150.

und nicht länger von unseren Überzeugungen, Wünschen, Motiven und Zielen geleitet. So verstanden ist der Indeterminismus nicht die Bedingung für Freiheit im Sinne einer freien Entscheidungsmöglichkeit. Vielmehr schließt er Willensfreiheit, Selbstbestimmung und damit auch moralische Verantwortlichkeit aus.[170] Willensfreiheit scheint also sowohl mit dem Determinismus als auch mit dem Indeterminismus unvereinbar zu sein.[171] Denn „alles Determinierte lässt keine Alternative, alles Indeterminierte keine Kontrolle zu"[172]. Dieses sogenannte „Intelligibilitätsargument" wurde von *Dennett* wie folgt kommentiert: „Determinism is the friend, not the foe, of those who dislike inevitability"[173]. Ein Schuldstrafrecht ist aus diesem Blickwinkel nur aufrecht zu erhalten, wenn man strafrechtliche Schuld von der empirischen Realität der Willensfreiheit löst.[174] *Keil* hält darüber hinaus den Vorschlag, „unsere normativen Praxen des Lobens und Tadelns, Belohnens und Bestrafens nicht von der Klärung metaphysischer Thesen abhängig zu machen" für plausibel.[175] Diese agnostische Haltung zum philosophischen Freiheitsproblem ist mittlerweile auch in der Strafrechtslehre weit verbreitet.[176]

So versucht der Kompatibilismus[177] das „Dilemma der Willensfreiheit" aufzulösen, indem er den Begriff der Willensfreiheit weiter differenziert und eine Ver-

---

[170] Der Diskussion, ob Zufall ein Kriterium für moralische Bewertung sein kann, in der Philosophie geführt unter dem Stichwort „moral luck" oder „moralischer Zufall", bedarf es aus diesem Grund im Rahmen der Erörterung des strafrechtlichen Schuldbegriffs nicht. Vgl. grundlegend *Williams*, Moralischer Zufall, Aufsätze 1973–1980, 1984, S. 30 ff.; *Nagel*, Moral Luck, S. 20 ff. Selbst *Williams* (ebd., S. 37) grenzt das „zufällige" Bewirken eines Ereignisses davon ab, dass der Handelnde an dem Ereignis „Schuld" hat.

[171] *von Wachter*, Die kausale Struktur der Welt, S. 197. Das Dilemma beschreibt auch *van Inwagen* und nennt es das „Mind-Argument": „… which I have called the ‚Mind Argument' because it has appeared so frequently in the pages of Mind". *van Ingwagen*, Philosophical Perspectives, Vol. 14, Action and Freedom (2000), S. 10.

[172] *Hassemer/Neumann/Saliger*, Rechtsphilosophie, S. 410.

[173] *Dennett*, Freedom evolves, S. 60.

[174] *Roxin*, FS-Kaufmann, S. 521.

[175] *Keil*, Keine Strafe ohne Schuld, keine Schuld ohne freien Willen, S. 159.

[176] *Keil*, Keine Strafe ohne Schuld, keine Schuld ohne freien Willen, S. 166, er spricht dabei von *Jakobs* und *Roxin*, welche eine „agnostische Haltung" einnehmen. Zur sog. agnostischen Position auch *Radtke*, Münchener Kommentar zum StGB, Vor § 38, Rn. 22, 3; *Frister*, Überlegungen zu einem agnostischen Begriff der Schuldfähigkeit, in: Frisch-FS, 2013, 533; *Jescheck/Weigend*, Lehrbuch des Strafrechts AT, § 37 I 1; *Lagodny*, Strafrecht vor den Schranken der Grundrechte, S. 388 f.; *Schneider*, Die Beurteilung der Zurechnungsfähigkeit 2, S. 23; *Paeffgen/Zabel*, in: Kindhäuser/Neumann/Paeffgen, Strafgesetzbuch, Vorb. zu den §§ 32 ff. Rn. 230E; *R. Merkel* bezeichnet sich selbst als Agnostiker, *R. Merkel*, Willensfreiheit, S. 9, 114 f. Dieser lehnt den Grundsatz des Anders-Handeln-Könnens als entscheidendes Kriterium ab und äußert Sympathie für *Roxins* „normative Ansprechbarkeit" (ebd. S. 131 f.); kritisch dagegen zu der Haltung von R. Merkel wiederrum *Paeffgen/Zabel*, in: Kindhäuser/Neumann/Paeffgen, Strafgesetzbuch, Vorb. zu den §§ 32 ff. Rn. 1284. Kritisch gegenüber der obigen Zusammenfassung von Indeterministen und Agnostikern *Burkhardt*, Bemerkungen, S. 14.

[177] Dagegen versteht man unter Inkompatibilismus die These, dass Determinismus und Willensfreiheit unvereinbar sind. Inkompatibilisten müssen daher entweder den Determinismus

einbarkeit von Determinismus und Verantwortung aufzeigt. Der Kompatibilismus versucht nicht das klassische Problem nach der Willensfreiheit zu lösen, sondern betrachtet die Ablehnung des freien Willens lediglich als eine Sprachverirrung. Diese Thesen umgehen das Problem des non liquet[178] der Determinismus-Indeterminismus-Debatte. Er widmet sich dem Vereinbarungsproblem[179], ob sich ein freier Wille und eine determinierte Weltsicht vereinbaren lassen und bejaht dies, indem er die Definition von Freiheit verändert. In der Folge vertreten einige klassische Kompatibilisten die Auffassung, dass die Zurechnung von Handlungen nicht nur keine indeterministische Freiheit erfordert, sondern im Gegenteil sogar den Determinismus voraussetzt.[180] Damit man einer Person ihre Entschlüsse und Handlungen zurechnen kann, so beispielsweise das einschlägige Argument von *Hume*[181], müsse sie eine gewisse charakterliche Stabilität aufweisen. Der Determinismus wird im Rahmen eines deterministischen Kompatibilismus vielmehr postuliert, damit die genannten normativen Praxen ihren Sinn behalten können.[182]

aa) Kompatibilismus nach George Edward Moore

Der englische Philosoph *George Edward Moore* prägte maßgeblich die heutige Debatte um die Frage nach der Willensfreiheit. Er hielt es für „gewiß, 1. daß wir oft anders gehandelt haben würden, wenn wir uns dazu entschieden hätten; 2. daß wir

---

oder die Willensfreiheit fallen lassen. Für beide Varianten gibt es Vertreter: Naturalismus-Skeptiker (sog. Libertarier) lassen den Determinismus fallen. Sie postulieren, dass es eine nicht-physikalische Erklärung für die Willensfreiheit gibt und nehmen dadurch Bezug auf dualistische Thesen. Diese Erklärung wird von den Naturalisten abgelehnt. Naturalisten (harter Determinismus) lassen die Willensfreiheit fallen, indem sie von einer vollständigen Determiniertheit der Welt ausgehen und daher für eine freie Willensbetätigung keinen Platz sehen.

[178] *Frisch*, in: FS-Kühl, S. 204 m.w.N.

[179] Die in diesem Zusammenhang von einigen Autoren verwendeten Begrifflichkeiten „harter Determinismus" – der die Freiheit leugnet – und „weichem Determinismus" – der wie der Kompatibilismus die Freiheit bejaht – sind missverständlich und führen den Leser gerne in die Irre (ebenso *Keil*, Willensfreiheit, S. 59). Die Frage nach der Vereinbarkeit von Determinismus und Willensfreiheit ist keine Spielart des Determinismus und der Kompatibilist muss keine Stellung zu der Frage nach der Wahrheit des Determinismus einnehmen. Um dies zu verdeutlichen ist in diesem Kapitel von einem „agnostischen Kompatibilismus" die Rede. Diese – eigentlich überflüssige – Formulierung soll verdeutlichen, dass die hier vorgestellten Kompatibilisten keine Stellung zur Freiheitsfrage nehmen.

[180] *Walter*, Grundkurs Willensfreiheit, S. 116; *Keil*, Keine Strafe ohne Schuld, keine Schuld ohne freien Willen, S. 160. *Herzberg* kehrt die klassische These, Schuld setze Willensfreiheit voraus, um. Die Verantwortlichkeit für eine Entscheidung setzt gerade nicht die Willensfreiheit, sondern die Willensunfreiheit voraus, denn eine freie Entscheidung wäre „frei von der Zwangsherrschaft eines Kausalitätsgesetzes, von keinem Motiv hervorgezwungen, dem Nichts entsprungen, in keine Kausalkette eingebunden, von nichts abhängig." Eine Entscheidung die frei und von nichts abhängig ist, ist dann eben nicht die Entscheidung des Täters. *Herzberg*, Willensunfreiheit und Schuldvorwurf, S. 125 f.

[181] Zu den bekanntesten Vertretern der klassischen kompatibilistischen These gehören *David Hume* (26. 4. 1711 – 25. 8. 1776) und *Thomas Hobbes* (5. 4. 1588 – 4. 12. 1679).

[182] *Keil*, Keine Strafe ohne Schuld, keine Schuld ohne freien Willen, S. 160.

uns in ähnlicher Weise oft anders entschieden haben würden, wenn wir uns entschieden hätten, uns so zu entscheiden; und 3. daß uns fast immer eine andere
Entscheidung möglich war, in dem Sinn, daß niemand von uns mit Sicherheit wissen
konnte, ob er sich nicht so entscheiden würde."[183] Er weist in seiner Philosophie auf
die Unterscheidung von Naturgesetzen und Möglichkeiten hin, welche beide mit dem
Wort „Können" ausgedrückt werden. Somit meint *Moore* mit dem Anders-Handeln-
Können nicht nur ein „naturgesetzlich möglich", sondern auch ein „fähig sein". So
muss eine Person nur in der Lage sein etwas zu tun, wenn sie sich dafür entschieden
hätte, um willensfrei zu sein.[184] Aus diesem Grund sind Willensfreiheit und Determinismus kompatibel: Denn auch wenn man den Determinismus vertritt kann man
„fähig sein, X zu tun, falls man sich für X entscheidet". Auf die Bejahung oder
Verneinung des Determinismus kommt es daher nicht an.

bb) Die Auffassung von Moritz Schlick

Schlick diagnostiziert das Problem der Willensfreiheit als Scheinproblem.[185] So
liege ein weit verbreiteter Irrtum in der Begrifflichkeit eines Naturgesetzes. So weist
Schlick auf die problematische Verwechslung des Charakters von Naturgesetzen (die
nur beschreiben) mit dem von Staatsgesetzen hin (die mit Zwangsmitteln verbunden
sind). Man unterscheidet zwei Bedeutungen von Gesetz: 1. Staatsgesetze mit dem
Charakter des „Du sollst (nicht)" und 2. Naturgesetze, die eher nach dem Schema
„immer wenn A, dann B" funktionieren. Während erstere Vorschriften darstellen und
mit entsprechenden Sanktionen verknüpft sind, beschreiben Naturgesetze Erscheinungen, Vorgänge etc. „Die beiden Arten von ‚Gesetzen' haben nur das einzige
gemeinsam, daß beide durch eine Formel ausgedrückt zu werden pflegen. [...] Und
es ist höchst beklagenswert, daß man für zwei so verschiedene Sachen dasselbe Wort
gebraucht – noch beklagenswerter allerdings, daß die Philosophen sich durch den
Wortgebrauch zu so schweren Irrtümern verführen ließen. Da Naturgesetze nur
Beschreibungen dessen sind, was geschieht, so kann bei ihnen von einem ‚Zwange'
gar keine Rede sein. Die Gesetze der Himmelsmechanik schreiben den Planeten
nicht vor, wie sie sich zu bewegen haben, gleich als ob die Planeten sich eigentlich
ganz anders bewegen möchten und nur durch diese lästigen *Kepler'schen* Gesetze
genötigt würden, in ordentlichen Bahnen zu bleiben [...]". „Wenn wir sagen, der
Wille ‚gehorcht psychologischen Gesetzen', so sind das keine Staatsgesetze, die ihm
bestimmte Entschließungen ‚aufzwingen', ihm Wünsche diktieren, die er eigentlich
gar nicht haben möchte; sondern es sind ja Naturgesetze, die nur formulieren, welche
Wünsche der Mensch unter bestimmten Umständen tatsächlich hat, sie beschreiben
die Natur des Willens, nicht anders als die astronomischen Gesetze die Natur der
Planeten beschreiben. ‚Zwang' liegt vor, wo der Mensch an der Erfüllung seiner
natürlichen Wünsche gehindert wird – wie könnte die Regel, nach der diese natür-

---

[183] *Moore*, Freier Wille, in: Pothast, Seminar: Freies Handeln und Determinismus, S. 160.

[184] *Moore*, Ethik, S. 127

[185] *Schlick*, Fragen der Ethik, S. 155.

lichen Wünsche aufsteigen, selbst auch wieder als ein ‚Zwang' angesehen werden?"[186] Löst man die Verwechslung von Naturgesetzlichkeit und Zwang auf, so erkennt man: Wir besitzen zwar keine kontrakausale Willensfreiheit, die ohnehin ein metaphysisches Phantasma ist, wohl aber besitzen wir unter normalen Bedingungen eine Freiheit des Handelns, daher so zu handeln wie wir wollen. Diese Freiheit sei alles was wir brauchen, um menschliche Verantwortlichkeit zu rechtfertigen.[187] Damit bejaht *Schlick* eine Handlungsfreiheit und differenziert diese von einer Willensfreiheit, welche seiner Auffassung nach für eine Bestrafung keine Notwendigkeit hat.[188]

cc) Schwache Freiheit bei Peter F. Strawson

In Bezug auf die Frage nach einem freien Willen bleibt *Strawson* auf kompatibilistischem Boden und hält sich an die schwache Freiheit *Moores* und *Schlicks*. *Strawson* sieht uns aufgrund unserer reaktiven Haltungen als moralisch verantwortlich an, beispielsweise durch Übelnehmen und Dankbarkeit. Diese Haltungen[189] gehören zu der menschlichen Natur und durch diese machen wir uns selbst und die Anderen für unsere Entscheidungen und Handlungen verantwortlich. Diese Haltungen sind für unsere menschlichen wechselseitigen Beziehungen nötig.[190] Seiner Ansicht nach ist es psychologisch nicht möglich, andere Personen für ihr Handeln nicht verantwortlich zu machen und bestimmte Emotionen nicht zu haben.[191] Aus diesem Grund kommt es nicht darauf an, ob diese Handlungen determiniert waren oder nicht, da die gegenseitige Verantwortungszuschreibung Teil menschlicher Beziehungen ist. Diese soziale Praxis der gegenseitigen Zuschreibung von Freiheit

---

[186] *Schlick*, Fragen der Ethik, S. 151.

[187] *Schlick*, Fragen der Ethik, S. 157. Als klassischer Kompatibilist geht er sogar noch weiter und betont: Wir könnten den Determinismus zwar nicht beweisen, aber wir müssten ihn „in allem unserem praktischen Verhalten voraussetzen", da andernfalls Strafe wirkungslos bliebe und unverursachtes Wollen die Verantwortung aufhöbe.

[188] Zur Unterscheidung von Willens- und Handlungsfreiheit u. a. bereits *Schopenhauer* „Du kannst thun was du willst: aber du kannst, in jedem gegebenen Augenblick deines Lebens, nur ein Bestimmtes wollen und schlechterdings nichts Anderes, als dieses Eine.", in: *Schopenhauer*, Preisschrift über die Freiheit des Willens, S. 58–59. Daraus wurde später die bekannte Formulierung: „Der Mensch kann zwar tun, was er will, aber er kann nicht wollen, was er will."

[189] Eine umfassende Darstellung zu dem Thema gibt *Kurbacher*, Zwischen Personen. Eine Philosophie der Haltung, 2017.

[190] *Strawson*, Freiheit und Übelnehmen, S. 212 ff.

[191] *Wroblewski*, Zwei verschiedene Kompatibilisten – Peter Bieris und Daniel Dennetts Willensfreiheitstheorien in der gegenwärtigen Debatte, S. 152 mit dem Verweis auf *Peter F. Strawson*, Freedom and Resentment, S. 74, wo dieser ausführt: „It is not a consequence of any general thesis of determinism which might be true that nobody knows what he's doing or that everybody's behaviour is unintelligible in terms of conscious purposes or that everybody lives in a world of delusion or that nobody has a moral sense, i. e. is susceptible of self-reactive attitudes, etc."

ist nach *Strawson* notwendig, es handelt sich um „eine unverzichtbare Voraussetzung jeder sozialen Interaktion".[192]

dd) Die Erweiterung der Position durch Harry Frankfurt

Frankfurt erweitert die kompatibilistische Position an zwei Punkten. Erstens versucht er zu zeigen, dass wir, wenn wir eine Person für eine Tat moralisch verantwortlich machen, nicht einmal unterstellen müssen, dass sie auch anders hätte handeln können (1). Und er stellt im Rahmen des Kompatibilismus ein neues, deutlich bestimmungsreicheres Konzept der Willensfreiheit vor (2).

(1) Frankfurt Fälle

Frankfurts Überlegungen zum Prinzip der Alternativen Möglichkeiten („PAM") kommen insbesondere in den „Frankfurt-Fällen"[193] zur Geltung.

Auf diese bezugnehmend hat *von Wächter* vier Sätze untersucht, welche im Folgenden kurz skizziert werden sollen.[194]

– Alternative Handlungsmöglichkeiten sind notwendig für Freiheit (AMNF): Jemand hat eine Handlung H nur dann frei getan, wenn er auch hätte anders handeln können, d. h. wenn eine andere Handlung statt H hätte geschehen können. Wenn eine Person eine Handlung H getan hat und nicht statt H eine andere Handlung hätte tun können, dann war H keine freie Handlung.

---

[192] *Pauen*, Illusion Freiheit?, S. 235.

[193] *Frankfurt* hat in seinem Aufsatz „Alternate Possibilities and Moral Responsibility" verschiedene Gedankenexperimente durchgeführt. Eines soll an dieser Stelle genannt werden; *Merkel*, Willensfreiheit und rechtliche Schuld, S. 97 wandelt ein solches ab. In *von Wächter* – Die kausale Struktur der Welt, 2007, S. 217 finden sich weitere Nachweise über den Stand der philosophischen Diskussion:
    „Frau Müller steht mit einem Stift in der Hand in der Wahlkabine, um ihre Stimme der Herrn Schröder unterstützenden SPD oder der Herrn Stoiber unterstützenden CDU zu geben. Nach einem Moment des Innehaltens gibt sie ihre Stimme der SPD. Was sie nicht wußte, war, dass Herr Schreiber, ein für die SPD arbeitender Neurochirurg, in Frau Müllers Gehirn eine die Gehirnvorgänge überwachende Vorrichtung eingebaut hat. Wählt Frau Müller die SPD, greift die Vorrichtung nicht ein, sondern beobachtet nur den Vorgang. Ist Frau Müller jedoch im Begriff, die CDU oder eine andere Partei zu wählen, greift die Vorrichtung ein und stimuliert Frau Müllers Gehirn so, dass sie SPD wählt. Nehmen wir an, Frau Müller wählt ohne Eingreifen der Vorrichtung SPD. (…) Kann man sagen, dass Frau Müller für ihre Wahl verantwortlich ist, denn schließlich war sie im Vollbesitz ihrer geistigen Kräfte und nichts hat auf sie eingewirkt. Andererseits kann man sagen, dass sie nicht frei gewählt hat oder dass sie für ihre Wahl nicht oder nicht voll verantwortlich ist, denn in einem gewissen Sinne hätte sie nicht anders wählen können: Hätte sie versucht, anders zu wählen, hätte die Vorrichtung eingegriffen und eine Wahl der SPD verursacht. – Willensfrei?"

[194] *von Wächter*, Die kausale Struktur der Welt, S. 217.

– Alternative Handlungsmöglichkeiten sind notwendig für moralische Verantwortung. (AMNV) (Dieser Satz wird heute (Frankfurt 1969 folgend) „Principle of Alternate Possibilities" (PAP) genannt.)

– Alternative Handlungsmöglichkeiten sind hinreichend für Freiheit. (AMHF)

– Alternative Handlungsmöglichkeiten sind hinreichend für moralische Verantwortung. (AMHV)

AMHF und AMHV sind falsch und es besteht nach *Frankfurt* kein Zusammenhang zwischen moralischer Verantwortung und dem tatsächlichen Vorliegen von alternativen Handlungsmöglichkeiten. Der Zusammenhang von Freiheit und alternativen Handlungsmöglichkeiten scheint nur auf den ersten Blick plausibel und es muss eine Einschränkung vorgenommen werden. Der Satz „es bestanden alternative Handlungsmöglichkeiten" schließt nämlich den Zufall mit ein und das Bestehen alternativer Handlungsmöglichkeiten ist nicht notwendig für Freiheit und Verantwortlichkeit. *Frankfurts* These: „Es kann Umstände geben, unter denen es unvermeidlich ist, dass ein Handlungssubjekt S auf eine bestimmte Weise handelt, ohne dass die Umstände hervorbringen, dass S auf diese Weise handelte."[195] Oder, exemplarisch: „Stellen wir uns vor, dass jemand in überzeugender Weise mit einer Strafe bedroht wird, die er für untragbar hält und dann tut er das, was der mit Strafe Drohende von ihm fordert. Dann können wir uns Einzelheiten vorstellen, die unsere Überzeugung verständlich machen, dass die Person die fragliche Handlung auszuführen gezwungen war, dass sie nicht anders hätte handeln können und dass sie keine moralische Verantwortung dafür trägt, was sie getan hat. Was aber stützt in Situationen dieser Art das Urteil, dass die bedrohte Person moralisch für ihre Tat nicht verantwortlich ist?"[196]

Frankfurt schlussfolgert, dass das „Prinzip der alternativen Handlungsmöglichkeiten" ersetzt werden sollte. So könne eine Person für das, was sie getan hat, moralisch verantwortlich sein. Andererseits werde sie für das, was sie getan hat, keine moralische Verantwortung tragen, wenn sie es nur deshalb tat, weil sie nicht anders hätte handeln können, auch im Falle dessen, dass sie das, was sie getan hat, wirklich zu tun wünschte.[197] Damit untermauert *Frankfurt*, dass moralische Verantwortung und (Willens-)Freiheit einander nicht notwendig bedingen.

(2) Frankfurts Konzept der Willensfreiheit

Letztgenanntes Zitat dient als Überleitung zu *Frankfurts* bestimmterem Konzept der Willensfreiheit. So nehmen wir uns beim Handeln als Wesen mit einem kon-

---

[195] Deutsche Übersetzung von *Betzler/Gucke* (Hrsg.), Freiheit und Selbstbestimmung, Einleitung, S. 3, mit Verweis auf *Frankfurt*, Alternate Possibilities and Moral Responsibility.

[196] Deutsche Übersetzung von *Betzler/Gucke* (Hrsg.), Freiheit und Selbstbestimmung, „Alternative Handlungsmöglichkeiten", S. 55.

[197] Deutsche Übersetzung von *Betzler/Gucke* (Hrsg.), Freiheit und Selbstbestimmung, „Alternative Handlungsmöglichkeiten", S. 64.

kreten, auf eine bestimmte Handlung gerichteten Willen wahr. Dieser Wille ist im Gegensatz zu Wünschen handlungseffektiver, meint, dass wir durch ihn bestimmte Handlungen in Gang setzen. Zugleich haben wir von uns ein Bild, bestimmte Vorstellungen über uns selbst, insbesondere darüber, welche Art von Person wir in Angelegenheiten unseres Handelns und unseres handlungseffektiven Willens sein wollen. Dieses höherstufige Sein-wollen kann im Einklang stehen mit der konkreten Wirklichkeit des eigenen, handlungseffektiven Wollens, oder von diesem abweichen.[198]

In Abkehr zu *Schlicks* „Freiheit des Handelns" und *Moores* „freier Wille" liegt Willensfreiheit nach *Frankfurt* nicht nur dann vor, wenn die Person tun kann was sie will. Dies sei bloß Handlungsfähigkeit auf niedriger Stufe. Willensfreiheit ist allein dann gegeben, wenn das niederstufige, handlungseffektive Wollen der Person mit ihrem höhenstufigen Wollen, das mit einer bestimmten Beschaffenheit des niederstufigen Wollens übereinstimmt.[199] Eine Person – oder ein Mensch in den Begrifflichkeiten von *Frankfurt* – zeichnet sich gerade dadurch aus, dass dieser Mensch „Wünsche zweiter Stufe" hat und ausdrückt.[200] Diese Wünsche zweiter Stufe zeichnen sich dadurch aus, dass der Mensch nicht nur wünschen kann, etwas zu tun oder nicht zu tun, sondern darüber hinaus auch wünschen kann, bestimmte Wünsche zu haben oder bestimmte Wünsche zu haben, aber nicht umzusetzen. So könne ein Arzt wünschen, dass er süchtig nach Drogen sei, um sich besser in seine Patienten hineinversetzen zu können und gleichzeitig wünschen, dass dieser Wunsch nicht umgesetzt werden sollte.[201] *Dennett* drückt selbiges Beispiel abstrakter aus, wenn er schreibt: „Man könnte zum Beispiel ein Verlangen nach Heroin haben wollen, nur um zu wissen, wie es ist, dieses Verlangen zu spüren, ohne aber zu wollen, daß dieses Verlangen in einer Handlung wirksam wird."[202] Maßgeblich für das Person-sein ist

---

[198] Deutsche Übersetzung von *Betzler/Gucke* (Hrsg.), Freiheit und Selbstbestimmung, „Willensfreiheit und der Begriff der Person", S. 71 ff.

[199] Deutsche Übersetzung von *Betzler/Gucke* (Hrsg.), Freiheit und Selbstbestimmung, „Willensfreiheit und der Begriff der Person", S. 71 ff.

[200] Deutsche Übersetzung von *Betzler/Gucke* (Hrsg.), Freiheit und Selbstbestimmung, S. 67. Zuvor hatte *Frankfurt* auf *Strawson* und dessen Personenbegriff Bezug genommen. *Strawson* definiert die Person als „den Begriff eines Typs von Entitäten, derart, daß sowohl Prädikate, die Bewußtseinszustände zuschreiben, als auch Prädikate, die Körpereigenschaften bezeichnen ..., auf ein einzelnes Individuum dieses besonderen Typs gleichermaßen anwendbar sind". *Strawson*, Individuals, S. 101 f.; dt.: Einzelding und logisches Subjekt, S. 130. *Frankfurt* kommentiert diese Ansicht dahingehend, *Strawson* ginge „es mehr um die Frage, welche Beziehung zwischen Körper und Geist besteht, als um das ganz andere Problem, zu verstehen, was es denn bedeutet, ein Wesen zu sein, das nicht nur Geist und Körper hat, sondern darüber hinaus auch eine Person ist." *Frankfurt*, „Willensfreiheit und der Begriff der Person" in: Bieri, Analytische Philosophie des Geistes, S. 287.

[201] Deutsche Übersetzung von *Betzler/Gucke* (Hrsg.), Freiheit und Selbstbestimmung, S. 67.

[202] *Dennett*, „Bedingungen der Personalität", in: Bieri (Hrsg.), Analytische Philosophie des Geistes, S. 319.

daher nach *Frankfurt* die Fähigkeit zu reflektieren und sich selbst in Bezug zur Außenwelt zu setzen.

ee) Keine ‚Faule Vernunft'? – Die Position Daniel Dennetts

Dennett sieht den Menschen als eine entscheidungsfähige Person. Dabei sind nach Dennetts Personenbegriff eigentlich alle Menschen Personen und eine Ausnahme gilt nur für solche, denen wir aufgrund ihres (Säuglings-)Alters, ihrer Unzurechnungs-fähigkeit oder Geistesgestörtheit den Personenstatus aberkennen.[203] Notwendige Bedingung für das Person-sein ist der metaphysische Begriff der Person, bei welchem es sich um ein intelligentes, bewusstes und fühlendes Handlungssubjekt handelt.[204] Diese Person weiß, dass sie ihren Entscheidungen und Handlungen nicht im Sinne der von der Antike so genannten „faulen Vernunft"[205] einfach zusehen kann, sondern sie im Modus des eigenen Aktivseins und eigener Anstrengung selbst herbeiführen muss. Der metaphysische Begriff der Person umfasst sechs Stufen und auf der Letzten nimmt *Dennett* Rekurs auf *Frankfurt* und dessen „Volitionen zweiter Stufe".[206] Auf der höchsten Stufe ist daher nach Dennett ebenfalls die Fähigkeit zur Selbstreflexion notwendige Bedingung für den Personenbegriff.

Für die Existenz eines freien Willens nennt *Dennett* zwei Voraussetzungen: Erstens genug Rationalität und zweitens eine hinreichend ausgeprägte Fähigkeit zur Selbstkontrolle und Selbstreflexion.[207] Diese Form des freien Willens ist notwendige Bedingung, um den Akteur als Person anzusehen. Diese Person weiß, dass sie vom gesetzmäßigen Zusammenhang der Welt nicht ausgenommen ist, dass also auch früh angelegte Wünsche, Präferenzen etc. in ihren Überlegungsprozess eingehen. Sie sieht sich jedoch als veränderungsfähig, als Wesen, das seine Handlungen kontrolliert. Dabei könne der Umfang des Selbsteinflusses je nach Umfang und Stärke fremder Einflüsse mehr oder weniger groß sein. Auch in einer deterministischen Welt kann es nach der Ansicht *Dennetts* sinnvoll sein, Personen zu bestrafen. Denn trotz der Determination der Weltstruktur bleibt diesen Personen eine Veränderungsfähigkeit aufgrund ihres ‚freien Willens' erhalten. Damit kann der Person auch sinnvollerweise moralische Verantwortlichkeit zugeschrieben werden – ob diese wirklich

---

[203] *Dennett*, „Bedingungen der Personalität", in: Bieri (Hrsg.), Analytische Philosophie des Geistes, S. 303.

[204] *Dennett* unterscheidet zwischen metaphysischer und moralischer Person; wobei die moralische Person ein „verantwortliches Handlungssubjekt" ist. *Dennett*, „Bedingungen der Personalität", in: Bieri (Hrsg.), Analytische Philosophie des Geistes, S. 304. Zum Personenstatus im Recht vgl. unten C. II. 2. sowie zur juristischen Person unten D. II.

[205] Eine Spielart des Fatalismus, wobei Fatalismus die „Erfahrung des Ausgeliefertseins an das Fatum, d. h. an eine unpersönliche, geistige, die Welt des Menschen umfassende Macht" meint. Es werde „keine Selbstbestimmung wahrgenommen, das Fatum bzw. Schicksal ist unbeeinflussbar." *Metzler*, Lexikon Philosophie, S. 181.

[206] *Dennett*, „Bedingungen der Personalität", in: Bieri (Hrsg.), Analytische Philosophie des Geistes, S. 319.

[207] *Dennett*, Elbow Room, S. 168.

existiert ist für *Dennett* nicht von Bedeutung. Soweit es sinnvoll ist, Menschen als moralisch verantwortliche „Person" zu behandeln, ist es auch ausreichend dafür, dass moralische Verantwortlichkeit wirklich existiert.[208]

ff) Zusammenfassung

Der Kompatibilismus vereinbart Determinismus und Freiheit, indem ein schwacher Freiheitsbegriff vertreten wird. Im Rahmen des Kompatibilismus ist der Einzelne auch in einer determinierten Welt für sein Handeln moralisch verantwortlich. Die Determinismus-Indeterminismus-Debatte lässt der Kompatibilist außen vor und klassifiziert sie als unmaßgeblich für die Frage nach der Verantwortlichkeit des Einzelnen. Dafür ziehen die Vertreter des Kompatibilismus verschiedene Argumente heran, welche sich zum Teil auch in der rechtswissenschaftlichen Diskussion um die Frage nach strafrechtlicher Verantwortung wiederfinden.

So wird zunächst eingewandt, es bestehe ein Unterschied zwischen Willens- und Handlungsfreiheit und nur Letztere sei für die Zuschreibung von Verantwortung notwendig. Eines wirklich freien, im Sinne von unabhängig von äußeren Einflüssen gebildeten Willens bedarf es hingegen für die Zuschreibung von Verantwortung nicht und ein solcher liege vermutlich auch nicht vor. Anders-Handeln-Können meint nicht nur ein „naturgesetzlich möglich", sondern auch ein „fähig sein"[209] bzw. in Abkehr von Naturgesetzen und Zwang wird eine Handlungsfreiheit bejaht, welche ausreichend für menschliche Verantwortlichkeit ist.[210] An anderer Stelle wird die Notwendigkeit des Merkmals des Anders-Handeln-Könnens geleugnet. Dieses Merkmal sei keine notwendige Bedingung für Freiheit oder Verantwortlichkeit.[211] Darüber hinaus wenden Kompatibilisten ein, Gefühle seien Gegenstand menschlicher Beziehungen. So existiere zwischen Personen zwangsläufig eine emotionale Verbindung, die Personen nähmen eine Haltung zueinander ein und die Zuschreibung von moralischer Verantwortlichkeit für das menschliche Zusammenleben sei sinnvoll und ausreichend für die Annahme, mein jeweiliges Gegenüber sei für seine Handlungen verantwortlich. Wir unterstellen unserem jeweiligen Gegenüber ein selbstbestimmtes Verhalten, ohne welches ein wertbestimmtes soziales Miteinander nicht möglich wäre.[212] Auch die Selbstwahrnehmung als Person, welche sich selbst als veränderungsfähig sieht, ist maßgeblich für die Verantwortlichkeit des Einzelnen.[213] Auf die Frage nach einem tatsächlichen Vorliegen von Verantwortlichkeit kommt es nicht an.

---

[208] *Dennett*, Elbow Room, S. 158.

[209] Vgl. nur *Moore*, oben B. III. 1. c) aa).

[210] Vgl. nur *Schlick*, oben B. III. 1. c) bb).

[211] Vgl. nur *Frankfurt*, oben B. III. 1. c) cc).

[212] Vgl. nur *Strawson*, oben B. III. 1. c) dd).

[213] Vgl. nur *Dennett*, oben B. III. 1. c) ee).

2. Strafrechtswissenschaftliche Schuldkonzeptionen

Bisher zeigten sich aus interdisziplinärer Perspektive die Ansätze zum Determinismus-Indeterminismus-Streit, welcher Grundlage für die schwere Greifbarkeit des materiellen Schuldbegriffs ist. Vor diesem Hintergrund zeigt sich eindrücklich, dass es bei der Frage um den Schuldbegriff um nichts weniger als die „Philosophie des Geistes"[214], einen Jahrhunderte alten Streit, und die aktuellen Entwicklungen der Neurologie geht. Auch die Strafrechtswissenschaft befasst sich seit langem mit diesem Konflikt und versucht ihn auf unterschiedlichste Weise zu lösen.

a) Der Bundesgerichtshof und die Konzeption des „Anders-Handeln-Können"

Der BGH bestimmt den Inhalt der Schuld „als das Dafür-Können der Person für ihre rechtswidrige Willensbildung". Die Schuld begründe den persönlichen Vorwurf gegen den Täter, denn dieser habe die rechtswidrige Handlung nicht unterlassen, obwohl er sie hätte unterlassen können.[215] So führt der BGH in seiner Grundsatzentscheidung im Jahr 1952 aus: „Strafe setzt Schuld voraus. Schuld ist Vorwerfbarkeit. [...] Der innere Grund des Schuldvorwurfs liegt darin, dass der Mensch [...] befähigt ist, sich für das Recht und gegen das Unrecht zu entscheiden."[216] Nach allgemeiner Ansicht sprach sich das Gericht damit für ein indeterministisches Menschenbild aus und setzte Willensfreiheit für Schuld voraus.[217] Im Ergebnis sei Schuld das Dafür-Können der Person für ihre rechtswidrige Willensbildung.

---

[214] Bei der Philosophie des Geistes (auch ‚Philosophy of Mind' genannt) handelt es sich um die philosophische Teildisziplin, die sich mit Fragen hinsichtlich des menschlichen Geistes und der verschiedenen Arten geistiger („mentaler") Vorgänge befasst. Dabei steht die Frage im Mittelpunkt, was genau geistige Eigenschaften und ihre Träger sind und wie sie mit körperlichen Vorgängen zusammenhängen (bekannt unter dem Stichwort „Leib-Seele-Problem"). Häufig wird dies als Frage nach der Bedeutung sprachlicher Ausdrücke formuliert, die uns über geistige Vorgänge und Eigenschaften zu sprechen erlauben. Darüber hinaus zählen zu der Philosophy of Mind unter anderem die Theorie der Intentionalität, der mentalen Repräsentation, der Wahrnehmung, des Bewusstseins, des Gedächtnisses und der personalen Identität. Im weiteren Sinne wird auch die philosophische Analyse von Methode und Gegenstand der Psychologie und Sprachwissenschaft zur Philosophy of Mind gezählt. Vgl. *Prechtl/Burkard* (Hrsg.), Metzler Lexikon Philosophie, S. 122.
Zur Philosophie der Psychologie und konkret zur Ableitung des menschlichen Bewusstseins aus vorgängigen Prozessen, die dem Bereich der Neurowissenschaften zugeordnet werden: *Sturma*, Philosophie der Psychologie, S. 18.

[215] *Roxin*, Strafrecht AT Bd. 1, § 19 Rn. 20, *Welzel*, Strafrecht, S. 140; 138.

[216] BGHSt (GrS) 2, 194 (200).

[217] Zur weiteren Untersuchung der Rechtsprechung siehe *Haddenbrock*, MschrKrim 1994, 44 (46); bereits oben B. III.

Der Indeterminismus war bei der Formulierung eines Schuldvorwurfs stets im Vorteil.[218] Denn ein Indeterminist kann einem gesunden Straftäter vorhalten, dieser hätte sich auch gegen die Tat und damit anders entscheiden können, als er es getan hat. Aus diesem moralischen Vorwurf ließe sich auch leicht ein strafrechtlicher Schuldvorwurf formulieren: Der Täter sei schuldig, weil er die Straftat nicht unterlassen hat, obwohl er dies hätte tun können.[219] Doch verlangt man für die Schuld des Täters, dass dieser zum Zeitpunkt der Tatausführung in dem Sinne willensfrei war, dass er unter exakt den gleichen Ausgangsbedingungen Anders-Handeln-Konnte, dann ist Willensfreiheit als Strafbarkeitsvoraussetzung genauso beweisbedürftig wie die Kausalität zwischen Tathandlung und Taterfolg und der Tatvorsatz.[220] So ist auch *Roxins* Ansicht nach die These des tatsächlichen „Anders-Handeln-Könnens" nicht haltbar. Denn auch wenn es noch hinnehmbar sei, dass sie auf einem nicht beweisbaren indeterministischen Menschenbild beruht, so scheitert sie spätestens daran, dass ein „Anders-Handeln-Können" des Täters im Tatzeitpunkt wissenschaftlichen Feststellungen nicht zugänglich ist.[221] Es bestünde wohl „Einigkeit darüber, dass kein psychologischer oder psychiatrischer Sachverständiger die Fähigkeit des konkreten Täters im Tatzeitpunkt anders zu handeln, als er es getan hat, mit empirischen Mitteln nachweisen kann."[222] Diese Feststellung war bereits Grundlage des zum Ende des 20. Jahrhunderts entflammten Agnostizismusstreites, in welchem es um die Frage ging, ob wissenschaftlich begründete Aussagen der Psychiatrie oder der Psychologie zur Einsichtsfähigkeit und Steuerungsfähigkeit überhaupt möglich sind. Dieser wurde ausgelöst durch die Aussagen führender forensischer Gutachter, nach denen man die Existenz von kontra-kausaler Willensfreiheit weder verifizieren noch falsifizieren könne.[223] Vor diesem Hintergrund müsste der Grundsatz „in dubio pro reo" immer zum Freispruch führen, da die Annahme von Schuld einen empirischen Befund voraussetze, welcher nicht erbracht

---

[218] Vgl. zu einem strengen Indeterminismus nur exemplarisch *Renzikowski* NJW 1990, 2005 (2007): „Für den Strafrechtswissenschaftler ist eine indeterministische Position zwingend."

[219] *Bröckers*, Strafrechtliche Verantwortung ohne Willensfreiheit, S. 28, BGH (BGHSt 2, 194, 196).

[220] *Bröckers*, Strafrechtliche Verantwortung ohne Willensfreiheit, S. 53; gegen die Beweisbedürftigkeit eines Anders-Handeln-Könnens.

[221] *Roxin*, ZStW 96 (1984), S. 643; *ders.*, MSchrKrim, Band 56 (1973), S. 316 f. Insbesondere lässt es sich nicht mit empirischen Mitteln nachweisen, ob der Täter im Tatzeitpunkt konkret die Fähigkeit gehabt hätte anders zu handeln. Dies eindrücklich *Bockelmann*, ZStW 75 (1963), S. 372; *Jeschek*, Allg. Teil S. 328 ff., außerdem *Figueiredo Dias*, ZStW 95 (1983), S. 228 ff.

[222] *Roxin*, ZStW 96 (1984), S. 643.

[223] Vgl. *Bröckers*, Strafrechtliche Verantwortung und Willensfreiheit, S. 53. Er verweist dabei auf folgende Autoren, welche sich als Agnostiker bekennen: *Hillenkamp*, JZ 1995, 313; *Lagodny*, Schranken der Grundrechte, S. 389; *Jeschek/Weigend*, Strafrecht AT, S. 410; *Roxin* Strafrecht AT I, § 3 Rn. 55; *Engisch*, Willensfreiheit, S. 14; *Bockelmann*, ZStW 75 (1963), 372 (384); *Krümpelmann* ZStW 88 (1976), 6, (12); *Mangakis*, ZStW 75 (1963), 516 ff.; *Kargl*, Kritik, S. 242 ff.; *R. Merkel*, Rechtliche Schuld, S. 12.

werden könne.[224] Ein Schuldstrafrecht wäre dann unmöglich. Die Vertreter dieser Lehre versuchen diese Problematik jedoch aufzulösen, indem sie nicht auf das Können des Täters, sondern auf das „erfahrungsgemäß gegebene Können des Durchschnittsmenschen" abstellen.[225] Die gerichtliche Ermittlung von mentalen Zuständen ist zugunsten größtmöglicher Objektivität eines strafgerichtlichen Urteils so weit wie möglich auf öffentlich zugängliche Kriterien zu stützen.[226] Von einem Beweis des Mentalen als einer „inneren Tatsache" kann angesichts der aufgezeigten theoretischen Probleme jedoch nicht ausgegangen werden.[227]

Für ein Schuldstrafrecht auf indeterministischer Grundlage sprechen dieselben Argumente, die für und gegen den Indeterminismus vorgebracht wurden. Insbesondere *Frankfurt* hat gezeigt, dass ein tatsächliches Anders-Handeln-Können keine notwendige Bedingung für Freiheit oder moralische Verantwortung ist.[228] Ein Schuldstrafrecht ist auf dem Fundament der Willensfreiheit zumindest wiederholten Angriffen ausgesetzt gewesen. Die Bejahung der Schuld ist nach der bestehenden gesetzlichen Konzeption notwendige Bedingung für die Verhängung der Strafe (Strafbegründungsschuld) und Grundlage für das Strafmaß (Strafzumessungsschuld) des Täters.[229] Der Begriff der Schuld wird lediglich vorausgesetzt und findet seine

---

[224] *Roxin*, ZStW 96 (1984), S. 643.

[225] Das Schuldurteil erreicht den konkreten Täter nicht, da bei der Verhängung des Urteils nur von dem Durchschnitt („man") auf das Individuum geschlossen wird; so *Haft*, Strafrecht Allgemeiner Teil, S. 118 f. Auch nach *Maurach/Zipf* kennt das geltende Recht eine Individualisierung nur bei der Strafzumessung und nicht bei der Schuldbegründung, vgl. *Maurach/Zipf*, Strafrecht Allgemeiner Teil I, § 30 Rn. 13, § 31 Rn. 1. Vom „Normalbürger" sprechen *Krey/Eser*, Deutsches Strafrecht Allgemeiner Teil, Rn. 690. *Eisele* postuliert ebenfalls, dass die Freiheit des Einzelnen nicht feststellbar ist und der Schuldvorwurf daher nur im Wege der analogistischen Schuldfeststellung auf den Vergleich gestützt werden kann, dass andere in der Situation des Täters anders gehandelt hätten, vgl. *Eisele*, in: Schönke/Schröder (Hrsg.), Vorb. §§ 13 ff. Rn. 110. Ebenso *A. Kaufmann*, JZ 67, 560; *ders.*, Jura 86, S. 227; *Maiwald*, Lackner-FS, S. 164 ff. Anders bspw. *Frister*, Die Struktur des „voluntativen Schuldelements", S. 123.

[226] Dieser Forderung will *Roxin* durch seine These von der normativen Ansprechbarkeit Rechnung tragen, indem er auf die normalerweise gegebene psychische Steuerungsmöglichkeit abstellt, welche den gesunden Erwachsenen in der Regel gegeben ist und wobei es sich um einen erfahrungswissenschaftlichen Befund handelt. *Roxin*, Strafrecht AT I, § 19 D Rn. 36. Zu den Beurteilungskriterien der Psychologie und Psychiatrie vgl. *Albrecht*, GA 1983, 207 und *Baurmann*, 1980, 238.

[227] *Börchers*, Schuldprinzip und Fahrlässigkeit, S. 81. Sie führt mit Verweis auf *Grasnick*, Über Schuld, Sprache und Strafe, S. 73 ff.; 265–278 weiter aus: „Nicht im Einzelnen nachvollzogen werden kann in diesem Rahmen der Ansatz *Grasnicks*, der den die Schuld ausmachenden mentalen Zustand unter Heranziehung von philosophischen Gedankengängen Wittgensteins, Heideggers, Schapps und Poppers begreift als Teil der durch die übrigen Prozessbeteiligten vernommenen ‚Geschichte', die der Angeklagte erzählt und die im Ganzen nicht verifiziert, sondern interpretiert, jeweils auf bestimmte Weise verstanden und aufgrund eines Konsenses zwischen den Prozessbeteiligten in einer bestimmten Version akzeptiert wird."

[228] Vgl. bereits oben Fn. 192.

[229] Denn nach § 46 Abs. 1 S. 1 StGB ist die Schuld des Täters Grundlage für die Strafzumessung. Nicht notwendig ist die Feststellung von Schuld für das als zweite Spur des Strafrechts ausgestaltete Maßregelrecht, da die Maßregeln der §§ 61 ff. StGB gerade nicht an die Schuld der

Grundlage unter anderem in der Menschenwürde. Die Menschenwürde gründet auf dem Menschenbild des Grundgesetzes, welches von einem freien und selbstbestimmten Menschenbild ausgeht und aus diesem Grund setzt Schuld Willensfreiheit voraus. Doch eine tatsächliche Willensfreiheit ist nicht erwiesen, und der Staat, der das Übel der Strafe verhängt, trägt die Beweislast für die tatsächlichen Voraussetzungen, die die Verhängung der Strafe rechtfertigen.[230] Dieser Beweislast können Vertreter indeterministischer Theorien, sofern sie von einem tatsächlichen Anders-Handeln-Können des konkreten Täters ausgehen, jedoch nicht nachkommen.[231]

b) Charakterschuld

„Die Lehre von der Charakterschuld geht auf deterministischer Grundlage davon aus, dass jedermann für die Eigenschaften, die ihn zur Tat veranlasst haben, für sein So-Sein, ohne weiteres verantwortlich ist."[232] Straftaten haben demnach ihre Ursachen im Wesentlichen im Charakter des Täters und sind durch ihn determiniert. Auf den Charakter bezieht sich der Schuldvorwurf.[233] Dabei wird unter Charakter ein relativ stabiles Gefüge psychischer Dispositionen verstanden, das dem Menschen als seelischem Wesen ein bestimmtes Gepräge verleiht. Charaktereigenschaften disponieren zu bestimmten Verhaltensweisen, werden in solchen wirksam, äußern sich

---

Tat, sondern an seine Gefährlichkeit anknüpfen. Eine vollständige Ersetzung des Schuldstrafrechts durch das Maßregelrecht würde auf der Ebene der Strafzwecke zu einer Begrenzung auf rein präventive Zwecke führen, wobei die herrschende Lehre trotz der „Übermacht" der generalpräventiven Sicht auf die Strafzwecke weiterhin an der Notwendigkeit eines persönlichen Vorwurfs festhält; zu Strafen und Maßregeln allgemein *Joecks*, in: MüKo StGB, Einleitung Rn. 5, zu den Strafzwecken im Zusammenhang mit der Schuld *Frister*, Strafrecht AT, Kap. 3, Rn. 4.
Zu dem – oft übersehenen und hier nicht in Gänze auszuführenden – Zirkelschluss im Zusammenhang von Verantwortung mit Maßregeln vgl. *Freund*, MüKo StGB, Vor § 13 Rn. 103. Nach *Freund* sind „nichtverantwortliche Personen [...] unfähig, die Geltung von Verhaltensnormen in Frage zu stellen, so dass schon kein entsprechender Schaden für die Normgeltung droht. Deren ‚Bestrafung' wäre nicht nur ungerecht, sondern auch unsinnig. Ihre Berechtigung scheitert also nicht erst an der fehlenden Schuld bei vorhandenem Verhaltensunrecht. Vielmehr ist ‚schuldloses Verhaltensunrecht' eine contradictio in adiecto – also undenkbar." Ebenso *Jakobs*, der Schuld als Handlungsvoraussetzung einordnet, vgl. *Jakobs*, Der strafrechtliche Handlungsbegriff, S. 41 ff.; *Lesch*, Der Verbrechensbegriff, S. 205 ff.; *ders.*, JA 2002, 602 ff.; *Pawlik*, FS-Otto, 133 ff.; *Sinn*, ZIS 2006, 107 (114, 115).

[230] *Börchers*, Schuldprinzip und Fahrlässigkeit, S. 66 mit Verweis auf *Pothast*, Die Unzulänglichkeit der Freiheitsbeweise, S. 385–387.

[231] Zur Beweisbedürftigkeit und der Beweisbarkeit der Schuld siehe *v. Liszt*, Strafrechtliche Vorträge und Aufsätze, Bd. 2, S. 39; *Heinitz*, ZStW 63 (1951), S. 65; *Roxin*, ZStW 96 (1984), S. 643; *Arthur Kaufmann*, Rechtsphilosophie, S. 235 f.; *Streng*, ZStW 101 (1989), S. 278 m.w.N.

[232] *Roxin*, Strafrecht AT I, § 19 Rn. 27.

[233] *Ebert*, FS-Kühl 2014, S. 147. Für die Charakterschuldlehre weiterhin *Heinitz*, ZStW 63 (1951), 74; *Graf zu Dohna*, ZStW 66 (1954), 508; *Figueiredo Dias*, ZStW 95 (1983), 240 ff.

in ihnen und können aus ihnen geschlossen werden.[234] Ihr bedeutendster philosophischer Ahnherr ist *Schopenhauer.* Ihm zufolge weiß jeder Täter, dass „eine ganz andere Handlung ... sehr wohl möglich war und hätte anders geschehen können, wenn nur er ein anderer gewesen wäre: hieran allein hat es gelegen. Ihm, weil er dieser und kein anderer ist, weil er einen solchen und solchen Charakter hat, war freilich keine andere Handlung möglich. Die Verantwortlichkeit, deren er sich bewusst ist, trifft dabei bloß zunächst ... die Tat, im Grunde aber seinen Charakter: für diesen fühlt er sich verantwortlich und für diesen machen ihn auch die anderen verantwortlich."[235] Den Täter trifft der Vorwurf des „Sosein"; der Täter haftet für das, was er ist.[236] Abgestellt wird auf die dem Urteil zugrunde liegenden Charaktermängel des Täters, welche zur Vermeidung des Unrechts erforderlich gewesen wären. Mit anderen Worten: Der Täter hätte Anders-Handeln-Können, wenn er mit den der Tat zugrunde liegenden Charaktermängeln nicht behaftet, also hinsichtlich seines Charakters ein Anderer gewesen wäre.[237] Willensfreiheit und die Zuschreibung von Tatschuld schließen sich auch nach der Ansicht von *Herzberg* aus.[238] Er geht dabei so weit, dass er die These nach der Willensfreiheit sogar umkehrt: „Die Verantwortlichkeit für eine Entscheidung und das entsprechende Tun setzt nicht Willensfreiheit voraus, sondern die Willensunfreiheit, die uns zwingt, das zu beschließen und zu tun, wozu wir im entscheidenden Augenblick allein oder stärker motiviert sind."[239]

Bei der Betrachtung der Lehre von der Charakterschuld offenbart sich zunächst ein Zirkelschluss: Es bedarf der schuldhaften Tat, anhand derer die schuldhafte Persönlichkeit des Täters zu erkennen ist, wobei die Tat nur aufgrund der schuldhaften Persönlichkeit des Täters als schuldhaft klassifiziert wird.[240] Zuzustimmen ist in diesem Zusammenhang *Schroth*, wenn dieser darauf aufmerksam macht, dass im

---

[234] *Engisch*, Die Lehre von der Willensfreiheit in der strafrechtsphilosophischen Doktrin der Gegenwart, S. 51 f.; welcher Bezug nimmt auf zwei damals vertretene Theorien. *Engisch* fasst diese und damit den Begriff des Charakters zusammen als eine „Geprägtheit der Person […] durch die diese mit gewissen Dispositionen, Anlagen, Eigenschaften ausgestattet ist, wobei es zunächst ganz unerheblich ist, ob diese Dispositionen angeboren oder erworben, unabänderlich oder modifizierbar sind."

[235] *Schopenhauer,* Über die Freiheit des Willens, S. 618.

[236] *Engisch,* Die Lehre von der Willensfreiheit in der strafrechtsphilosophischen Doktrin der Gegenwart, S. 48.

[237] *Ebert,* FS-Kühl 2014, S. 140.

[238] *Herzberg,* Willensunfreiheit und Schuldvorwurf, S. 124 ff.

[239] *Herzberg,* Willensunfreiheit und Schuldvorwurf, S. 125.

[240] *Engisch,* Die Lehre von der Willensfreiheit in der strafrechtsphilosophischen Doktrin der Gegenwart, S. 50 f.; *Herzberg,* Willensunfreiheit und Schuldvorwurf, S. 43; *Weber,* in: Baumann/Weber/Mitsch (Hrsg.), Strafrecht Allg. Teil, S. 440 bezieht sich auf die Lebensführungsschuld, gegen welche ähnliche Einwände erhoben werden wie gegen die Charakterschuld. Insbesondere bedeute jede Ersetzung der Einzeltatschuld durch die sog. Lebensführungsschuld, den Strafanknüpfungspunkt auf straffreies Gebiet vorzuverlegen und damit gegen den Nullum-Crimen-Grundsatz zu verstoßen. Nach *Heinitz* komme es nicht darauf an, ob die Eigenschaften verschuldet oder unverschuldet seien, denn man habe im Leben für das einzustehen, was man ist; vgl. *Heinitz,* ZStW 63 (1951), S 74.

Rahmen des Strafprozesses über die Lebensführung des Täters Beweis erhoben werden müsste. Im Rahmen dieser Beweisaufnahme müsste das Gericht zu der Feststellung kommen, dass der Täter sein Leben aus eigenem Antrieb anders hätte gestalten und einen anderen Charakter hätte bilden können.[241] Dieses Vorgehen ist schon in prozessualer Hinsicht nicht funktional. *Roxin* wendet gegen die Charakterschuldlehre darüber hinaus ein, dass sie nicht mehr plausibel machen könne, warum der Geisteskranke oder sonst Zurechnungsunfähige nicht schuldhaft handelt, da auch nur er gemäß seiner gegebenen Wesensbeschaffenheit tätig werde.[242] Ein weiterer, nächstliegender Einwand gegen die Lehren über die Charakterschuld ist, dass es paradox sei, jemanden die Schuld für etwas zu geben, wofür er nichts kann.[243] Auch der Sinn und Zweck der Strafe wird im Hinblick auf die Charakterschuld angegriffen, denn „was soll die Bestrafung eines Determinierten als böse?"[244] Dies löst *Figueiredo Dias* indem er dem Menschen Verantwortung für sein „So-sein" zuschreibt. *Figueiredo Dias* verzichtet im Gegensatz zu der Konzeption des BGH auf eine Wahlfreiheit bei der Einzeltat, greift stattdessen aber auf eine „Grundwahl" zurück, „durch die sich der Mensch zu sich selbst entscheidet und dadurch ... sein eigenes Wesen festlegt."[245] Somit entscheide sich der Mensch für sich und für seinen Charakter, womit er „sein eigenes Sein schafft oder sein eigenes Wesen festlegt."[246] Dieses Wesen determiniere sich in einzelnen Handlungsakten, Schuld sei damit ein Einstehen für die Persönlichkeit, in der die Begehung des Unrechtstatbestandes seinen Grund hat.[247] Bei dieser Konstellation stellt sich die Frage nach der Anwendbarkeit der Schuldausschließungsgründe, da ein Geisteskranker ebenso schuldig sei – die Determiniertheit seines Handelns hat dieser mit dem „Normalen" gemeinsam.[248] Dieses Problem umgeht *Figueiredo Dias*, indem er den Nachweis der Schuld von einer personalen Kommunikation zwischen Richter und Angeklagtem

---

[241] *Schroth*, FS-Roxin II 2011, S. 713.

[242] *Roxin*, Strafrecht Allg. Teil, Band 1, S. 864. Dagegen kommt *Figueiredo Dias* dennoch zu einem Freispruch, weil die Schuldzuschreibung einen Akt „personaler Kommunikation" zwischen Richter und Angeklagtem erfordere und dieser nicht stattfinden könne, wenn „sich die Persönlichkeit des Täters ‚[...] der verstehenden Betrachtung des Richters' verschließe"; vgl. *Figueiredo Dias*, ZStW 95 (1983), S. 248.

[243] *Roxin*, Strafrecht Allg. Teil, Band 1, § 19 Rn. 29; ebenso *Kaufmann*, Das Schuldprinzip, S. 279.

[244] *Roxin*, Strafrecht Allg. Teil, Band 1, § 19 Rn. 29.

[245] *Roxin*, ZStW 96 (1984) S. 648.

[246] *Figueiredo Dias*, ZStW 95 (1983), 242 f. Er versteht Persönlichkeit als „Ausdruck der Entscheidung des Menschen über sich selbst", welche „nicht mit dem naturalistischen Charakter verwechselt werden darf." Er stellt damit eine Freiheitsannahme in den Vordergrund und meint darüber hinaus, dass sich „das Ausmaß des persönlichen Vorwurfs [...] aus dem Grad der Abweichung im Vergleich mit der von der Strafrechtsordnung vorausgesetzten Persönlichkeit" ergibt. Gegen die Annahme einer Persönlichkeitswahl wendet *Roxin* ein, dass eine Entscheidung des Menschen für den eigenen Charakter ebenso wenig zu beweisen wäre wie das Anders-Handeln-Können im Tatzeitpunkt, vgl. *Roxin*, Strafrecht Allg. Teil, Band 1, § 19 Rn. 29.

[247] *Figueiredo Dias*, ZStW 95 (1983), 240, (242, 243).

[248] *Roxin*, ZStW 96 (1984), S. 648.

abhängig macht und sich bei dem Vorliegen von Schuldunfähigkeit die Persönlichkeit des Täters „der verstehenden Betrachtung des Richters verschließt".[249] Nach *Roxin* verschiebt *Figueiredo Dias* damit das Problem um die Unbeweisbarkeit des Anders-Handeln-Könnens nur.[250] *Merkel* tritt der Auffassung von *Figueiredo Dias* ebenfalls entgegen. Denn wenn niemand etwas für seine Taten kann – weil die Determinismus-Prämisse stimmt – dann erst recht nicht für seinen Charakter, der unvermeidbar deren Motive erzeugt und sich in ihnen manifestiert.[251] *Herzberg* kehrt in seiner Zusammenfassung[252] die übliche These der Zurechnung aufgrund eines „Anders-Handeln-Könnens" um: Danach setzt „die Verantwortlichkeit für eine Entscheidung und das entsprechende Tun (…) nicht Willensfreiheit voraus, sondern die Willensunfreiheit, die uns zwingt, das zu beschließen und zu tun, wozu wir im entscheidenden Augenblick allein oder stärker motiviert sind."[253] Damit nimmt *Herzberg*, wenn auch nicht ausdrücklich, auf den Streit um den Determinismus und dem Indeterminismus im Schuldstrafrecht Bezug. Dies ist abzulehnen. Denn erstens ist – auch mit den neuen Erkenntnissen in der Neurologie – die Frage, ob wir in unserem Handeln determiniert oder „frei" sind, nicht gelöst. Die von *Herzberg* implizierte Feststellung, aus dem Indeterminismus ergäbe sich gerade keine Verantwortlichkeit, führt nicht dazu, dass automatisch eine Verantwortung für ein deterministisches Geschehen bejaht werden müsste oder auch nur könnte. *Merkel* spricht weiterhin die Problematik der (Un?)Vereinbarkeit des Determinismus mit den Schuldausschließungsgründen des § 20 StGB an. Denn unklar ist, warum man für seinen Charakter bestraft werden sollte, für eine krankhafte seelische Störung jedoch nicht.[254]

---

[249] *Figueiredo Dias*, ZStW 95 (1983), 240 (242). *Roxin* bewertet das Gebilde dahingehend, dass erstens die personale Kommunikation zwischen Richter und Angeklagtem in einer Hauptverhandlung kaum in genügendem Ausmaße herstellbar sei und zweitens könne sich auch bei einem Schuldunfähigen dessen Persönlichkeit erschließen, wenn es sich beispielsweise um einen schuldunfähigen Jugendlichen handelt. *Roxin* ZStW 96 (1984) S. 649.

[250] *Roxin*, ZStW 96 (1984), S. 648. Nach *Eisele* ist der Streit um die „Beweislast" müßig, da es sich bei der Frage, von welchem Menschenbild die Rechtsordnung ausgeht um eine normative handelt, bei welcher „es eine Beweislast vernünftigerweise nicht geben kann"; vgl. *Eisele*, in: Schönke/Schröder (Hrsg.), Vor. §§ 13 ff., Rn. 110. Zu dem Problem auch *Engisch*, Die Lehre von der Charakterschuld, S. 38 ff.; außerdem *Griffel*, ZStW 98 (1986), S. 36 ff., welcher insbesondere auf die Unterscheidung von innerem und äußerem Erleben hinweist und darauf hinweist, dass wir uns selber als frei erleben weder von einem Deterministen bestritten wird, noch dem Beweise zugänglich ist. Ähnlich *A. Kaufmann*, Schuldprinzip, S. 54 f.

[251] *Merkel*, FS-Roxin II 2011, S. 746.

[252] *Herzberg*, Willensunfreiheit und Schuldvorwurf, S. 124 ff.

[253] Dies erinnert offensichtlich an die Überlegungen deterministischer Kompatibilisten, welche einen schwachen Determinismus als notwendig für die Zuschreibung von Verantwortung erachten; vgl. oben B. III. 1. c). *Herzberg*, Willensunfreiheit und Schuldvorwurf, S. 125.

[254] *Merkel*, FS-Roxin II 2011, S. 747, nimmt ausführlich zu dem Gerechtigkeitsproblem das Herzbergs Entwurf und dessen Symmetrieannahme mitbringe Stellung; dagegen *Herzberg*, Willensunfreiheit und Schuldvorwurf, S. 108.

Dem Determinismus zuzurechnen sind die Abhandlungen über die Charakterschuld und die Ergebnisse der Neurojurisprudenz.[255] Die Neurowissenschaftler
fordern eine Abschaffung des Schuldprinzips aufgrund einer vollständigen Determiniertheit der Welt. Zunächst führt *Roth* aus, dass es nicht unser Ich sei, welches
unsere Entscheidungen ausführt, sondern unser limbisches System, welches sich
über verschiedene Hirnareale erstreckt, bereits im Mutterleib seine Arbeit aufnimmt
und bereits im dritten bis zum vierten Lebensjahr in seinen Strukturen weitgehend
festgelegt ist.[256] Aus philosophischer Sicht ist gegen den Determinismus auf das
dargestellte „Gründe-vs-Ursachen"-Argument hinzuweisen. Denn handeln wir nur
aus Ursachen, also unmittelbar aus uns selbst heraus, so sind wir nicht durch Gründe
(also durch etwas außerhalb unserer selbst gerichteten) motivierbar. Auch die Lehre
von der Charakterschuld ist auf den ersten Blick einem deterministischen Menschenbild zuzurechnen. Ein weiterer und damit eng verbundener Einwand gegen die
Lehre von der Charakterschuld betrifft ihr Verhältnis zum Schuldprinzip, denn sie
verzichtet gerade auf das Erfordernis der Entscheidungsfreiheit und macht den
Einzelnen für sein „So-Sein" verantwortlich.[257]

c) Der agnostische Kompatibilismus in der Rechtswissenschaft

In Anlehnung an diese philosophischen Ansätze und den dort teilweise vertre-
tenen Ansatz, bei Verantwortung ginge es um gegenseitige Haltungen und die daraus
folgende (gesellschaftliche) Zuschreibung[258], versucht auch die Rechtswissenschaft
das Problem um den Schuldbegriff ohne Rückgriff auf die Willensfreiheitsdebatte
aufzulösen. Bei den rechtswissenschaftlichen agnostischen Thesen handelt es sich
um solche, die Schuld zuschreiben, ohne ein tatsächliches (beweisbares) Anders-
Handeln-Können des Täters vorauszusetzen.[259] Diese philosophische Grundhaltung
ist zur Grundlage verschiedener prominenter Ansätze geworden.[260] So soll der

---

[255] Der Begriff meint die Untersuchung rechtlicher Fragen mit methodischer Unterstützung
der Neurowissenschaften, vgl. *Kruse*, NJW 2020, 137 ff.

[256] *Roth*, Fühlen, Denken, Handeln, S. 57.

[257] *Ebert*, FS-Kühl 2014, S. 149 f.; er nimmt im Folgenden Bezug auf die philosophischen
Hintergründe.

[258] Vgl. dazu exemplarisch *Strawson*, oben B. III. 1. c) cc).

[259] Bei den hier vorgestellten Lehren von Roxin und Jakobs handelt es sich auch jeweils um
funktionale Schuldlehren, die das Verständnis von Schuld an den Strafzwecken ausrichten, vgl.
nur *Paeffgen/Zabel*, in: Kindhäuser/Neumann/Paeffgen, Strafgesetzbuch, Vorbemerkungen zu
§§ 32 ff., Rn. 210 f.

[260] *Keil* spricht in „Keine Strafe ohne Schuld, keine Schuld ohne freien Willen?" S. 166 von
der „Mehrheit der deutschen Strafrechtslehrbücher und -kommentare", der „herrschenden
Lehre", welche die Annahme der Willensfreiheit, da „empirisch unbeweisbar" und „forensisch
nicht greifbar", für eine „normative Setzung" oder „Zuschreibung" und empfiehlt im Theoretischen eine „agnostische" Haltung. Zu den bereits dargestellten Vertretern der Agnostiker
zählen *Hillenkamp*, JZ 1995, 313; *Lagodny*, Schranken der Grundrechte, S. 389; *Jeschek/
Weigend*, Strafrecht AT, S. 410; *Roxin*, Strafrecht AT I, § 3 Rn. 55; *Engisch*, Willensfreiheit,
S. 14; *Bockelmann*, ZStW 75 (1963), 372 (384); *Krümpelmann*, ZStW 88 (1976), 6, (12);

Durchschnittsmensch „normativ ansprechbar"[261] sein, von „normalen Motiven bestimmbar"[262], durch „Wahlmöglichkeiten [...] normal[e] motivierbar"[263] oder „motivierbar[keit] durch soziale Normen"[264]. Diese Ansprechbarkeit wird unabhängig von dem Determinismus vorausgesetzt – doch wird sie auch begründet? Exemplarisch seien dazu die folgenden Ansätze dargestellt.

aa) Funktionaler Schuldbegriff von Günther Jakobs

Ein umstrittener Ansatz[265] zur Auflösung der Abhängigkeit des Schuldbegriffs von einem freien Willen kommt von *Jakobs*. Dieser definiert Schuld zunächst als „Zuständigkeit für einen Mangel an dominanter [rechtmäßiger] Motivation bei einem rechtswidrigen Verhalten"[266] und meint damit „eine zu verantwortende Untreue"[267], wobei der Begriff der Rechtstreue ein normativer sei.[268] Es bilden die Merkmale den Schuldtatbestand, welche die Untreue des Täters gegenüber dem Recht ausdrücken.[269] Dabei ist der Schuldbegriff in dem *Jakob'schen* System ein funktionaler, welcher eine Aufgabe in der Gesellschaft zu erledigen hat. Um welche Aufgabe es sich handelt, ist wiederum abhängig von dem Strafzweck und der Gesellschaft.[270] Damit ist die Schuld zweckbestimmt; „nur der Zweck gibt dem Schuldbegriff seinen Inhalt".[271] Der Schuldbegriff müsse die nicht-rechtliche Motivation des Täters kennzeichnen.[272] Allerdings hängt die Schuld – über ihre Zweckbezogenheit – von äußeren Umständen ab. Die Strafbarkeit des Einzelnen richtet sich nicht mehr nach Umständen, die in seiner Person liegen, sondern ist abhängig von präventiven Bedürfnissen; sie richtet sich danach, was vermeintlich zur Einübung der Rechtstreue notwendig ist.[273] Bestraft wird nach Jakobs „zur Erhaltung

---

Mangakis, ZStW 75 (1963), 516 ff.; *Kargl*, Kritik, S. 242 ff.; *R. Merkel*, Rechtliche Schuld, S. 12.

[261] *Roxin*, Strafrecht AT I, § 19 Rn. 36.

[262] *von Liszt*, ZStW 13 (1893), 325 (342).

[263] *Danner*, Gibt es einen freien Willen?, S. 56.

[264] *Schneider/Frister/Olzen*, Begutachtung psychischer Störungen, S. 141.

[265] Zur Kritik sogleich unten.

[266] *Jakobs*, Strafrecht Allgemeiner Teil, S. 469.

[267] *Jakobs*, Strafrecht Allgemeiner Teil, S. 469.

[268] *Jakobs*, Strafrecht Allgemeiner Teil, S. 469.

[269] *Jakobs*, Strafrecht Allgemeiner Teil, Rn. 43.

[270] *Jakobs*, Strafrecht Allgemeiner Teil, S. 483.

[271] *Jakobs*, Schuld und Prävention, S. 14; ähnlich *ders.*, „Nach diesem Strafzweck ist der Schuldbegriff nicht nur zukünftig auszurichten, sondern gegenwärtig der Sache nach schon ausgerichtet, soweit das Strafrecht überhaupt funktioniert, d. h. Zur Stabilisierung der Ordnung beiträgt", in: *Jakobs*, Strafrecht Allgemeiner Teil, S. 481.

[272] *Jakobs*, Strafrecht Allgemeiner Teil, S. 480.

[273] *Roxin*, Strafrecht allg. Teil, Band I, § 19 Rn. 35; *Schild*, NK, § 20, Rn. 5.

allgemeinen Normvertrauens".[274] In Abkehr von dem von *Feuerbach* erdachten Zweck der Strafe[275] argumentiert *Jakobs* allein mit dem Bedürfnis nach generalpräventiver Notwendigkeit der Bestrafung des Täters.[276] *Jakobs* begreift Schuld daher als eine soziale Institution.[277] Sein „funktionaler Schuldbegriff" versteht den Zweck der Schuld und Strafe in generalpräventiver Zuschreibung und er spricht im Rahmen der Schuld von der „Erledigung des Konfliktes durch Zurechnung" und verweist in diesem Zusammenhang auf *Niklas Luhmann* und dessen Systemtheorie.[278] Für *Luhmann* ist der Erwartungsbegriff zentral: Das menschliche Zusammenleben ist kontingent und komplex[279] und die darin liegende „Überbelastung" wird von dem Einzelnen durch die Bildung von Erwartungen abgefangen.[280] Dabei unterscheidet *Luhmann* zwischen einfacher Kontingenz, auf die weniger stabilisierte Erwartungsstrukturen treffen. Denn da die Möglichkeit einer Enttäuschung objektiv als gering anzunehmen ist (einfache Kontingenz), bedarf es keiner komplexen Erwartungsstrukturen.[281] Anders liegen die Dinge bei dem ‚freien' Verhalten anderer Menschen. Denn deren Verhalten kann nicht „als determiniertes Faktum [begriffen werden], es muss in seiner Selektivität, als Auswahl aus anderen Möglichkeiten des Anderen, erwartbar sein."[282] In Bezug auf Erwartungen gegenüber anderen Menschen führt *Luhmann* den Begriff der doppelten Kontingenz ein: So erlebt der Einzelne seine „Welt", bestehend aus Ereignissen, Dingen, Menschen, Symbolen usw. In diese Welt kommen weitere Menschen, die ebenfalls ihre Welt mit ein-

---

[274] *Jakobs*, Strafrecht Allgemeiner Teil, S. 481.

[275] Unter der Lehre *Feuerbachs* vom „psychologischen Zwang" versteht man, dass die Androhung von Strafe den künftigen Täter davon abschrecken soll, ein Verbrechen zu begehen. Diese Abschreckung soll in der Weise erfolgen, dass die „Lust am Verbrechen" durch die „Unlust an der Strafe" aufgehoben wird, vgl. *Binding*, Die Normen und ihre Übertretung, Bd. I S. 20. *Lohberger* formuliert dazu pointiert: „Mit der Furcht vor Strafe wird das Motiv zum Verbrechen aufgehoben", vgl. *Lohberger*, Blankettstrafrecht und Grundgesetz, S. 72 f.

[276] *Jakobs*, Strafrecht Allgemeiner Teil, S. 488. *Roxin* wertet diese Straftheorie, welche die Sicherung der Normgeltung zum Gegenstand und damit ein sozialbezogenes Ziel hat, als absolute (Straf-)Theorie. Auch wenn *Jakobs* ursprünglich als Vertreter der Lehre von der positiven Generalprävention angesehen wurde, so wurde er später auch als Vertreter einer „normorientierten expressiven Theorie" bezeichnet. Vgl. *Roxin*, GA 2015, S. 189; zur neueren Einordnung *Hörnle*, in: „Strafe – Warum?" von Hirsch/Neumann/Seelmann (Hrsg.), S. 24, *dies.*, Straftheorien, S. 16 ff.

[277] Man kann seine Lehre als eine konsequentialistische Form des Kompatibilismus bezeichnen, *Bröckers*, Strafrechtliche Verantwortung und Willensfreiheit, S. 76.

[278] *Jakobs*, ZStW 107 (1995) S. 843 mit Verweis auf *Luhmann*, Das Recht der Gesellschaft. Dabei weist *Jakobs* darauf hin, dass seine Ausführungen denen der Systemtheorie „keinesfalls konsequent, ja nicht einmal in allen Hauptsachen folgen".

[279] *Luhmann* meint mit dem Begriff der Komplexität, dass es „mehr Möglichkeiten gibt als aktualisiert werden können" und mit dem Begriff der Kontingenz „daß die angezeigten Möglichkeiten weiteren Erlebens auch anders ausfallen können, als erwartet wurde", vgl. *Luhmann*, Rechtssoziologie Band I, 3. Auflage, S. 31.

[280] *Luhmann*, Rechtssoziologie Band I, S. 30.

[281] *Luhmann*, Rechtssoziologie Band I, S. 33.

[282] *Luhmann*, Rechtssoziologie Band I, S. 33.

bringen. Deren Erlebnishorizont wird dadurch Teil der Realität des Einzelnen und somit erhöht sich die einfache Kontingenz meines Wahrnehmungsfeldes zur doppelten Kontingenz der sozialen Welt.[283] Gegenüber dieser doppelten Kontingenz sind – so *Luhmann* weiter – „andersartige, sehr viel komplizierter und voraussetzungsvoller gebaute Erwartungsstrukturen erforderlich, nämlich Erwartungen von Erwartungen."[284] Mit den „Erwartungen von Erwartungen"[285] meint *Luhmann*, dass der Einzelne nicht nur das Verhalten seines Gegenübers, sondern auch dessen Erwartungen erwartet. Diese Erwartungen beruhen daher auf einem kognitiven Prozess und der Einzelne tritt mit diesen der Gesellschaft gegenüber. Werden die Erwartungen des Einzelnen nun enttäuscht, zum Beispiel indem ein Angriff gegenüber dem Einzelnen stattfindet, muss die Enttäuschung verarbeitet werden. Zur Verarbeitung dieser Enttäuschung stehen dem Einzelnen zwei Möglichkeiten zur Verfügung: Er kann seine (kognitiven) Erwartungen im Falle der Enttäuschung an die Umwelt bzw. Wirklichkeit anpassen. Kognitive Erwartungen zeichnen sich daher durch eine bewusste Lernbereitschaft aus.[286] Gegenteiliges gilt für normative Erwartungen, welche gerade nicht an die Realität angepasst werden, wenn ihnen jemand zuwiderhandelt. Vielmehr zeichnen sich normative Erwartungen durch die Entschlossenheit aus, aus ihnen nicht zu lernen.[287] Bei normativen Erwartungen hält der Enttäuschte trotz der Enttäuschung an seiner Erwartung fest. Die Kompensation der Enttäuschung erfolgt, indem nicht die Erwartung, sondern das enttäuschende Verhalten als Fehler thematisiert wird.[288] Dieses Festhalten an der Norm entgegen dem Erlebten stellt die soziale Funktion der Strafe dar. Nicht die Enttäuschung selbst, sondern das für die Enttäuschung verantwortliche Verhalten wird thematisiert: „Nicht der Erwartende hatte falsch erwartet, sondern der Handelnde hatte falsch oder doch ungewöhnlich gehandelt."[289] Denn das Strafrecht hat die Funktion, elementare Glaubenssätze der Gesellschaftsmitglieder zu erhalten. Das Verhalten des (Straf-) Täters wird durch einen staatlichen Akt der Bestrafung als falsch, die eigene Erwartungshaltung als richtig festgestellt. Aus sozialpsychologischer Sicht beruht das Strafrecht auf dem Bedürfnis des einzelnen Gesellschaftsmitgliedes nach Verarbeitung ihrer erlebten Enttäuschung. Die Person steht bei der Entscheidung über ihre Schuld im Dienste der Gesellschaft, die Entscheidung hängt nicht von dem psychischen Verhältnis einer Person zur Tat ab.[290] *Jakobs* unterscheidet strikt zwischen den sozialen (Person) und physischen Systemen (Individuen). „Die Rolle, deren

---

[283] *Luhmann*, Rechtssoziologie Band I, S. 32.

[284] *Luhmann*, Rechtssoziologie Band I, S. 33.

[285] „Ich erwarte, daß du erwartest, daß ich erwarte, daß du dorthin gehst", ausführlich zu sog. „Koordinationsproblemen" zwischen Personen *Lewis*, Konventionen, exemplarisch S. 30 Abb. 24.

[286] *Luhmann*, Rechtssoziologie Band I, S. 42 f.

[287] *Luhmann*, Rechtssoziologie Band I, S. 42 f.

[288] *Jakobs*, Schuld und Prävention, S. 10.

[289] *Luhmann*, Rechtssoziologie Band I, S. 55.

[290] *Jakobs*, Schuld und Prävention, S. 14 f.

Einhaltung das Strafrecht garantiert, ist diejenige des rechtstreuen Bürgers, also der Person im Recht."[291] Diese Person wird generalisierend-normativ bestimmt, sie wird wie ein Subjekt behandelt, das sich als Bürger definiert hat.[292] „Mit dem Schuldmaßstab wird also nicht ein Subjekt gemessen, sondern eine Person, und zwar die denkbar allgemeinste Person, deren Rolle es ist, das Recht zu respektieren."[293] „Dies bildet insofern eine der Grundprämissen seiner Konzeption für die strafrechtliche (Schuld-) Zurechnung, als es den Blick weg vom individuellen Subjekt und der individuellen Rechtsgutsverletzung auf eine nach objektiv-generalisierendem Maßstab festgelegte Person lenkt."[294] Dem Individuum wird ein Ordnungsschema aufgeprägt, welches seinem eigenem entgegengesetzt ist.[295] Der funktionale Schuldbegriff konstituiert bei *Jakobs* nicht nur einen Maßstab, nach dem die Schuld zu bestimmen ist, sondern zugleich auch die zu messende (normative) Person, so dass Schuld in seinem System schlicht die Verfehlung eines objektiv verfehlten Standards bedeutet. Diese Person ist bei *Jakobs* durch Rechte und Pflichten bestimmt, „die Person ist Rollenträger" und ein bestimmtes Verhalten wird von der Person aufgrund dieser sozialen Rolle und nicht aufgrund ihrer Individualität erwartet.[296] *Jakobs* funktionaler Schuldbegriff konstituiert damit auch die normative Person, den Maßstab des rechtstreuen Bürgers, welcher einzuhalten sei: Der von diesem Maßstab negativ abweichend Handelnde „hat versagt und idS Schuld"[297]. Dabei sind „die [...] zu berücksichtigenden Erwartungen [...] normativ, d. h. sie richten sich nicht auf das Verhalten eines Menschen, wie er wirklich ist, sondern wie er sein soll, nämlich dominant zur Normbefolgung motiviert, als Rollenträger, als perfekter Bürger."[298] So impliziere der Bezug auf die Gesellschaft bei *Jakobs* keinen Bezug auf reale Begebenheiten, da sein Gesellschaftsbegriff ein normativer sei.[299] Grundsätzlich stehen der Lehre *Jakobs* diverse Argumente entgegen.[300] So soll die alleinige Bezugnahme

---

[291]   *Jakobs*, ZStW 107 (1995), 843 (865).

[292]   *Jakobs*, Das Schuldprinzip, S. 28.

[293]   *Jakobs*, ZStW 107 (1995), 843 (866).

[294]   *Paeffgen/Zabel*, in: Kindhäuser/Neumann/Paeffgen, Strafgesetzbuch, StGB vor § 32 Rn. 213; ebenso *Jakobs*, ZStW 107 (1995), 843 (859).

[295]   *Jakobs*, Norm, Person, Gesellschaft, S. 39, das Sollen ist „ein Ordnungsschema einer gemeinsamen Welt".

[296]   *Paeffgen*, in: Kindhäuser/Naumann/Paeffgen, Strafgesetzbuch, Vor § 32 Rn. 213.

[297]   *Paeffgen*, in: Kindhäuser/Naumann/Paeffgen, Strafgesetzbuch, Vor § 32 Rn. 214; auch *Jakobs*, ZStW 107 (1995), 843 (866); *ders.*, Norm 3 (2008) S. 98 f., („Erwartet wird vielmehr allein das einer Rolle Gemäße"); *ders.*, Das Schuldprinzip, S. 25.

[298]   *Sacher*, ZStW 118 (2006), S. 587.

[299]   *Sacher*, ZStW 118 (2006), S. 587. Nachdem fraglich war, inwieweit *Jakobs* Systemgebäude als von der Realität gelöst zu beschreiben ist; ob das System „Gesellschaft" von der tatsächlichen Gesellschaft als empirischen Grundlage unabhängig ist oder doch Bezüge in der „Definitionskette der Systemelemente" aufweist.

[300]   Ausführlich dazu beispielsweise *Bock*, ZStW 103 (1991) S. 636 (637, 649 f.); *Hirsch*, ZStW 106 (1994) S. 746 (752 ff.); *ders.*, Otto-FS, S. 307 (323); *Jescheck*, JBl 1998, S. 609 (616 f.); *Art. Kaufmann*, Wassermann-FS, S. 889 ff.; *Kindhäuser*, ZStW 107 (1995) S. 701 (707 ff.); *Köhler*, AT, S. 371 f.; *Küpper*, Grenzen, S. 160 ff.; *Neumann*, ZStW 99 (1987), S. 567

auf präventive Bedürfnisse keinen Mehrwert für die Bemessung des Umfanges der Schuld liefern, welche jedoch notwendig für die Erfüllung der straflimitierenden Funktion des Schuldprinzips ist.[301] Insbesondere folge aus der „ausschließlichen Ausrichtung auf die Generalprävention ein[en] Angriffspunkt, der sich gegen all die dieser Ausrichtung anhängenden Lehren richtet: dass sie nämlich den Beschuldigten instrumentalisieren".[302]

bb) Roxins normative Ansprechbarkeit

Claus Roxin versteht unter Schuld ein „unrechtes Handeln trotz normativer Ansprechbarkeit"[303] und meint damit, dass die Schuld eines Täters zu bejahen ist, „wenn er bei der Tat seiner geistigen und seelischen Verfassung nach für den Anruf der Norm disponiert war, wenn ihm Entscheidungsmöglichkeiten zu normorientiertem Verhalten psychisch (noch) zugänglich waren, wenn die (sei es freie, sei es determinierte) psychische Steuerungsmöglichkeit, die dem gesunden Erwachsenen in den meisten Situationen gegeben ist, vorhanden war"[304]. Damit besagt er nicht, dass der Täter tatsächlich Anders-Handeln-Konnte, sondern lediglich, dass das Recht ihn so behandelt, als hätte er Anders-Handeln-Können. Er setzt damit normativ eine Freiheitsannahme voraus, eine soziale Spielregel, deren gesellschaftlicher Wert vom erkenntnistheoretischen und naturwissenschaftlichen Problem der Willensfreiheit unabhängig ist.[305] Denn eine tatsächliche Willensfreiheit bestehe nicht, ließe sich „wie unbestritten ist, mindestens nicht wissenschaftlich beweisen"[306]. Seine normative Setzung der Schuld kann als herrschend bezeichnet werden[307], ihren

---

(593); *Roxin*, SchwZStR 104 (1987) 356 ff.; *ders.*, Strafrecht Bd. I, § 19 Rn. 34 f.; *Schönenborn*, ZStW 92 (1980) 682 ff.; *Schünemann*, Grundfragen (1984), S. 153 (170 ff., 183 ff.); *ders.*, GA 1986, S. 293 ff.; *Stratenwerth*, Schuldprinzip, S. 29 ff.; *Tiemeyer*, GA 1986, S. 203 (215 ff.); *ders.*, ZStW 100 (1988), S. 527 (551 ff.).

[301] *Streng*, in: MüKo StGB, Vorbemerkung zu § 38 Rn. 23; *Bock*, ZStW 103 (1991), S. 636; *Hirsch*, ZStW 106 (1994), S. 752; *Art. Kaufmann*, Jura 1986, S. 226 (29 ff.); *ders.*, FS Wassermann, S. 892; *Roxin*, Strafrecht AT I, § 19 Rn. 34; *Schünemann*, Grundfragen, S. 153 (170); *Lenckner/Eisele*, in: Schönke/Schröder, Vorb. §§ 13 ff. Rn. 117 f.; *Kühl*, in: Lackner/Kühl, Vor § 13 Rn. 25.

[302] *Paeffgen/Zabel*, in: Kindhäuser/Neumann/Paeffgen, StGB vor § 32 Rn. 217, wobei diese zugeben, dass *Jakobs* sich im Weiteren von seiner generalpräventiven Ausrichtung wegbewegt habe, vgl. ebd. zu dem Instrumentalisierungseinwand auch *Roxin*, AT I § 19 Rn. 34 mit Verweis auf die Objektformel und deren Begründer *Kant*, Die Metaphysik der Sitten, § 49 E.

[303] Der Begriff stammt ursprünglich von *Noll*, FS-Mayer, S. 223.

[304] *Roxin*, AT I § 19 Rn. 36.

[305] *Roxin*, Strafrecht Allg. Teil, Band 1, § 19 Rn. 36 f. Ähnlich die Argumentation von *Dennett* und *Strawson*, vgl. oben III. 1. c) cc) u. ee), wonach es bei Verantwortlichkeit um soziale Zuschreibung geht.

[306] *Roxin*, MschKrim, Band 56 (1973) S. 316.

[307] So hofft *Roxin* selber, dass sich „die herrschende Meinung auf dieses Schuldverständnis stützen könnte", vgl. *Roxin*, Normative Ansprechbarkeit als Schuldkriterium in GA 9/2015, S. 493. Andere Autoren, die mit eigenständigem Ergebnis zu demselben Ergebnis kommen,

Grundstein legte er bereits 1970 durch sein Werk „Kriminalpolitik und Strafrechtssystem".[308] Das Kriterium der normativen Ansprechbarkeit ist auf *Franz von
Liszt* zurückzuführen, welcher von Zurechnungsfähigkeit als „normale Bestimmbarkeit durch Motive" sprach.[309] Zu der normativen Setzung, dass ein Mensch,
dessen psychische Steuerungsfähigkeit in einer bestimmten Situation noch intakt ist,
normativ ansprechbar ist, fühlt sich die Rechtswissenschaft befugt. Denn „die Be-
handlungsmaßstäbe des Rechts beruhen auf juristischen Vorgaben".[310] Das Selbstverständnis des normalen Menschen gründet auf diesem Freiheitsbewusstsein, der
Mensch erlebt sich selbst als frei denkendes und handelndes Wesen. Darüber hinaus
ist eine sinnvolle Ordnung des menschlichen Soziallebens ohne die wechselseitige
Zubilligung von Freiheit nicht möglich.[311] Jedes Sollen sei ohne Sinn, wenn dem
Normbefolgenden nicht zugestanden werden würde, das Sollen auch erfüllen zu
können.[312] *Roxin* vertritt damit einen „empirisch-normativen Schuldbegriff", denn
die Voraussetzungen der normativen Ansprechbarkeit seien wiederrum empirisch
feststellbar.[313] Dabei bezieht sich die empirische Feststellung auf das Merkmal der
normativen Ansprechbarkeit.[314] Dieses Merkmal wurde von *Merkel* ausgearbeitet
und auf die Grundelemente Rezeptivität und Reaktivität gestützt, wonach der Täter,
erstens, verstehen muss, dass und womit er angesprochen wird und dass er, zweitens,

---

sind danach *Hoyer*, FS-Roxin II, S. 727 ff.; *Merkel*, FS-Roxin II, S. 732 ff.; *Schöch*, in: LK-
StGB, § 20 Rn. 21 und *Schroth*, FS-Roxin II, S. 705 ff. Entsprechende Lösungen sieht er au-
ßerdem bei *Burkhardt*, FS-Maiwald, S. 79 ff.; *Frisch*, FS-Kühl, S. 187 ff.; *Hillenkamp*, JZ 2005,
313 ff.; *Jäger*, GA 2013, 3 ff.; *Kindhäuser*, FS-Hassemer, S. 761 ff.; *Krauß*, FS-Jung, S. 411 ff.;
Streng, FS-Jakobs, S. 675 ff. Als „substanziell vergleichbare Lösungen" bezeichnet *Roxin* die
Ansichten von *Weißer*, GA 2013, 26 ff. und *Frister*, FS-Frisch, S. 533 ff. (Lediglich) anders und
mit seiner Ansicht nicht kompatibel seien die Ansätze von *Herzberg*, Willensunfreiheit und
Schuldvorwurf, 2010, und *Hörnle*, Kriminalstrafe ohne Schuldvorwurf, 2013.

[308] *Roxin*, Kriminalpolitik und Strafrechtssystem.

[309] *von Liszt*, Strafrechtliche Vorträge und Aufsätze, Bd. 2, S. 43, 85, 219. Konkret führte
dieser aus: „Nur der Zurechnungsfähige, also der normale Durchschnittsmensch, wird gestraft,
dem abnorm auf Motive Reagierenden gegenüber, mag er geistig noch nicht reif oder nicht
gesund sein oder sich sonst in einem anormalen Zustand befinden, treten andere Schutzmaß-
regeln in Anwendung." Ebd., S. 85.

[310] *Roxin*, GA 2015, S. 490.

[311] *Roxin*, FS-Kaufmann, S. 521; ebenso *Schmitt-Leonardy*, Unternehmenskriminalität
ohne Strafrecht, S. 411 mit Verweis auf *Roxin*, Strafrecht Allgemeiner Teil (Bd. I), S. 741; so
auch bereits oben B. III. 1. c) cc) *Strawson*, welcher ebenfalls auf die wechselseitige Zuschreibung von Freiheit durch die Gesellschaft in Sinne einer sozialen Praxis ausgeht; ähnlich
Dennett, oben B. III. 1. c) ee).

[312] *Roxin*, FS-Kaufmann, S. 521.

[313] *Roxin*, GA 2015, S. 490. Wenn es auch neben ihnen noch teleologische Gesichtspunkte
gibt, denn das Urteil über das Vorliegen von Geisteskrankheiten u. ä. hänge eben auch mit der
Kultur und von dem „Bewusstsein der Gesellschaft" ab. *Ders.*, ZStW Bd. 96 (1984) S. 653.

[314] *Roxin*, GA 2015, S. 490.

in der Lage sein muss, auf diese Ansprache adäquat zu reagieren.[315] Dass dieser durch den Normbefehl ansprechbare Täter (dann) als schuldig im Sinne eines schuldhaften Handelns von der Rechtswissenschaft behandelt wird sei eine normative Setzung.[316] Es handelt sich bei der Aussage, der Einzelne sei zu behandeln als wäre er willensfrei, um ein „kriminalpolitisches Postulat"[317] und gerade nicht um „pseudowissenschaftliche Seinsfeststellungen".[318] Das Vorliegen von Schuld im Sinne eines tatsächlichen Anders-Handeln-Könnens, entzieht sich jeglicher forensischer Konstruktionsmöglichkeit und wenn zur Annahme von Schuld ein empirischer Befund voraus gesetzt würde, müsste dies nach dem Grundsatz „in dubio pro reo" immer zu einem Freispruch des Täters führen.[319] Die Verfassung greife mit den Grundsätzen der Menschenwürde und der freien Entfaltung der Persönlichkeit „nicht in den Streit zwischen Determinismus und Indeterminismus ein [...], sondern sie erteilt der Legislative, der Exekutive und der rechtsprechenden Gewalt den Befehl: Ihr sollt den Bürger als freien, verantwortungsfähigen Menschen behandeln!"[320] Diese normativen Regelungsprinzipien seien nach ihrer sozialen Fruchtbarkeit oder Schädlichkeit zu beurteilen und nicht danach, ob sie wahr oder falsch seien.[321] Indem die Idee der Schuld aber nicht in metajuristischen Phänomenen, sondern in den Erfordernissen strafzweckbedingter Prävention gefunden wird, stellt der Rückgriff auf die Schuldidee eigentlich einen Rückgriff auf die Kriminalpolitik dar, welche dadurch in das dogmatische Konzept der Strafrechtswissenschaft hineingeholt wird.[322] Während *Roxin* mit Rückgriff auf *Burkhardt* konstatiert, dass „der Kreis strafrechts-immanenter Interpretation [...] nicht durchbrochen, sondern durch eine solchermaßen teleologisch-pragmatische Deutung gerade erst geschlossen [wird]"[323], wird natürlich durch diesen Rückgriff auf die Empirie hinsichtlich der „normativen Ansprechbarkeit" die reine Normativität des Schuldbegriffes durchbrochen.

Dabei geht *Roxin* davon aus, dass die Aufgabe des Strafrechts allein in der Resozialisierung und der Generalprävention liegt. Er verneint jegliche Form der Ver-

---

[315] *Merkel*, FS-Roxin II, S. 754, 756. Er verweist darauf, dass auch die philosophische Diskussion zur moralischen Verantwortlichkeit diese Elemente unterscheidet. So *Fischer/Ravizza*, Responsibility and Control. A Theory of Moral Responsibility, S. 62 ff.

[316] *Roxin*, GA 2015, S. 490 f.

[317] *Roxin*, MschKrim, Band 56 (1973) S. 320: „Ihr sollt den Staatsbürger um seiner individuellen Freiheit willen als einen der autonomen Entscheidung und ihrer Verantwortung fähigen Menschen behandeln, solange nicht die normale Motivierbarkeit seines Tuns durch geistige Störungen ausgeschlossen ist."

[318] *Roxin*, MschKrim, Band 56, 1973, S. 320.

[319] *Roxin*, ZStW Bd. 96, 1984, S. 643.

[320] *Roxin*, ZStW Bd. 96, 1984, S. 650. Ebenso sei es um den Gleichheitssatz bestellt: Das Recht sage nicht, dass alle Menschen tatsächlich gleich seien, sondern ordnet an, dass alle Menschen vor dem Gesetz eine gleiche Behandlung erfahren sollen.

[321] *Roxin*, MschKrim, Band 56, 1973, S. 320.

[322] *Roxin*, FS-Bockelmann, S. 280; zu *Roxins* Ausfüllung der Schuldidee mit kriminalpolitischen Aspekten statt metajuristischen Themen vgl. bereits oben B. III.

[323] *Roxin*, FS-Bockelmann, S. 280 mit Verweis auf *Burkhardt*, GA 1976, S. 325 f.

geltung als Grundlage der Schuld – dies sei mit den Grundlagen der Demokratie nicht zu vereinbaren[324] und daher sei „der Begriff der Schuld von dem Prinzip der Vergeltung [...] abzulösen".[325] Vielmehr hält *Roxin* die strafbegrenzende Funktion des Schuldprinzips für erhaltenswert und dieses wirkt sich mit seiner eingriffseinschränkenden Komponente ausschließlich zugunsten des Täters aus.[326] Die rechtspolitische Funktion des Schuldprinzips liege gerade darin, die Prävention zu begrenzen und damit die Freiheit des Einzelnen zu sichern.[327] Entgegen der Meinung von *Kohlrausch* sei die Annahme der menschlichen Entscheidungsfreiheit gerade keine „staatsnotwendige Fiktion",[328] sondern „ein die Staatsmacht in Schranken haltendes, freiheitsverbürgendes Rechtsprinzip".[329] Schuld sei eine notwendige, aber keine hinreichende Bedingung der Strafe, denn sie begründet die Strafe nicht, aber eine durch das Schuldprinzip begrenzte Sanktion werde Strafe genannt.[330] So setze Strafe zwar Schuld, Schuld jedoch keinesfalls notwendig eine Bestrafung voraus.[331]

Roxin füllt den Begriff der Schuld mit dem Merkmal der normativen Ansprechbarkeit aus. Nur wenn eine solche vorläge, wäre das notwendige Kriterium der Schuld und damit der Verhängung der Strafe gegeben; in anderen Fällen bliebe der Täter unbehelligt oder werde anderen Rechtsfolgen unterworfen.[332] Für diese Konzeption der Schuld führt *Roxin* sechs Argumente an, die zusammengefasst folgendes Bild ergeben: Zunächst erfordere ein soziales Zusammenleben eine Pflichterfüllung ihrer Teilnehmer. Daraus leite sich ein Strafrecht ab, welches die Möglichkeit von Freiheit und Schuld anerkennt. Im Weiteren müsse sich, im Hinblick auf die Strafe und die dahinterstehenden Zwecke, ein Mensch zur legalen Lebensführung motivieren können. Außerdem sei das Schuldstrafrecht mit dem immanenten täterbegünstigenden Aspekt zu rechtfertigen und abschließend sei der Schuldbegriff der normativen Ansprechbarkeit auch mit einem indeterministischen Standpunkt vereinbar.[333] *Roxin* vertritt die „konservative Auffassung", dass „der

---

[324] *Roxin*, MschKrim, Band 56, 1973, S. 317 f.

[325] *Roxin*, MschKrim, Band 56, 1973, S. 319.

[326] *Roxin*, MschKrim, Band 56, 1973, S. 320.

[327] *Roxin*, ZStW Bd. 96, 1984, S. 651.

[328] *Kohlrausch*, FS-Güterbrock, S. 26. Er führt dort aus: „So ist das generelle Können tatsächliche Voraussetzung jedes Zurechnungsurteils, das individuelle Können aber wird zu einer staatsnotwendigen Fiktion." Das Sollen hat, so *Kohlrausch* weiter, „die Kraft des Könnens zu stählen. ‚Du kannst, denn du sollst; du sollst eben Können!'", ebd. S. 27.

[329] *Roxin*, ZStW Bd. 96, 1984, S. 651. Die Alternative zur Schuldstrafe ist eben nicht die Sanktionslosigkeit, sondern die Maßregel und „die wesentliche rechtspolitische Bedeutung des Schuldstrafrechts liegt darin, der Prävention im Interesse der bürgerlichen Freiheit eine Grenze zu setzen", vgl. *ders.*, ebd.

[330] *Roxin*, MschKrim, Band 56, 1973, S. 321.

[331] *Roxin*, FS-Bockelmann, S. 285.

[332] *Roxin*, ZStW Bd. 96, 1984, S. 653.

[333] *Roxin*, GA 2015, S. 491 f. Er weist auf weitere Vertreter dieser Lehre hin; so namentlich *Hoyer*, FS-Roxin II, S. 727 ff., *Merkel*, FS-Roxin II, S. 732 ff., *Schöch*, in: LK, § 20 Rn. 21, *Schroth*, FS-Roxin II, S. 705 ff.

Unterschied zwischen einem voll verantwortlichen Menschen und einem Schuldunfähigen nicht nur in der Feststellbarkeit von Schuld, sondern in ihrer Bejahung
oder Verneinung selbst liegen muss"[334]. Seiner Ansicht nach wird das Problem der
Willensfreiheit auf der Basis seiner Konzeption obsolet. Denn der Determinist könne
sich mit einem rein strafbegrenzenden Schuldprinzip zufrieden geben und der Indeterminist könne keine zweckgelöste Vergeltung fordern und sich mit einem
Schuldgedanken, welcher allein zur Begrenzung der staatlichen Eingriffsbefugnis
dienlich ist, anfreunden.[335] Das durchschnittliche Anders-Handeln-Können bzw. die
durchschnittliche normative Ansprechbarkeit des Täters, welche *Roxin* seiner
Schulkonzeption zugrunde legt, ist nicht empirisch ermittelt, sondern eine normativ
gesetzte kriminalpolitische Verantwortlichkeit: Dies sei die Schuld in ihrem materiellen Gehalt.[336] Ausschlaggebend für die Bejahung der Steuerungsfähigkeit ist im
Ergebnis ein Vergleich mit einem maßgerechten Menschen in der Situation des
Täters.

cc) Hold von Ferneks maßgerechter Mensch

Von Fernek nahm im Jahr 1911 ebenfalls zur Ausfüllung des Schuldbegriffes auf
einen maßgerechten Menschen Bezug.[337] Das Recht richte sich an den Einzelnen als
Gruppenangehörigen, da es das Zusammenleben der Individuen regele.[338] Seines
Erachtens gehöre es zu den „Fundamentalsätzen der Rechtswissenschaft, daß sie sich
auf keinem ihrer Gebiete mit dem Einzelnen als Individuum zu beschäftigen hat,
sondern stets und ausnahmslos mit den Angehörigen der Gemeinschaft."[339] Recht-

---

[334] *Roxin*, ZStW Bd. 96, 1984, S. 649. Diese Aussage ist eine Replik auf die Abhandlung
von *Figueiredo Dias*, welcher die Schuldunfähigkeit als einen Hinderungsgrund für die
Schuldfeststellung sieht und nicht als einen Schuldausschließungsgrund. Dies tut er,
A. Kaufmann folgend, indem er einen „kommunikativen Akt" zwischen Angeklagtem und
Richter voraussetzt, welcher durch bestimmte Umstände in der Persönlichkeit des Täters nicht
zuwege gebracht werden kann; vgl. *Figueiredo Dias*, ZStW 95 (1983), S. 248 mit Verweis auf
A. Kaufmann, Das Schuldprinzip, S. 197 ff. Nach *Engisch* kann ein Schuldurteil nicht mehr
verhängt werden, „wo unser Verständnis der Person aufhört", vgl. *Engisch*, ZStW 66 (1954),
363.

[335] *Roxin*, MschKrim, Band 56 (1973) S. 323.

[336] *Roxin*, FS-Bockelmann, S. 291.

[337] Zuvor hatte auch *Tesar* seine Schuldkonzeption auf einen Vergleich mit dem „Durchschnittsmenschen" gestützt. Dabei ging es ihm jedoch um die „gefährliche" psychische Dis-
position des Täters, vor welcher die Gesellschaft geschützt werden müsste und diese „Gefährlichkeit" ergebe sich durch einen „Vergleich mit dem Durchschnittsmenschen". Er versteht
Schuld als psychischen Defekt und das gesellschaftsschädigende Verhalten als seine Funktion.
Tesar, Abhandlungen des kriminalistischen Seminars an der Universität Berlin, S. 201, 204,
272, 276, 218. Dieser Ansatz einer „symptomatischen Verbrechensauffassung", welche neben
Tesar auch von *Kollmann* begründet wurde, steht in direktem Zusammenhang mit einem Tä-
terstrafrecht und in der Tradition *Franz von Liszt*. Dazu ausführlicher *Roxin*, Strafrecht AT I, § 6
B Rn. 5.

[338] *Börchers*, Schuldprinzip und Fahrlässigkeit, S. 46.

[339] *von Fernek*, Die Idee der Schuld, S. 40.

liche Schuld könne „kein Attribut einer Individualität sein"[340], schuldhaft sei lediglich ein Verhalten und nicht das Individuum.[341] Aus diesem Grund würden Täter auch nicht vor der Begehung der Tat weggesperrt, der Richter würde erst nach der Begehung einer Tat tätig.[342] Als „Kompromiss zwischen der Allgemeinheit und den Individuen" legt das Recht einen „generellen Maßstab" für die in ihm normierten Voraussetzungen an. Es liege in seinem „Wesen [...] zu generalisieren, zu nivellieren, zu objektivieren."[343] Da der Gesetzgeber die Norm nicht auf das Individuum, sondern auf die Masse berechnet, muss der Erfolg nicht für den einzelnen Täter, sondern generell voraussehbar sein.[344] „Er kann also nicht das Erfordernis aufstellen, daß der Erfolg in jedem einzelnen Falle, für jeden einzelnen Täter voraussehbar war; sondern es genügt, daß der Erfolg in der Regel der Fälle, also regelmäßig voraussehbar war."[345] Den Rückgriff auf das generelle Können von Maßfiguren statt auf das individuelle Können eines konkreten Täters rechtfertigt *von Fernek* mit dem Wesen des Rechts.[346] Dieses, und damit auch das Strafrecht, sei genereller Natur; es seien „Fundamentalsätze der Rechtswissenschaft", welches sich mit dem Angehörigen der Gemeinschaft statt dem Individuum zu beschäftigen habe.[347]

dd) Zusammenfassung der Schuldkonzepte

Eine der Grundprämissen der *Jakobs'schen* Konzeption für die strafrechtliche (Schuld-) Zurechnung ist der Blick weg vom individuellen Subjekt und der individuellen Rechtsgutsverletzung auf eine nach objektiv-generalisierendem Maßstab festgelegte Person.[348] Er unterscheidet zwingend zwischen der sozialen (Person) und psycho-physischen Systemen (Individuen). Diese generalisierte Person ist nach *Jakobs* Rollenträger, von dem ein Verhalten nur aufgrund seiner objektiv festgelegten

---

[340] *von Fernek*, Die Idee der Schuld, S. 41.

[341] „Schuld ist ein Attribut des Verhaltens, nicht der Persönlichkeit." *von Fernek*, Die Idee der Schuld, S. 46.

[342] *von Fernek*, Die Idee der Schuld, S. 42.

[343] *von Fernek*, Die Idee der Schuld, S. 44.

[344] *von Fernek*, Die Idee der Schuld, S. 53.

[345] *von Fernek*, Die Idee der Schuld, S. 53.

[346] Dazu führt auch *Paeffgen* aus: „Solange wir so wenig verläßlich Kategorisierungs-Taugliches über die bio-chemisch-physikalische Entstehung von Menschen wissen (‚Wie kommt die Norm in den Kopf?‘), erscheint die Annahme, dass – gesunde – Menschen sich, in Grenzen, verstandes-, und insoweit auch recht- bzw. moralgeleitet Handlungsprojekte vorsetzen können, ziemlich sinnvoll. Dass man Gründe für sein Tun hat, sagt nichts darüber aus, dass man nicht anders wollen könnte, – wenn man nur anderen Gründen den Vorzug hätte geben wollen. Ein solches Maß an – i.d.R. – vorhandener ‚Freiheit‘ (...) billigen wir uns im sozialen (...) Verkehr gegenseitig zu, setzen es aber auch voraus." *Paeffgen/Zabel*, in: Kindhäuser/Neumann/Paeffgen, Strafgesetzbuch, Vorb. zu den §§ 32 ff. Rn. 230j; pointiert: „Normen richteten sich nicht an Neuronen", *ders.*, ebd., Rn. 230i.

[347] *von Fernek*, Die Idee der Schuld, S. 40.

[348] *Paeffgen/Zabel*, in: Kindhäuser/Neumann/Paeffgen, Strafgesetzbuch, Vorb. zu den §§ 32 ff. Rn. 213.

Rolle und nicht aufgrund seiner konkreten Individualität erwartet wird.[349] Er und *von Fernek* haben gemein, dass beide die Gesellschaft und nicht den Einzelnen als bestimmendes Element für den Schuldbegriff ansehen. Dabei argumentiert *Jakobs* jedoch mit Erwartungshaltungen und Enttäuschungen der Gemeinschaftsmitglieder, welche durch eine Schuldzuschreibung verarbeitet werden müssen. *von Fernek* argumentiert dagegen mit dem Wesen des Rechts: Da rechtliche Schuld auch rechtlich bestimmt werden müsse, könne das Recht, welches sich auf die Gesellschaft beziehe, die Schuld nicht als etwas in dem Einzelnen Vorhandenes oder Nicht-Vorhandenes bestimmen. Das Recht richte sich an die Gemeinschaft und nicht an das Individuum. *Roxin* konstruiert Schuld als eine rein analogistische Schuldfeststellung, ausschlaggebend sei ein Vergleich mit einem maßgerechten Menschen in der Situation des Täters; die notwendige Steuerungsfähigkeit wird bejaht, wenn diese bei einem mit dem vermeintlichen Täter vergleichbaren maßgerechten Menschen vorliegt. So handelt es sich bei der Schuld um einen sozialen Tadel, welcher sich normativ bestimmt und das Vorliegen einer Steuerungsfähigkeit im Rechtssinne lässt sich als normative Zuschreibung verstehen.

Die dargestellten Lehrmeinungen vertreten eine agnostische Haltung zum Schuldbegriff, halten die Willensfreiheitsdebatte also für unerheblich für die rechtliche Annahme von Schuld.[350] Es wird nicht entschieden ob der konkrete Täter in der konkreten Situation tatsächlich Anders-Handeln-Konnte, sondern diese Fähigkeit wird vorausgesetzt und über einen Vergleich mit einem Normalbürger un-

---

[349] *Paeffgen/Zabel*, in: Kindhäuser/Neumann/Paeffgen, Strafgesetzbuch, Vorb. zu den §§ 32 ff. Rn. 213 mit Verweis auf *Jakobs*, ZStW 107 (1995), 843 (859), wo dieser ausführt: „Person sein heißt, eine Rolle zu spielen haben; persona ist die Maske, also gerade nicht der Ausdruck der Subjektivität ihres Trägers, vielmehr Darstellung einer gesellschaftlich verstehbaren Kompetenz".

[350] *Roxin* und *Jakobs* argumentieren auf der Ebene des Normativen und so teilte *Schünemann* den Normativismus in 2 große Gruppe ein: Den zweckrationalen Normativismus von *Roxin* und den empiriefreien Normativismus von *Jakobs*. *Schünemann*, FS-Roxin I, S. 14. Das Problem dieser „normativen Setzung", der Annahme einer Maßfigur als maßgebliches Kriterium für die Annahme von Schuld, liegt darin, dass sie das Offenlassen einer Entscheidung zwischen Determinismus und Indeterminismus im Recht zwar rechtfertigt, jedoch nicht begründet. „Weshalb die handelnde Person, obgleich sie sich in anderen Situationen wie ein Normalbürger für das Recht entscheiden kann, sich im konkreten Fall für das Unrecht entschieden hat und von den durchschnittlichen Fähigkeiten keinen Gebrauch gemacht hat, bleibt durch die Ersetzung des ‚individuellen Könnens' durch ein ‚generelles Können' stets offen." *Bröckers*, Strafrechtliche Verantwortung und Willensfreiheit, S. 57. Auf den Konflikt der Schuldzuschreibung weist auch *Hörnle* hin, indem sie sagt, „natürlich kann man Schuld zuschreiben …, aber kann man Gründe angeben, die dies rechtfertigen?", *Hörnle*, Kriminalstrafe ohne Schuldvorwurf, 2013, S. 41. Ihre weitergehenden Ausführungen bzgl. der Frage, ob sich das Schuldstrafrecht (genauer, die von Roxin geforderte „Freiheitsbehandlung" des Täters) zu dessen Gunsten auswirke oder nicht, wird in diesem Kontext nicht behandelt. *Merkel* meint, dass in dieser Lage des Schuldstrafrechts besondere Anstrengungen zur Rechtfertigung der normativen Freiheitszuschreibung erwartbar wären und diagnostiziert, dass von diesen Anstrengungen wenig zu sehen sei. Man habe sich in der Strafrechtsdogmatik „mit einem prinzipiellen Agnostizismus in der Freiheitsfrage seit langem erstaunlich ehrgeizlos arrangiert". *Merkel*, Willensfreiheit und rechtliche Schuld, S. 9.

terstellt. Als zentrales Element ist diesen Ansätzen ein Rekurs auf Maßfiguren, einen ‚Mustermenschen' gemein. Dieser maßgerechte Mensch taucht in der Frage um die Schuldfähigkeit immer wieder auf. *Jeschek/Weigend* sagt, es sei nicht ungerecht, die an einen „maßgerechten Menschen" gestellten Erwartungen auf den konkreten Täter zu übertragen.[351] Es handele sich um ein „Zurückbleiben hinter dem Maß an Rechtsgesinnung und Willenskraft ..., das von dem durchschnittlichen Staatsbürger erwartet wird".[352] Ähnlich äußert sich *Schünemann*, wenn er postuliert: Letztendlich stehe „die Freiheit eines normalen Menschen, sich in einer normalen Situation ... rechtskonform zu Verhalten, als Teil der gesellschaftlichen Realität fest"[353] und *Krümpelmann* formuliert, dass „der Vorwurf bedeutet, dass der Täter den sozialen Verhaltenserwartungen der Durchschnittsperson nicht entsprochen hat".[354] Auch *Schmidt* fragte beispielsweise schon, ob von dem Täter ein Anders-Handeln-Können erwartet werden durfte[355], *Kohlrausch* sprach von einer staatsnotwendigen Fiktion[356] und nach *Mannheim* werde das Können des Einen bei dem Täter das Sollen.[357] Das durchschnittliche Können bildet die Grenze des Schuldvorwurfs.[358]

IV. Zusammenfassung

Gedanklich die Trennung der Schuld in Strafbegründungsschuld, Strafzumessungsschuld und Schuldidee von *Achenbach* mitvollziehend, ist die Schuldidee als metajuristisches Phänomen eines der zentralsten Probleme der Rechtswissenschaft. Die „Idee der Schuld" steht in engem Zusammenhang mit der Menschenwürde[359], dem Zweck der Strafe, ihrer Legitimation und Begrenzung.[360] Sie ist daher Anknüpfungspunkt der Fragen um die Willensfreiheit und anderer außerrechtlicher

---

[351] *Jeschek*, Allgemeiner Teil, S. 410.

[352] *Jeschek*, Allgemeiner Teil, S. 410.

[353] *Schünemann*, Lampe-FS, S. 547 f.

[354] *Krümpelmann*, ZStW 88 (1976) S. 30.

[355] *Liszt-Schmidt*, Lehrbuch, S. 289 Anm. 13, S. 230.

[356] *Kohlrausch*, Festgabe für Karl Güterbock, S. 26. Vgl auch *ders.*, MSchrKrim I (1904/ 1905) 16 (20), dort meinte er in Bezug auf den Alternativismus: „Ich kann mich mit der Bemerkung begnügen, daß für mein Denkvermögen ein Mensch, der unter eindeutig gegebenen äußeren und inneren Umständen genauso gut so wie anders handeln könnte, nicht ins Zuchthaus, auch nicht in eine Irrenanstalt, sondern in einen Glaskasten gehört, auf daß ihn jeder anstaune als die abnormste und unbegreiflichste Bildung, die je ein Menschenauge bisher geschaut hat." Nach *Graf zu Dohna* bedürfte es einer solchen Fiktion gar nicht. Er bezieht sich für die Bestimmung der Willensfreiheit auf die Struktur des theoretischen Denkens und auf das Grundgesetz sozialen Daseins, wonach jeder für seine Taten einzustehen habe, *ders.*, ZStW 66 (1954) 505 ff.

[357] *Mannheim*, Maßstab der Fahrlässigkeit, S. 43.

[358] *Heinitz*, ZStW 63 (1951), S. 69.

[359] Vgl. nur BVerfGE 123, 267, 413; dazu bereits oben B. III. und ausführlich unten C. IV. 2. c) u. d).

[360] Bereits oben C. III.

Wertungen, welche im Zusammenhang mit dem Schuldbegriff teils mitvollzogen, teils vorausgesetzt werden. Eingangs war von einer Ablösung des psychologischen durch den normativen Schuldbegriff die Rede, deren Grundstein durch die Arbeit von *Frank* im Jahr 1907 gelegt wurde.[361] Während der psychologische Schuldbegriff die Schuld noch empirisch bestimmten wollte, besagt der normative Schuldbegriff, dass ein Verhalten vorwerfbar sein muss. Er schweigt jedoch zu der Frage, wann und wem gegenüber ein Verhalten vorwerfbar ist.[362] Mit dem Urteil des BGH von 1952 setzte das Gericht die Willensfreiheit des Täters für die Feststellung seiner Schuld voraus[363] und öffnete damit das Einfallstor für metajuristische Prinzipien im Rahmen des Schuldbegriffs – konkret der Schuldidee. Auf diese Entscheidung und das in ihr wohnende Bekenntnis des BGH zur Willensfreiheit, auf ein Anders-Handeln-Können des Täters hin, griff das Schuldstrafrecht den philosophischen Determinismus-Indeterminismus-Streit auf. Dieser war in der Historie des strafrechtlichen Schuldbegriffes wiederholt von grundlegender Relevanz und mit zunehmender Entwicklung der Hirnforschung stützten einige Neurowissenschaftler ihre Kritik an dem Schuldbegriff auf Selbigen.[364] In der heutigen Lehre um den normativen Schuldbegriff und als Reaktion auf die wiederkehrenden Angriffe ist eine Ausfüllung desselben auf agnostischer Grundlage herrschend: Tatsächliche Willensfreiheit wird nicht mehr zur Bedingung für die Zuschreibung von Schuld gemacht, unabhängig von ihrer tatsächlichen und empirisch beweisbaren Existenz schreibt das Recht Schuld zu.[365] Dieser überwiegend vertretene agnostische Schuldbegriff geht mit unterschiedlicher Begründung davon aus, dass Menschen bzw. Personen so behandelt werden dürfen als hätten sie Anders-Handeln-Können, wobei unerheblich ist, ob sie tatsächlich Anders-Handeln-Konnten.

Verschiedene Stimmen legen für die Zuschreibung von Schuld das fiktive Anders-Handeln-Können eines Durchschnittsmenschen zugrunde. Diese Ansätze argumentieren mit Musterfiguren, sie nehmen Bezug auf eine maßgerechte Person, einen durchschnittlichen Menschen. Es geht nicht darum, ob der konkrete Täter in der konkreten Situation tatsächlich Anders-(hätte)-Handeln-Können, sondern ob die generelle Möglichkeit bestanden habe, dass „man" sich unter den gegebenen Umständen anders als der Täter verhalten hätte.[366] Während *Jakobs* von der Musterfigur,

---

[361] *Frank*, Über den Aufbau des Schuldbegriffs, S. 3; bereits oben C. I.

[362] Ebd.

[363] BGHSt (GrS) 2, 194 (200).

[364] Siehe ausführlich oben C. III. 1.

[365] „Ein jedes Wesen, das nicht anders als unter der Idee der Freiheit handeln kann, ist eben darum, in praktischer Rücksicht, wirklich frei, d.h. (?), es gelten für dasselbe alle Gesetze, die mit der Freiheit unzertrennlich verbunden sind, eben so, als ob sein Wille auch an sich selbst, und in der theoretischen Philosophie gültig, für frei erklärt würde. ... Wir können uns also hier von der Last befreien, die die Theorie drückt." So *Kant*, Grundlegung zur Metaphysik der Sitten, BA 101.

[366] So *Eisele*, in: Schönke/Schröder, StGB, Vor §§ 13 ff., Rn. 109a. Er verdeutlicht jedoch, dass mit dieser Begründung noch nicht ausreichend beantwortet werden kann, warum es für eine Schuldzuschreibung ausreichend erscheint, dass ein anderer als der Täter in dessen Lage anders

dem maßgerechten Menschen ausgeht, an welchen Andere (wahrscheinlich maßgerechte) Erwartungen stellen, geht *Roxin* von dem „Durchschnitt" aus, welcher sich
in einer Situation rechtskonform verhalten könne und *von Fernek* sieht die Durchschnittsperson als Ansprechpartner des Rechts, welches sich seinem Wesen nach
nicht an das Individuum sondern nur an die Gesellschaft wenden könne. Im Rahmen
dieser analogistischen Schuldfeststellung werden die Fragen um die Willensfreiheit,
der Determinismus-Indeterminismus-Debatte, des Anders-Handeln-Könnens und
damit zusammenhängend der Menschenwürde bedeutsam. Denn auch wenn der
konkrete Täter vor Gericht steht, erfolgt die Schuldzuschreibung an ihn auf
Grundlage eines Vergleiches mit dem Normalen, dem Erwartbaren.[367] Die Konkretisierung dieses Durchschnitts erfolgt unter Bezugnahme auf außerrechtliche
Wertungen, wobei die Wechselbezüglichkeit von Recht und Außerrechtlichem
ebenso einer Untersuchung bedarf wie die Frage, auf was das Recht Bezug nimmt
und welche Folgen sich aus dieser Bezugnahme ergeben.

---

gehandelt hätte. Ebenso *Geisler*, Zur Vereinbarkeit objektiver Strafbarkeitsbedingungen mit
dem Schuldprinzip, S. 66; *Schünemann*, Lampe-FS, S. 546 ff.; *Tiemeyer*, GA 86, S. 214; *ders.*,
ZStW 100, 535.

[367] *Bröckers* sieht zwei Begründungswege, welche bisher eingeschlagen wurden: Einmal,
indem der „Vorwurf nicht von der Handlung auf den Täter, sondern von dem Täter auf die
Handlung" projiziert wurde, ein andermal wurde die Herangehensweise mit den Zielen des
Strafrechts legitimiert. Während Ersteres zu einer Charakterschuld führt, bringt Zweiteres die
funktionalen Schuldlehren hervor. *Bröckers*, Strafrechtliche Verantwortung ohne Willensfreiheit, S. 182 m.w.N. Anders herum: Nach meiner Auffassung werden aus der Konkretisierung der Maßfigur heraus die verschiedenen Schuldbegriffe konkretisiert, welche eben jene
Figur zu ihrer Ausfüllung nutzen.

C. Die Normativität des Rechts

Damit klingt die Frage an, welche Gegenstand des zweiten Teils der vorliegenden Arbeit sein wird: Dem Verhältnis von Sein und Sollen. Wie bereits einleitend festgestellt[1], ist die Schuldidee der Spielplatz der hiesigen Betrachtung und deren Existenz und Ausfüllung als metajuristisches Prinzip Gegenstand der vorliegenden Untersuchung. Dabei wesentlich war bisher die Erkenntnis, dass ein Großteil der Lehre für deren Ausfüllung auf das Merkmal des Anders-Handeln-Könnens[2] bzw. eine normative Ansprechbarkeit[3] Bezug nimmt. In personeller Hinsicht ist die (Rechts-)Figur des maßgerechten Menschen[4] Anknüpfungspunkt für die Frage, *wer* denn Anders-Handeln-Können bzw. normativ ansprechbar sein muss. Um diese Maßfigur zu bestimmen gilt es daher die folgenden Fragen zu beantworten: Erstens, wie eine solche metajuristische Ebene überhaupt Gegenstand des normativen Systems Recht sein kann[5]; zweitens, wie das Recht auf Außerrechtliches Bezug nimmt[6]; drittens die Frage, auf was das Recht überhaupt Bezug nehmen kann[7]; und viertens die grundsätzliche Auseinandersetzung, durch was die Schuldidee ausgefüllt werden sollte.[8]

I. Zur Sein und Sollen-Dichotomie

Mit Maßfiguren wird ein relativer Standard gefordert, welcher sich an einem Durchschnittsmenschen bestimmt.[9] Es ist einleuchtend, dass an den Stellen, an denen

---

[1] B. III. 1.

[2] So die klassische Auslegung, vgl. nur III. 2. a).

[3] So insb. *Roxin*, vgl. nur III. 2. c) cc).

[4] So bereits oben unter III. 2. c) dd).

[5] Dazu unten C. I. 2.

[6] Dazu unten C. III.

[7] Als „Außerrechtliches" kommt – vereinfacht dargestellt – wohl das Faktische als auch die Moral in Betracht, auf das die Rechtswissenschaft Bezug nehmen kann. Vgl. dazu unten C. IV.

[8] Dies dann als Ergebnis unten C. V.

[9] Bspw. der „ordentliche und gewissenhafte Geschäftsleiter", § 93 AktG; der „ordentliche Geschäftsmann", § 43 GmbHG. Auch die Vermeidbarkeit des Verbotsirrtums nach § 17 StGB hängt von den intellektuellen Fähigkeiten des Täters und seiner konkreten Kenntnis bzw. seinem aus der Zugehörigkeit zu bestimmten Berufsgruppen „Kennen müssen" ab, vgl. *Sternberg-Lieben/Schuster*, in: Schönke/Schröder, StGB, § 17 Rn. 13, 17. Zu dem Vergleich mit der auf „das Leistungsvermögen des Täters zugeschnittenen Kategorie wie z.B. Facharzt,

das Recht seine Erwartungen nicht mehr abstrakt setzt, sondern zu ihrer Ausfüllung eine Maßfigur, einen Durchschnittsmenschen heranzieht, seine abstrakte, der Realität „übergeordnete" Stellung aufgibt und auf horizontaler Ebene – zwischen seinen Adressaten – agiert. Das Recht nimmt mit der Aussage „Du sollst so sein wie andere – gegebenenfalls optimale – Menschen" auf die horizontalen Ebene des Faktischen Bezug.[10] Normative Tatbestandsmerkmale greifen auf ähnliche Weise auf außerrechtliche Merkmale zurück, indem sie die Ausfüllung des konkreten Sachverhaltes von einer vermeintlichen Realität[11] – und nicht von dem Gesetzgeber – vornehmen lassen. Anhand von Maßfiguren, normativen Tatbestandsmerkmalen und weiteren, auf außerrechtliche Wertungen bezugnehmenden Begriffen[12], stellt sich dann die Frage, die der Rechtswissenschaft wohl immanent ist: Die Frage nach dem Verhältnis von Sein und Sollen.[13]

1. Grundlagen

Dies wirft die Frage auf, wie diese beiden Ebenen zusammenhängen und die erste Antwort darauf lautet: Überhaupt nicht. Die strikte Trennung von Sein und Sollen, von Normativität und Faktizität, geht auf *David Hume* und *Immanuel Kant* zurück. *Hume* hatte darauf aufmerksam gemacht, dass Sollenssätze nicht aus Seinssätzen abgeleitet werden können. *Kant* entwickelte in Anlehnung daran seine Erkenntnistheorie und unterschied dabei grundlegend zwischen theoretischer („spekulativer") und praktischer Vernunft.[14] Weiterentwickelt wurde dieser Ansatz durch die Neu-

---

Arzt, Hebamme, Krankenschwester, Baumeister, Kraftfahrer usw." im Zusammenhang mit dem Fahrlässigkeitsdelikt, *ders.*, in: Schönke/Schröder, StGB, § 15 Rn. 135.

[10] Anders gerade eben *Duttge*, s. o.

[11] Die vermutlich ihrerseits wiederum normativ „geformt" wurde.

[12] Bspw. Blankettgesetze im weiteren Sinne, Generalklauseln, gesetzliche Ermessenselemente. Dazu ausführlich *Kuhli*, Normative Tatbestandsmerkmale in der strafrichterlichen Rechtsanwendung.

[13] Anders als der hier besprochene Fall lagert der von *Ludwig-Mayerhofer* angesprochene: „Wann immer man Individuen mit Unrechtsvorwürfen konfrontiert, ist zu erwarten, dass diese mit Schuldabwehr reagieren. (…) Zum einen der Strafprozess, der die Norm als Sollvorschrift im Verfahren konstatiert, während er (der Strafprozess) das individuelle Verhalten als formbar und variabel betrachtet; zum anderen die Beschuldigten, die ihr Verhalten als konstant, die Sollvorschrift dagegen eher als variabel erachten." Vgl. *Ludwig-Mayerhofer*, „Kommunikation in der strafgerichtlichen Hauptverhandlung: Von den Grenzen rechtlicher und soziologischer Modelle", in: Rehberg (Hrsg.), Deutsche Gesellschaft für Soziologie (DGS) und Integration: die Zukunft moderner Gesellschaften; Verhandlungen des 28. Kongresses der Deutschen Gesellschaft für Soziologie im Oktober 1996 in Dresden, Seiten 446–450.

[14] Dazu das schöne Bild: „Eine bloße empirische Rechtslehre ist (wie der hölzerne Kopf in Phädrus' Fabel) ein Kopf, der schön sein mag, nur schade! daß er kein Gehirn hat." *Kant*, Die Metaphysik der Sitten, AB 31, 32.

Kant hatte bereits auf eine von moralischen, politischen und ethischen Inhalten freie Rechtswissenschaft plädiert: „… man kann den Begriff des Rechts in der Möglichkeit der Verknüpfung des allgemeinen wechselseitigen Zwanges mit jedermanns Freiheit unmittelbar setzen. Sowie nämlich das Recht überhaupt nur das zum Objekte hat, was in Handlungen

kantianer, welche die Trennung von Sein und Sollen weiter zuspitzten.[15] Die Ansätze beider Autoren teilen die Annahme einer kategorischen Trennung von Norm und Nichtnorm[16] und ihre Ansichten zur Sein und Sollen Dichotomie geben einen Einblick in die historischen und philosophischen Hintergründe der normtheoretischen Debatte.

Nach *David Hume* kann weder vom Sein auf das Sollen, noch von dem Sollen auf das Sein geschlossen werden und den naturalistischen Fehlschluss begeht, wer versucht das Eine aus dem Anderen logisch abzuleiten. *Humes* Gesetz besagt, dass aus bloßen Fakten keine Normen folgen. In seiner vielzitierten und grundlegenden Passage führt er aus: „In jedem Moralsystem, das mir bisher vorkam, habe ich immer bemerkt, dass der Verfasser eine Zeitlang in der gewöhnlichen Betrachtungsweise vorgeht, das Dasein Gottes feststellt oder Beobachtungen über menschliche Dinge vorbringt. Plötzlich werde ich damit überrascht, dass mir anstatt der üblichen Verbindungen von Worten mit ‚ist‘ [is] und ‚ist nicht‘ [is not] kein Satz mehr begegnete in dem nicht ein ‚sollte‘ [ought] oder ‚sollte nicht‘ [ought not] sich fände. Dieser Wechsel vollzieht sich unmerklich; aber er ist von größter Wichtigkeit. Dies ‚sollte‘ oder ‚sollte nicht‘ drückt eine neue Beziehung oder Behauptung aus, muss also notwendigerweise beachtet und erklärt werden. Gleichzeitig muss ein Grund angegeben werden für etwas, das sonst ganz unbegreiflich scheint, nämlich dafür, wie diese neue Beziehung zurückgeführt werden kann auf andere, die von ihr ganz verschieden sind. Da die Schriftsteller diese Vorsicht meistens nicht gebrauchen, so erlaube ich mir, sie meinen Lesern zu empfehlen; ich bin überzeugt, dass dieser kleine Akt der Aufmerksamkeit alle gewöhnlichen Moralsysteme umwerfen [...] würde [...].“[17] Folgt man dem Ansatz *Humes*, so gäbe es keinen Bezug zwischen den Normen (= Sollen) und der Realität (= Sein).

äusserlich ist, so ist das strikte Recht, nämlich das dem nichts Ethisches beigemischt ist, dasjenige, welches keine anderen Bestimmungsgründe der Willkür als bloss die äusseren fordert; denn alsdann ist es rein und mit keinen Tugendvorschriften vermengt. Ein striktes (enges) Recht kann man also nur das völlig äussere nennen. Dieses gründet sich nun zwar auf das Bewusstsein der Verbindlichkeit eines jeden nach dem Gesetze; aber die Willkür danach zu bestimmen, darf und kann es, wenn es rein sein soll, sich auf dieses Bewusstsein als Triebfeder nicht berufen, sondern fusst sich deshalb auf dem Prinzip der Möglichkeit äusseren Zwangs, der mit der Freiheit von jedermann nach allgemeinen Gesetzen zusammen bestehen kann.“ *Kant*, Die Metaphysik der Sitten, AB 36.

[15] Die Neukantianer versuchten aus den Geisteswissenschaften ebenso reine, apriorischen und formale Gesetzlichkeiten herauszukristallisieren, vgl. *Kley/Tophinke*, Überblick über die Reine Rechtslehre von Hans Kelsen, JA 2001, Heft 2, S. 171. Außerdem *Kaufmann*, Kritik der neukantischen Rechtsphilosophie, in: *ders.*, Rechtsidee und Recht: Rechtsphilosophische und ideengeschichtliche Bemühungen aus fünf Jahrzehnten, S. 176 ff.

[16] *Möllers*, Die Möglichkeit der Normen, S. 107. Nach *Möllers* gehen andere Theorien des Normativen wie bspw. der moralische Realismus oder *Hegels* Rechtsphilosophie einen anderen Weg.

[17] *Hume*, Ein Traktat über die menschliche Natur, III. 1.1, Bd. 2, 211 f.

Kant führt in seiner Kritik der reinen Vernunft aus, dass zwischen Sein und Sollen streng unterschieden werden müsse:[18] „Denn in Betracht der Natur gibt uns Erfahrung die Regel an die Hand und ist der Quell der Wahrheit; in Ansehung der sittlichen Gesetze aber ist höchst verwerflich, die Gesetze über das, was ich tun soll, von demjenigen herzunehmen, oder dadurch einschränken zu wollen, was getan wird".[19]

2. Die Sein & Sollen-Dichotomie in der Rechtswissenschaft

Ausgangspunkt rechtstheoretischer Überlegungen ist die Trennung von Sein und Sollen.[20] Die Bestimmung von Recht und dem Verhältnis desselben zu menschlichem Verhalten sowie die Frage, ob Recht sich dazu rein reaktionär oder maßstabsbildend[21] verhält, sind zentrale Themen der Rechtstheorie. Dabei impliziert diese Frage zunächst die Abgrenzung des Rechts von dem Faktischen. Denn auch das

---

[18] *Radbruch* bezeichnete *Kant* als den Vater der scharfen Trennung von Sein und Sollen bzw. von Wirklichkeit und Wert. *Radbruch*, Vorschule der Rechtsphilosophie, S. 19. Dies bestimmte ursprünglich *Radbruchs* Stellungnahme zum Problem der „Natur der Sache", wobei er dies mit der Abhandlung „Die Natur der Sache als juristische Denkform", in: FS-Laun, 1948 überwindet, indem er den Gedanken der „Stoffbestimmtheit der Idee" anerkennt. Nach *Wolf* finden sich die Gedanken zu einer Vereinbarkeit von Sein und Sollen bei Radbruch bereits 1924, was darauf hindeute, dass sein Denken schon früh die Vereinbarkeit anstrebte, vgl. *Wolf*, ARSP 1959, S. 487.

[19] *Kant*, Kritik der Vernunft, B 375; wobei *Kant* die Unterscheidung von Sein und Sollen nur hinsichtlich menschlicher Gesetze, also nicht bei Naturgesetzen zieht.

[20] *Funke*, in: Krüper (Hrsg.), Grundlagen des Rechts, S. 50. Er weist darauf hin, dass die Unterscheidung von Sein und Sollen „verschiedene Facetten" hat, die sorgfältig auseinandergehalten werden sollen: So geht es einerseits darum, dass das Recht beschrieben werden müsse wie es ist und nicht wie es sein soll. Funke lehnt sich dabei an Bentham und Austin an. Der zweite und für die vorliegende Arbeit relevante Aspekt ist die Unterscheidung von Sein und Sollen, welche den Unterschied der Rechtstheorie zu der Rechtssoziologie betrifft.

[21] Mit *Freud* gesprochen, ist das Recht bzw. die (auch moralischen) Normen ‚Ich' oder ‚Über-Ich'? Zu dem Thema aus dem Blickwinkel der Diskursethik *Marquardt*, „Das Über-Wir, Bemerkungen zur Diskursethik", in: ders. (Hrsg.), Individuum und Gewaltenteilung, S. 39 ff. Er führt dort aus, die Diskurstheoretiker „machen die Autonomie konkret, indem sie – sozusagen – beim kategorischen Imperativ die Mitbestimmung einführen. An die Stelle des apriorischen Sittengesetzes tritt die diskursiv-dialogische (kommunikative) Sittengesetzgebung, an der alle Betroffenen – alle Menschen – chancengleich teilhaben sollen, indem nur durch den Konsens aller im – „kontrafaktisch" als „unverzerrt", „herrschaftsfrei" unterstellten – ethischen Fundamentalgespräch die sittlichen Normen legitimiert, d. h. als verbindlich erwiesen werden: der kategorische Imperativ wird zum Resultat eines absoluten Gesprächs, das in sich selber „unhintergehbare" „pragmatische Universalien" als sein Ursprungsminimum entdeckt und konsensual rechtfertigt, die es ermöglichen und tragen. Damit wird – gewissermaßen – das Daimonion im Sinne des Sokrates, das Gewissen im Sinne *Kants*, das Über-Ich im Sinne *Freuds*, dass bei den Genannten stets auch (gewissensphänomenologisch plausibel) Einsamkeit bedeutet, aus dieser Einsamkeit herausgeholt und in das Gespräch aufgelöst, das als Polylog jener ‚Metainstitution' die das freie Gewissensbildungskollektiv darstellt, der absolute Diskurs ist, der kommunikativ, rational, konsensual über Gut und Böse entscheidet." Ebd., S. 46. Bei der Schuld „ruft" das „Über-Ich" quasi nach Sühne für den Normbruch (i.S. Freuds), vgl. *Streng*, Schuld, S. 167, 168 m.w.N.

Sein, die Realität der Menschen unterliegt Regelungen, welche nicht (rechtlich) positiviert sind. Dennoch beschäftigt sich die Soziologie mit dem Zusammenwirken der einzelnen Personen in der Gesellschaft und den jeweiligen Normen, welchen dieses Verhalten unterliegt. Die Frage nach dem Verhältnis zwischen Normativem und Faktischem dürfte „das zentrale Problem jeder Theoriearchitektur des Normativen sein."[22] Darüber hinaus ist das Rechtssystem von anderen Normensystemen wie beispielsweise der Moral abzugrenzen, auch wenn es sich bei moralischen Vorstellungen über menschliches Handeln ebenfalls um Normen handelt.[23] Im Hinblick auf die Abgrenzung zwischen Recht und Moral bestehen verschiedene Ansätze zu deren Verhältnis.[24] Nach einer Ansicht beruht unser Rechtssystem auf moralischen Grundentscheidungen und hat eben jene positiviert.[25] Da jedoch in moralischen Fragestellungen keine endgültigen Wahrheiten erkannt werden können, kommt es „zu einem Vorrang des Rechts gegenüber der Vielfalt von moralischen Wertvorstellungen".[26] Es kann vorausgesetzt werden, dass jede Gesellschaft neben rechtlichen Normen auch über nichtrechtliche Normen verfügt. Dies wirft die Frage auf, in welchem Verhältnis Rechtsnormen und nichtrechtliche Normen zueinanderstehen.[27] Dabei „meinen die einen: Recht bleibt Recht, auch wenn es unmoralisch ist, die anderen: Unmoralisches Recht wird zu nicht-Recht." Die erste Position könne als positivistisch, die andere als naturrechtlich bezeichnet werden.[28] Unsere Gesellschaft hat ein eigenständiges Rechtssystem hervorgebracht, das – so der systemtheoretische Ansatz – nach seinen eigenen Gesetzen autopoietisch, d.h. sich selbst herstellend, agiert.[29] Alle Kommunikationen, die sich auf die Frage „Recht oder Unrecht?" be-

---

[22] *Möllers*, Die Möglichkeit der Normen, S. 106.

[23] *Rüthers/Fischer/Birk*, Rechtstheorie, S. 60, siehe zum Normbegriff auch unten C. II.

[24] Zu dem Verhältnis von Normen und Werten vgl. etwa *Schroeder*, JZ 2011, 187 (188), welcher in Bezug auf die Normenbestimmung auf Werte rekurriert. Zu deren Verhältnis exemplarisch die konträren Ansichten von *Putnam* und *Habermas*. Während Habermas bei Normen einen verpflichtenden Charakter sieht und diese im Unterschied zu werten, welche lediglich Empfehlungen darstellen, ist zwischen beiden streng zu unterscheiden, *Habermas*, Die Einbeziehung des Anderen, S. 72. *Putnam* bestreitet dagegen eine scharfe Trennung zwischen Normen und Werten, *Putnam*, FS-Habermas, S. 280 ff.

[25] *Lege*, FS-Krawietz, S. 222.

[26] *Lege*, FS-Krawietz, S. 222; Recht stellt – entgegen der Meinung *Jellineks* – nicht nur das ethische Minimum dar, sondern muss wegen des ethischen Pluralismus vielmehr „eine eher dominierende Funktion" erfüllen, die Stelle der Moral vertreten. Er verweist dabei auch auf *Hollerbach*, Artikel „Rechtsethik", Staatslexikon, 4. Band, Sp. 693.

[27] *Lege*, in: Krawietz-FS, S. 217.

[28] *Lege*, in: Krawietz-FS, S. 217 mit Verweis auf *Krawietz*, Recht als Regelsystem, S. 127 f., 166 ff. u. a.

[29] Von griechisch autos = selbst und poiesis = herstellen, machen; *Lege*, FS-Krawietz, S. 218, mit Verweis auf *Luhmann*, Das Recht der Gesellschaft, S. 30; auch: *Krawietz*, Recht als Regelsystem, S. 174 f. Im Einzelnen gilt für ein autopoietisches System, dass es 1. operativ geschlossen und 2. kognitiv offen ist, 3. strukturdeterminiert und 4. umweltangepasst. Operative Geschlossenheit meint die Ermöglichung der elementaren Operationen eines Systems durch die verknüpften elementaren Operationen eines Systems. Kognitive Offenheit meint, dass sie das autopoietische System auf seine Umwelt bezieht, indem es sich auf seine Elemente bezieht. Der

ziehen, nehmen daran teil.[30] Einige vertreten die Meinung, dass ein dem Rechtssystem gleichwertiges, abgeschlossenes, sich selbst produzierendes System „Moral" neben dem Rechtssystem nicht mehr besteht.[31] Bei *Kant* wird das Recht von der Moral dagegen lediglich unterschieden. Dabei legt die Rechtslehre die Kompatibilität verschiedener Handlungsarten mit Hilfe „äußeren" Zwanges fest, während das moralische Gesetz der Ethik an den innerlichen Imperativ eigenen Willens appelliere.[32] Gleiches gilt für *Kelsen*, welcher das Rechtssystem zwar streng von Moralnormen unterscheidet, die Existenz des Moralsystems jedoch nicht leugnet.[33] Moralnormen gelten daher nach der Rechtslehre *Kelsens* nicht als Teil des Rechtssystems. Vielmehr handelt es sich bei der Moral zwar um ein System von Normen, diese sind jedoch gerade nicht Teil des Rechts.

Neben der Frage nach dem Verhältnis von Recht und Moral ist das Recht von dem Sein, dem Faktischen abzugrenzen. Denn „beim Recht handelt es sich nicht um das, was ist, sondern um das, was sein solle. Wir sind, wie die Deutschen sagen, im Bereich des Sollens und nicht des Seins."[34] Zur Beantwortung der Frage nach Sein und Sollen, nach dem Verhältnis von (Rechts-)Norm und Wirklichkeit stellt *Lévy-Bruhl* einem fiktiven Juristen die Frage, ob „das Recht eine Wissenschaft oder eine Kunst [sei]?". Dieser werde – dem Autor zufolge – mit großer Wahrscheinlichkeit antworten, „Es ist beides zugleich." Denn das Recht sei eine Kunst, nach *Celsus* eine des Guten und Gerechten und die Aufgabe des Juristen bestehe hauptsächlich darin, die gesellschaftlichen Beziehungen zu verbessern, indem er sachgemäße Vorschriften formuliert und sie auf gerechteste Art und Weise anwende.[35] Es sei aber auch eine Wissenschaft, denn das Recht setze sich auch zur Aufgabe, die Rechtstatsachen zu ordnen, Theorien zu entwickeln und Grundsätze auszuarbeiten.[36] Sofern das Recht in diesem Zusammenhang „überpositive Normen aus dem ‚Wesen des Menschen' oder der ‚Natur der Sache' [ableitet] scheint es also so, als wolle man ein

---

Begriff der Strukturdeterminiertheit sagt aus, dass ein autopoietisches System seine Operationen dergestalt relationiert, dass es sich „in seinen Umweltkontakten auf Wiedererkennbarkeit und Wiederverwendbarkeiten bisheriger selbstbezüglicher Umweltkontakte einstellen kann. Ein autopoietisches System ist ein System-mit-einer-Geschichte-in-einer-Umwelt." Außerdem ist es als Umweltangepasstheit zu verstehen, „Die ‚Existenz' eines autopoietischen Systems ist Ausdruck der Angepasstheit des Systems an seine Umwelt auf Grundlage von Materialitätskontinuen." Vgl. *Kraus*, Luhmann Lexikon, S. 23.

[30] Es gilt hier zu beachten, dass für die Systemtheorie die Unterscheidung von Normen und Fakten eine rechtssysteminterne Unterscheidung darstellt, mit der sich Kelsen's Systemtheorie selbst dem Rechtssystem zuordnet, welche von der Systemtheorie selbst jedoch nicht übernommen werden kann; *Vesting*, Rechtstheorie, S. 5.

[31] *Zippelius*, Rechtsphilosophie, § 6.

[32] *Simon*, Kant, S. 185 ff.

[33] Zur Abgrenzung von der reinen Rechtslehre zum Rechtspositivums: *Walter* „Das Lebenswerk Hans Kelsens: Die Reine Rechtslehre", in: Kelsen-FS, S. 3 m.w.N.

[34] *Lévy-Bruhl*, Soziologische Aspekte des Rechts, S. 30.

[35] *Lévy-Bruhl*, Soziologische Aspekte des Rechts, S. 28.

[36] *Lévy-Bruhl*, Soziologische Aspekte des Rechts, S. 28.

‚Sollen' aus einem ‚Sein' entwickeln und bedürfe damit zur Begründung des Sollens keiner Wertung." Vor diesem Hintergrund stellt sich „die Problematik des ‚naturalistischen Fehlschlusses' nur scheinbar. Denn was hier als ‚Sein' erscheint, ist keine bloße Faktizität, sondern ein bereits mit Wertungen behaftetes ‚Sein'. Mit anderen Worten liegen den Aussagen über das ‚Wesen des Menschen' oder der ‚Natur der Sache' bereits Wertungen zugrunde und keine rein empirischen Tatsachen."[37]

Während *Kelsen*[38] also mit seiner umstrittenen „Reinen Rechtslehre" einen Einfluss des Faktischen oder des Normativen auf das Recht verneint und Recht unabhängig von anderen (Norm- oder Gesellschafts-)Systemen verstanden wissen will, vertreten Naturrechtler[39] einen gegensätzlichen Standpunkt. Dieser zeichnet sich gerade dadurch aus, dass das Recht als etwas dem Menschen Naturgegebenes verstanden wird, die Fixierung von Regeln daher rein deklaratorischen Charakter hat. Eine ähnliche Argumentation findet sich bei rechtssoziologischen Ansätzen.[40] Diese sehen den Geltungsgrund des Rechts in dem menschlichen Zusammenleben und den sich dort ergebenden Regeln. Einen weiteren Ansatz zur Auflösung der rechtswissenschaftlichen Sein und Sollen-Dichotomie stellt die Prinzipientheorie[41] dar. Diese

---

[37] *Seelmann/Demko*, Rechtsphilosophie, S. 167.

[38] *Kelsen*, Reine Rechtslehre, außerdem *ders.*, Was ist die Reine Rechtslehre?, in: FS-Giacometti, S. 143 ff. *Kelsen* gilt als „Jurist des Jahrhunderts", vgl. *Dreier*, Hans Kelsen (1881 – 1973): „Jurist des Jahrhunderts"?, in: Heinrichs u. a. (Hrsg.), Deutsche Juristen jüdischer Herkunft, München 1993, S. 705 – 732. Zu seiner Biografie *Métall*, Hans Kelsen, Leben und Werk. *Kelsens* wohl wesentlichster Beitrag zur Demokratietheorie ist „vom Wesen und Wert der Demokratie" im Archiv für Sozialwissenschaft und Sozialpolitik (Bd. 47, S. 50 ff.). Außerdem ausführlich *ders.*, „Foundations of Democracy", in: Ethics 66 (1955), S. 1 – 101. Zu Letzterem ausführlich *Dreier*, Rechtslehre, Staatssoziologie und Demokratietheorie bei Hans Kelsen, S. 262 ff. Einen kurzen Überblick über die „Reine Rechtslehre" geben *Kley/Tophinke*, Überblick über die Reine Rechtslehre von Hans Kelsen, JA 2001, Heft 2, S. 169 – 174. Ausführlich zu *Kelsens* Rechtslehre unten C. I. 2. b).

[39] Grundlegend *Bloch*, Naturrecht und menschliche Würde, 1961; zur Unterscheidung zwischen forderndem und bewahrendem Naturrecht vgl. *Wesel*, Die Geschichte des Rechts in Europa, S. 40 f.; umfassend auch *Klippel*, Naturrecht und Staat, 2006. Ausführlich unten C. I. 2. c).

[40] Als „die Wirklichkeitswissenschaft vom Recht" ist Gegenstand der Rechtssoziologie die „Erforschung der sozialen Wirklichkeit des Rechts", *Rehbinder*, Rechtssoziologie, S. 1. Aus der Perspektive der Rechtssoziologie und nach dem Blickwinkel von *Ehrlich* ist Recht „gesellschaftliche Erscheinung", *Ehrlich*, Grundlegung der Soziologie des Rechts, S. 19; nach *Geiger* ist es „soziale Erscheinung" (*Geiger*, Vorstudien zu einer Soziologie des Rechts, S. 43) und *Röhl* spricht von einer „sozialen Tatsache", *Röhl*, Rechtssoziologie, S. 51. Während sich die Rechtsdogmatik mit der Rechtsnorm unter dem Gesichtspunkt ihrer Sollgeltung beschäftigt, geht es der Rechtssoziologie um die Seinsgeltung des Rechts; vgl. *Schulz-Schaeffer*, Zeitschrift für Rechtssoziologie 25 (2), S. 141.

[41] Die Prinzipientheorie beschreibt *Poscher* zutreffend: „Die Prinzipientheorie hat vielmehr die traditionelle Rede von Rechtsprinzipien zu einem rechtstheoretischen Dualismus verschärft, nachdem das normative Universum der Juristen in exakt zwei Arten von Normen zerfällt: in unmittelbar subsumptionsfähige Regeln und eine bestimmte Art von Prinzipien, die in der Sphäre eines ‚idealen Sollens angesiedelt seien und sich im realen Sollen in der Form von Optimierungsgeboten ausdrückten." *Poscher*, RW Heft 4 (2010), S. 351.

fragt, ob außerrechtlichen Prinzipien Teil des Rechtssystems seien und bejaht diese Frage mit der Begründung, die Rechtsanwendung nehme insbesondere in schwierigen Fällen notwendigerweise auf moralische und andere außerrechtliche Erwägungen Bezug. In diesem Sinne würde die bloße Existenz von moralischen Prinzipien als Bausteine des Rechts die (kategorische) Trennung von Recht und Moral widerlegen. Die ideale Dimension des Rechts stellt dabei den Rückgriff auf das moralisch Richtige dar. Indem Recht einen Anspruch auf Richtigkeit erhebt, sei die Verbindung von Recht und Moral hergestellt.[42]

Die Frage nach der Abgrenzung des Rechtssystems von der Moral einerseits, dem Faktischen andererseits, wird unterschiedlich beantwortet. Die Reine Rechtslehre *Kelsens* untersucht das System des Rechts rein normativ und unterscheidet strikt zwischen rechtlichen und sonstigen Normen.[43] Die Rechtssoziologie entnimmt die Rechtfertigung von Rechtsnormen dagegen dem Bereich des Seins.[44] Der wertebasierte Rechtspositivismus lässt außerrechtliche Wertungen in der Rechtswissenschaft zu[45] und die Prinzipientheorie versucht einen dritten Weg einzuschlagen und damit die strikte Trennung von Sein und Sollen um einen dritten Standpunkt zu erweitern.[46]

a) Zur „Natur der Sache"

Das Spannungsfeld zwischen normativen und faktischen, rechtlichen und außerrechtlichen Normen und die Frage nach dem Verhältnis von Sein und Sollen entzündet sich in besonderen Maße an dem Begriff der „Natur der Sache".[47] Die an dieser Stelle anzutreffende „Strukturverschlingung von Sein und Sollen"[48] soll notwendig für die Entstehung des Rechts sein, „Sachverhalt und Rechtsnorm [werden] überhaupt erst hergestellt, und indem sie aneinander aufbereitet und schließlich zueinander ‚in Entsprechung gebracht' werden (…) entsteht (…) mate-

---

[42] Zur Prinzipientheorie vgl. unten C. I. 2. e).

[43] Zur Abgrenzung von der reinen Rechtslehre zum Rechtspositivums: *Walter*, „Das Lebenswerk Hans Kelsens: Die Reine Rechtslehre", in: Kelsen-FS, S. 3 m.w.N.

[44] Dazu sogleich C. I. 2. d).

[45] Vgl. dazu nur *Radbruch* unter C. I. 2. c).

[46] Dazu sogleich C. I. 2. e).

[47] *Recaséns-Siches*, ARSP, Vol. 58, No. 2, S. 199 spricht von einem „unvermeidbaren Leitmotiv", nach *Lerner* ist bereits seinem Titel nach die Verbindung von Sein und Sollen das Grundproblem der normativen Kraft der „Natur der Sache"; vgl. *Lerner*, ARSP Vol. 50, No. 3, S. 405; nach *Küpper*, Strafrechtsdogmatik, S. 30 ff. ist mit dem Begriff der „Natur der Sache" nicht zwangsläufig die Gefahr eines naturalistischen Fehlschlusses verbunden. Dies zeigt nur, wie mehrdeutig der Begriff in der Regel gebraucht wird.

[48] *Kaufmann*, Über Gerechtigkeit, S. 148; er weist darauf hin, dass auch *Kelsen* und später *Radbruch* die strikte Trennung von Sein und Sollen (den neukantianischen Methodendualismus) aufgegeben haben. Dazu sogleich.

riell-positives Recht"[49]. Da wir „in den Begriffen und Unterscheidungen unserer Alltagssprache (…) leben und denken" ist ein „gewisser Naturalismus" notwendig[50] und „zur Wirksamkeit des Sollens" bedarf es gerade einer Bezugnahme auf das Sein.[51] Ein Modell, welches „erst aus den wechselnden Ergebnissen der Durchdringung von allgemeiner Zwecksetzung und je nach besonderem Rechtsstoff zusammenwächst" ist „wesentlich lebensnäher, fallgerechter und flexibler" als ein geschlossenes System.[52] *Radbruch* verstand unter „Sachen" soziale Vorformen von Rechtsverhältnissen, rechtlich geregelte Verhältnisse und Naturtatsachen.[53] Mit Blick auf die Verwechselungsgefahr bei der Werbung für Produkte, § 14 II Nr. 2 MarkenG und die Begriffe „relevanter Markt", „Marktbeherrschung" und die für deren Ausfüllung nötigen Kenntnisse über ökonomische Wettbewerbstheorien usw. wird festgestellt, dass „die Berücksichtigung solcher Fakten, Zusammenhänge und naturwissenschaftlich-technischer Gesetzlichkeiten [...] eine selbstverständliche Aufgabe jeder juristischen Normsetzung und Rechtsanwendung"[54] ist. Diese Vorgegebenheiten können als „Natur der Sache" bezeichnet werden und so soll sich die fehlende Norm „aus der ,inneren Ordnung', den ,sachlogischen Strukturen' ableiten lassen".[55]

Die „Zauberformel der Natur der Sache"[56] zwingt jedoch nach Ansicht ihrer Kritiker nicht zum scharfen Denken und ist „darum schon recht häufig als Gedankensurrogat vernutzt"[57]. Allein der Rechtsanwender entscheidet bei Ableitungen aus dieser Zauberformel, „was Natur ist und was Sache ist und was beide gebieten"[58]. „Gerade in Bezug auf den Menschen und die ihm zugeschriebene ,Natur' liegt der Trugschluß nahe, daß dasjenige zur menschlichen Natur erklärt und damit aus seinem Wesen abgeleitet wird, was vorab wertend hineinprojiziert worden ist."[59] In diesem

---

[49] *Kaufmann*, Über Gerechtigkeit, S. 148. Im Weiteren weist *Kaufmann* darauf hin, dass dadurch, dass Recht erst im Verstehensprozess hergestellt wird, eine objektive Richtigkeit des Rechts gar nicht existieren kann. Dies wird belegt durch diverse Theorien zur Wahrheitsfindung im Strafprozess mit konstruktivistischem Gehalt. Ausführlich dazu bspw. Die Untersuchung von *Gerson*, Das Recht auf Beschuldigung.

[50] *Puppe*, GA 1994, S. 297, 298, 313.

[51] *Schlüchter*, Irrtum, S. 24.

[52] *Roxin*, Strafrecht AT I § 7 Rn. 88 f. Mit Verweis auf das von *v. Liszt* „postulierte ,geschlossene' System".

[53] *Radbruch*, Laun-FS, S. 177 ff.

[54] *Rüthers/Fischer/Birk* (Hrsg.), Rechtstheorie, S. 557.

[55] *Rüthers/Fischer/Birk* (Hrsg.), Rechtstheorie, S. 558; der Begriff der „sachlogischen Strukturen" kommt von *Stratenwerth*, Das rechtstheoretische Problem der „Natur der Sache", S. 20.

[56] *Fechner*, Rechtsphilosophie, S. 147.

[57] *Bekker*, Ernst und Scherz über unsere Wissenschaft, S. 147.

[58] *Rüthers/Fischer/Birk* (Hrsg.), Rechtstheorie, S. 559.

[59] So *Sternberg-Lieben*, Die objektiven Schranken der Einwilligung im Strafrecht, S. 75 f. Dieser weist ergänzend darauf hin, dass sich „eine ontologische Betrachtungsweise der erkenntnistheoretisch gestützten Frage konfrontiert [sieht], ob überhaupt das erkennende Subjekt

Zusammenhang wird auch gegen den Begriff der Natur der Sache bzw. der Natur des Menschen[60] eingewandt, dass eine an diesem Begriff orientierte „Herleitung einer rechtlichen Regelung" zu einer „ideologieanfällige(n) und primär von der eigenen Vor-Wertung bestimmte(n) Lösung"[61] führen würde. In *Dreiers* Werk „Zum Begriff der Natur der Sache" weist dieser nach, dass mit dem Begriff der Natur der Sache der unhaltbare Versuch unternommen wird, ein konkretes Sollen aus dem Sein eines bestimmten Lebenssachverhaltes abzuleiten.[62] Damit zeigt das Problem der „Natur der Sache" anschaulich die Verbindung von Recht und Überpositiven auf. Welche Ansätze dazu noch bestehen, wird im Folgenden erörtert.

b) Reine Rechtslehre – Hans Kelsen

Kelsens Interesse galt der Rechtstheorie und dem Begriff der Rechtsnorm, er wollte unterscheiden zwischen dem positiven Recht und der Frage, was von einem moralischen Standpunkt aus als Recht betrachtet werden soll. Die „Aussage, daß etwas ist, (hat) einen völlig anderen Sinn … als die Aussage, daß etwas sein oder nicht sein soll, sowie daraus, daß etwas soll (folgt) nicht … daß etwas ist oder nicht ist"[63] und damit sei eine Bezugnahme von normativen Begriffen zu ontologischen Begebenheiten ein „naturalistisches Missverständnis".[64] Sein Ziel war die Trennung von Recht und Moral einerseits, die Abgrenzung zur Rechtssoziologie andererseits.[65] Seiner Ansicht nach kann man sich nicht empirisch auf Recht beziehen.[66] Alle Begriffe von Recht stellen sich als Ordnungen menschlichen Verhaltens dar.[67] Eine Ordnung sei dabei ein System von Normen, deren Einheit dadurch konstituiert wird, dass sie alle denselben Geltungsgrund haben; und der Geltungsgrund einer normativen Ordnung sei eine Grundnorm, aus der sich die Geltung aller zu der Ordnung

---

vom Objekt der Erkenntnis getrennt werden kann oder ob nicht die angewandte Methode der Wissenschaft und das unvermeidlich wertende Vorverständnis des Fragestellers den analysierenden Gegenstand mitbestimmt […]", ebd. Fn. 4 m.w.N.

[60] Eine Gleichstellung nimmt *Sternberg-Lieben*, in: Die objektiven Schranken der Einwilligung im Strafrecht vor, ebd. S. 75 ff.

[61] So *Sternberg-Lieben*, Die objektiven Schranken der Einwilligung im Strafrecht, S. 76.

[62] *Dreier*, Zum Begriff der Natur der Sache; die Feststellung trifft *Rüthers/Fischer/Birk* (Hrsg.), Rechtstheorie, S. 559.

[63] *Kelsen*, Reine Rechtslehre, S. 196.

[64] *Duttge*, Zur Bestimmung des Handlungsunwerts bei Fahrlässigkeitsdelikten, S. 362.

[65] *H. A. Métall*, in: „Hans Kelsen – Leben und Werk", S. 7 und 8. Es geht *Kelsen* auch um die Abgrenzung der Rechtswissenschaft als normative Wissenschaft von den Gesellschaftswissenschaften als kausal-explikative Wissenschaft. Eine anglo-amerikanische Entsprechung fand die Reine Rechtslehre in der Rechtstheorie von *Hart*, in: „The Concept of Law" von 1961. Das Werk *Harts* kann als Hauptwerk der breiten Strömung der anglo-amerikanischen analytical jurisprudence gelten. Hart möchte als externer Beobachter im Wege eines „essay in descriptive sociology" die Eigenart modernen Rechts bestimmen (s. *Hart*, The Concept of Law, S. 6.).

[66] *Kelsen*, Reine Rechtslehre, S. 72.

[67] *Kelsen*, Reine Rechtslehre, S. 72.

gehörigen Normen ableitet.[68] Dabei sieht *Kelsen* „keine Möglichkeit, Sein und Sollen als Einheit zu begreifen"; er beharrt darauf, „daß das Sein der historisch-sozialen Wirklichkeit und das Sollen des Rechts einander logisch, formal, ausschließen".[69] Der Unterschied zwischen Sein und Sollen könne nicht näher erklärt werden, er sei unserem Bewusstsein unmittelbar gegeben.[70] Nach *Vesting* führt die Unterscheidung von Sein und Sollen zu einer „Art Zwei-Welten-Lehre: Welt 1 ist die Welt der Rechtsnormen, die Welt des reinen Sollens. Welt 2 ist die Welt der Faktizität und der Seinstatsachen. In Welt 1 heißt es: ‚Du sollst nicht stehlen' (heute § 242 StGB), in Welt 2 wird aber dennoch gestohlen, etwa in Kaufhäusern, Tankstellenshops etc."[71] Die Rechtsordnung regelt das Verhalten eines Menschen nur insoweit, als es sich auf einen anderen Menschen bezieht. Die Beziehung kann dabei eine individuelle oder eine kollektive sein.[72] So sei „nicht nur, ja vielleicht nicht so sehr, das Interesse des konkreten Gläubigers, das durch die den Schuldner verpflichtende Rechtsnorm geschützt wird; es ist das von der Rechtsautorität angenommene Interesse der Rechtsgemeinschaft an der Aufrechterhaltung eines bestimmten Wirtschaftssystems"[73]. Bei *Kelsen* ist das – von der Wirklichkeit zu unterscheidende – Rechtssystem ein nach Prinzipien geordnetes Ganzes, die „innere Einheit" einer aus Rechtssätzen und Institutionen bestehenden Rechtsordnung.[74] Grundsätzlich kann diese Rechtsordnung als Stufenaufbau gedacht werden.[75] Innerhalb dieses Aufbaus lässt sich jede niedere Norm auf eine höhere zurückführen. Dieser Stufenaufbau hat jedoch – als konsequente Theorie gedacht – ein nicht unerhebliches Problem: Eine Verordnung beruht auf gesetzlicher Ermächtigung (Art. 80 GG). Das Bundesgesetz richtet sich nach den Kompetenzen des Grundgesetzes (Art. 70 ff. GG) sowie nach den dortigen inhaltlichen Vorgaben. Damit stellt sich dann jedoch die zwingende Frage, worauf die Verfassung beruht. Die reine Rechtslehre verfolgt das Ziel, dieses Problem der Staatslehre mit Hilfe des Rechtssatzbegriffes, also streng juristisch zu lösen.[76] Daher

---

[68] *Kelsen*, Reine Rechtslehre, S. 72.

[69] *Marcic*, „Rechtswirksamkeit und Rechtsbegründung", in: FS-Kelsen, S. 94. Er schreibt weiter „… obgleich er (*Kelsen Anm. d. Verf.*) den normativen qua inhaltlichen, materialen Zusammenhang weder leugnet noch leugnen will, noch kann."

[70] *Kelsen*, Reine Rechtslehre, S. 28.

[71] *Vesting*, Rechtstheorie, S. 1, wobei die Zwei-Welten-Lehre ursprünglich auf *Platon* zurückgeht. Dieser vertrat die ontologische These, dass die Ideen einer anderen Welt angehören als die Sinnesdinge. So sei die Welt der Ideen die „intelligible Welt", die Welt der Sinnendinge die „sinnlich wahrnehmbare Welt"; vgl. *Strobel*, „Zwei-Welten-Theorie", in: Horn/Müller/Söder (Hrsg.), Platon Handbuch, S. 367.

[72] *Kelsen*, Reine Rechtslehre, S. 74 f.

[73] *Kelsen*, Reine Rechtslehre, S. 75.

[74] *Canaris*, Systemdenken und Systembegriff in der Jurisprudenz, S. 11 ff., 13 ff.

[75] Ein historischer Überblick über die Entstehung dieser „Normenpyramide" bei *Vesting*, Rechtstheorie, S. 35 m.w.N., zur Herkunft des Begriffes „System" ebd. S. 39.

[76] *Walter*, Das Lebenswerk Hans Kelsens, in: FS-Kelsen, S. 1, nach *Walter* hat die Reine Rechtslehre das erklärte Ziel der politischen und methodischen Reinheit, ebd. S. 5, wobei politische Reinheit meint, dass diese Lehre keiner politischen Theorie verpflichtet sein möchte, sondern lediglich der Forschung und der Wahrheit. Unter methodischer Reinheit sei zu ver-

löst *Kelsen* dieses Problem der Letztbegründung[77], indem er eine Grundnorm als letzten Geltungsgrund des positiven Rechts statuiert. Diese These von der Grundnorm ist „ebenso legendär wie umstritten".[78]

Es bedürfe einer Grundnorm, welche „eine höhere Norm" im Verhältnis zu den „niederen Normen"[79] darstellt und Letzteren dadurch überhaupt zur Geltung verhilft.[80] Diese Grundnorm sei nicht durch einen positiven Rechtsakt gesetzt, vielmehr vorausgesetzt.[81] Ihr bedürfe es, „da aus dem was *ist* nicht geschlossen werden kann, was sein *soll*; sowie daraus, dass etwas sein *soll*, nicht folgen kann, dass etwas *ist*."[82] Die Grundnorm ist nach *Kelsen* Bedingung der Möglichkeit von Recht und Rechtswissenschaft. Die „normative Deutung rechtlichen Materials" setzt, so *Dreier* und *Paulson* „eine quasi-kantische Kategorie" voraus, eine Voraussetzung, die die Grundnorm erfüllt, „anhand derer sich die normative Dimension des Rechts bzw. deren Möglichkeit klären lässt".[83] *Kelsen* widerlegt auf diese Weise sowohl die Naturrechtslehren wie auch den herkömmlichen, die Rechtsgeltung auf Fakten zurückführenden Rechtspositivismus. Während also *Radbruchs* Grundnorm durch eine Schandgesetzklausel ergänzt werden könnte und in Form der Unerträglichkeitsklausel zumindest mittelbar auch ergänzt oder vielmehr eingeschränkt wurde, verwahrt sich *Kelsens* Grundnorm als rein transzendentallogische Bedingung per se gegen jegliche ethische Modifikation.[84] Diese höchste Norm muss vorausgesetzt sein, da sie nicht von einer Autorität gesetzt werden könne; deren Kompetenz wiederum durch eine höhere Norm begründet werden müsste.[85] Diese Grundnorm ist nichts anderes als eine Annahme, wodurch die Deutung und Beschreibung der effektiven Zwangsordnung als normative Ordnung möglich werden.[86] Diese Grundnorm, als Ur-Bedingung, gilt aus sich selbst heraus.[87] *Marcic* führt aus, „die Normenwelt besitz[e] eine spezifische Realität, die sich freilich in einer ganz anderen

---

stehen, dass diese Lehre nur eine dem Recht als normativen Gegenstand entsprechende normative Methode anwenden will und jede Vermischung von Methoden wegen der dadurch möglichen Unklarheit ablehnt. Daraus leitet sich weiterhin ab, dass auch ein Gesetz nicht *ist*, sondern *gilt*; vgl. *Marcic*, Rechtswirksamkeit und Rechtsbegründung, in: Kelsen-FS, S. 88.

[77] Für welche es nach dem Münchhausen Trilemma nur drei unbefriedigende Handlungsoptionen geben soll.

[78] *Funke*, in: Krüper (Hrsg.), Grundlagen des Rechts, S. 52.

[79] *Kelsen*, Reine Rechtslehre, S. 347.

[80] Dabei begreift *Kelsen* das Recht als eine normative Ordnung ist, also ein System von Normen, welche das Verhalten von Menschen regeln.

[81] *Kelsen*, Reine Rechtslehre, S. 98.

[82] *Kelsen*, Reine Rechtslehre, S. 346.

[83] *Dreier/Paulson*, in: „Einführung in die Rechtsphilosophie Radbruchs", S. 242.

[84] *Dreier/Paulson*, in: „Einführung in die Rechtsphilosophie Radbruchs", S. 242.

[85] *Börner*, Jura 2014, S. 1258 (1261).

[86] *Walter*, Das Lebenswerk Hans Kelsens: Die Reine Rechtslehre, in: FS-Kelsen, S. 4.

[87] *Marcic*, Rechtswirksamkeit und Rechtsbegründung, in: FS-Kelsen, S. 88.

Weise kundtut, als die Realität des griffigen Alltags"[88] und verdeutlicht mit dieser Aussage die Wirkung des Rechts auf der abstrakten Sollens-Ebene. „Warum nehmen wir an, dass von den beiden Akten („der Beschreibung des Befehls eines Straßenräubers und der Beschreibung des Befehls eines Rechtsorgans"[89]), die beide den subjektiven Sinn von Sollen haben, nur der eine objektiv eine gültige, das heißt verbindliche, Norm erzeugt? Oder mit anderen Worten: Was ist der Geltungsgrund der Norm, die wir als den objektiven Sinn dieses Aktes ansehen? Das (sei) die entscheidende Frage."[90]

Auch zeichnet sich das Recht in der Lehre *Kelsens* insbesondere durch den Charakter einer Zwangsordnung aus. „Die als Recht bezeichneten Gesellschaftsordnungen sind Zwangsordnungen menschlichen Verhaltens. Denn sie gebieten ein bestimmtes menschliches Verhalten, indem sie an das entgegengesetzte Verhalten einen Zwangsakt knüpfen, der gegen den sich so verhaltenden Menschen gerichtet ist."[91] „Dass das Recht eine Zwangsordnung ist, bedeutet nicht – wie dies mitunter behauptet wird -, dass es zum Wesen des Rechts gehört, das rechtmäßige, von der Rechtsordnung gebotene Verhalten zu „erzwingen". Dieses Verhalten wird nicht durch die Setzung eines Zwangsakts erzwungen, denn der Zwangsakt ist gerade dann zu setzen, wenn nicht das gebotene, sondern das verbotene, das rechtswidrige Verhalten erfolgt."[92] „Das Recht ist eine Zwangsordnung (…) in dem Sinne, dass es Zwangsakte, nämlich die zwangsweise Entziehung von Leben, Freiheit, wirtschaftlichen und anderen Gütern als Folgen der von ihm bestimmten Bedingungen statuiert."[93] Maßnahmen totalitärer Staaten, wie das Einsperren unerwünschter Personen in Konzentrationslager und sie zu beliebigen Arbeiten zu zwingen, selbst, sie zu töten, könne man „moralisch auf das schärfste verurteilen; aber man kann sie nicht als außerhalb der Rechtsordnung dieser Staaten stehend ansehen." Denn „ihrem äußeren Tatbestande nach stellen diese Akte die gleiche zwangsweise Entziehung von Leben, Freiheit, Eigentum dar wie die Sanktionen der Todes-, Freiheitsstrafe und Zivilexekution."[94] „Ein Verhalten, das rechtlich nicht verboten ist, ist – in diesem negativen Sinne – rechtlich erlaubt."[95] Aus diesem Grund kann jedes Verhalten eines Menschen als durch die Rechtsordnung geregelt angesehen werden[96], wobei zwischen einer positiv geregelten und einer negativ geregelten Freiheit unterschieden werden muss.[97] „Es gibt selbst unter einer noch so totalitären Rechtsordnung so etwas

---

[88] *Marcic*, Rechtswirksamkeit und Rechtsbegründung, in: FS-Kelsen, S. 89.

[89] *Marcic*, Rechtswirksamkeit und Rechtsbegründung, in: Die Reine Rechtslehre in Festschrift Hans Kelsen zum 90. Geburtstag, S. 96.

[90] *Kelsen*, Reine Rechtslehre, S. 97.

[91] *Kelsen*, Reine Rechtslehre, S. 76.

[92] *Kelsen*, Reine Rechtslehre, S. 79.

[93] *Kelsen*, Reine Rechtslehre, S. 80.

[94] *Kelsen*, Reine Rechtslehre, S. 88 f.

[95] *Kelsen*, Reine Rechtslehre, S. 91.

[96] *Kelsen*, Reine Rechtslehre, S. 91.

[97] *Kelsen*, Reine Rechtslehre, S. 91.

wie eine unveräußerliche Freiheit; nicht als ein dem Menschen eingeborenes, natürliches Recht, sondern als eine Konsequenz der technisch beschränkten Möglichkeit positiver Regelung menschlichen Verhaltens."[98] „Wert und Wirklichkeit – so
wie Sollen und Sein – in zwei verschiedene Sphären."[99] Es gibt einen „Rechtswert,
der durch die Rechtsnormen konstituiert wird".[100] Psychischer Zwang werde von
jeder Gesellschaftsordnung ausgeübt und sei kein das Recht von anderen Ordnungen
unterscheidendes Merkmal.[101]

Sowohl *Hart* als auch *Kelsen* trennen Recht und Moral und halten beide Systeme
für zwei unterschiedliche Normenordnungen, welche begrifflich zu trennen sind und
keinen inhaltlichen Bezug aufweisen.[102] Durchaus noch dem Rechtspositivismus
zugewandt, jedoch mit einem wertebasierten Substrat, ist die Meinung Radbruchs.
Dieser begründet, ähnlich wie *Kelsen,* die Geltung des Rechts mit einer Grundnorm.[103] Auch er geht zunächst von einer Trennung von Sein und Sollen aus,[104] führt
die Sein und Sollen-Dichotomie jedoch im weiteren Verlauf seiner Arbeit zusammen. So ist „Recht [...] ein Seinsgebilde, welches dem Rechtswerte, der Rechtsidee
zum Substrat und Schauplatz dient."[105] Nach *Radbruch* ist später „Der Rechtsbegriff
[...] also ausgerichtet an der Rechtsidee."[106] „Die Rechtsidee selber aber, das kon-
stitutive Prinzip und der Wertmaßstab für die Rechtswirklichkeit, gehört dem be-
wertenden Verhalten an."[107] Der positivistischen Machttheorie gibt *Radbruch* eine

---

[98] *Kelsen*, Reine Rechtslehre, S. 94.

[99] *Kelsen*, Reine Rechtslehre, S. 18, 19; die grundsätzliche Unterscheidung zwischen Sollen
und Sein findet sich bereits in „Hauptproblem der Staatsrechtslehre", S. 6 und „Über Grenzen
zwischen juristischer und soziologischer Methode", S. 6 ff.

[100] *Kelsen*, Reine Rechtslehre, S. 81.

[101] *Kelsen*, Reine Rechtslehre, S. 80.

[102] *Hart*, Der Begriff des Rechts.

[103] *Radbruch* selbst sieht in der Frage der Grundnorm eine Parallele zu *Kelsen* und stellt in
der „Rechtsphilosophie" S. 82 Fn. 8 fest, dass *Kelsen* sagt, „daß durch die Grundnorm als
rechtserzeugende Autorität nur eine solche eingesetzt werden kann, deren Normen im Großen
und Ganzen Gehorsam finden", und dass *Kelsen* in der Grundnorm „die Transformation der
Macht zu Recht" findet. *Kelsen*, in: „Die philosophischen Grundlagen der Naturrechtslehre und
des Rechtspositivismus", S. 338, 339, weist allerdings ausdrücklich darauf hin, dass „der positive Jurist bei der Bestimmung der Grundnorm von der Tendenz geleitet ist, möglichst viel der
empirisch gegebenen Akte, die subjektiv als Rechtsakte – sei es der Rechtserzeugung, sei es der
Rechtsvollziehung – auftreten, die sogenannte historisch-politische Wirklichkeit, auch objektiv
als Recht zu begreifen ...". Aus diesem Grund bedeutet die Grundnorm die Transformation der
Macht zu Recht, allerdings auch nur „in einem gewissen Umfang". Ebenso *Schlüter*,
G. Radbruchs Rechtsphilosophie und H. Kelsens reine Rechtslehre, S. 232.

[104] Den Gesprächen und Diskussionen mit *Levy* und *Lask* verdankte *Radbruch* eine erste
Annäherung an die Südwestdeutsche Schule des Neukantianismus. *Levy* und *Lask* überzeugten
ihn von dem Kantischen Dualismus von Sein und Sollen, Wirklichkeit und Wert und von den
darauf begründeten Lehren *Windelbands* und *Rickerts*, vgl. *Schlüter*, Radbruchs Rechtsphilosophie und H. Kelsens reine Rechtslehre, S. 28

[105] *Radbruch*, Grundzüge der Rechtsphilosophie, S. 39.

[106] *Radbruch*, Rechtsphilosophie, S. 123.

[107] *Radbruch*, Rechtsphilosophie, S. 95.

wertephilosophische Basis.[108] Darin unterscheidet er sich eindeutig von *Kelsens* reiner Rechtslehre. Aufgrund dieser wertphilosophischen Basis ist Moral für *Radbruch* ein Ziel der Rechtsordnung, ihr Zweck und Geltungsgrund.[109] So wird die Moral ein Bestandteil des Rechtssystems. Sie begründet überhaupt erst die verpflichtende Kraft des Rechts, ohne jedoch dessen Eigenständigkeit zu gefährden.[110] Auch soziale Gepflogenheiten wirken auf das Rechtssystem ein: Wo das kaufmännische Bestätigungsschreiben nicht als Handelsgebrauch bekannt ist, kann es keine Rechtsregel werden und damit auch niemals rechtliche Bindungswirkung entfalten. Was *Kelsen* als Willensakte und Deutungsschemata formalisiert, setzt in Wahrheit eine „lebendige Infrastruktur aus selbstorganisierten Konventionen und Handlungsmustern"[111] voraus.[112] „Der Konflikt zwischen der Gerechtigkeit und der Rechtssicherheit dürfte dahin zu lösen sein, dass das positive, durch Satzung und Macht gesicherte Recht, auch dann den Vorrang hat, wenn es inhaltlich ungerecht und unzweckmäßig ist, es sei denn, dass der Widerspruch des positiven Gesetzes zur Gerechtigkeit ein so unerträgliches Maß erreicht, dass das Gesetz als ‚unrichtiges Recht' der Gerechtigkeit zu weichen hat."[113]

In Anlehnung an dieses wertebasierte Substrat hat der Schüler *Radbruchs, Arthur Kaufmann,* Abstand von der „Rechtsidee" genommen. Seiner Meinung nach sind „das Primäre der Mensch, das Sekundäre die Rechtsidee."[114] Nach *Kaufmann* sind Naturrechtlichkeit und Positivität die beiden gestaltenden Seinsprinzipien des Rechts.[115] In ihrer Polarität bringen sie nichts Anderes zum Ausdruck als das Verhältnis von Rechtsgültigkeit und Rechtswirksamkeit[116] und werfen damit die Frage nach der ontologischen Struktur des realen Rechts auf.[117] Dabei erfassen „monistische Rechtstheorien [...] nur jeweils eine Seite der Rechtsrealität: der Positivismus nur die existenzielle, die idealistische Naturrechtsdoktrin nur die essentielle."[118] „Demzufolge darf das Verhältnis zwischen positiver Satzung und Naturrecht weder als das der Alternativität, des gegenseitigen Ausschlusses, noch als das der Identität, des notwendigen Ineinsfallens, aufgefasst werden, es ist vielmehr zu verstehen als das Verhältnis der Polarität, also einer gegenseitigen Beziehung, Ergänzung und Unterstützung."[119] „Wie die Pole von Mann und Frau, so fordern Naturrechtlichkeit

---

[108] *Radbruch*, Rechtsphilosophie, S. 182, 81, 82.

[109] *Radbruch*, Rechtsphilosophie, S. 44.

[110] *Radbruch*, Rechtsphilosophie, S. 44.

[111] *Vesting*, Rechtstheorie, S. 21 m.V. auf *Ladeur*, Der Staat gegen die Gesellschaft, 27 f.

[112] *Vesting*, Rechtstheorie, S. 21 m.V. auf *Ladeur*, Der Staat gegen die Gesellschaft, 27 f.

[113] *Radbruch*, Gesetzliches Unrecht und übergesetzliches Recht; wieder abgedruckt, in: ders., Rechtsphilosophie, S. 345.

[114] *Kaufmann*, Rechtsphilosophie, S. 135–150.

[115] *Kaufmann*, Das Schuldprinzip, S. 43.

[116] *Kaufmann*, Das Schuldprinzip, S. 43 m.w.N.

[117] *Kaufmann*, Das Schuldprinzip, S. 44.

[118] *Kaufmann*, Das Schuldprinzip, S. 44.

[119] *Kaufmann*, Das Schuldprinzip, S. 87.

und Positivität sich gegenseitig, um das reale und gültige Recht hervorzubringen."[120]
Wir haben nach *Kaufmann* „... Grund, von der Existenz überzeitlicher und absoluter
Rechtsgehalte, die aller Positivierung bindend vorausliegen, überzeugt zu sein. Im
Laufe der Jahrhunderte und Jahrtausende sind eine ganze Reihe solcher unverän-
derlichen Prinzipien der Gerechtigkeit herausgearbeitet worden: das Gleichheits-
prinzip, die Regel des ‚suum cuique', das Gebot ‚neminem laedere', das Tötungs-
verbot und nicht zuletzt das Schuldprinzip. Auch die meisten der sogenannten
Grund- und Menschenrechte dürften hierher zu zählen sein."[121] *Kaufmann* führt an,
dass in China schon in der Tang-Dynastie vor rund 1200 Jahren im Strafrecht eine
ganze Reihe rechtsstaatlicher und naturrechtlicher Grundsätze verwirklicht wurden,
darunter auch das Prinzip des „nulla poena sine lege".[122] Nach *Kaufmann* würde eine
naturrechtliche fundierte internationale Rechtsvergleichung zeigen, dass es in der Tat
so etwas wie ein „allgemeines Rechtsbewusstsein der Menschheit gibt".[123]

Mit *Radbruch* und *Kaufmann* wurde nun bereits eine Ansicht dargestellt, welche
sich von einem strengen Rechtspositivismus entfernt und naturrechtliche Ansichten
als ebenso maßgeblich für die Begreifung des Rechts angesehen hat.[124] Er trennte –
im Gegensatz zu *Kelsen* und *Hart* – das Recht nicht vollständig von der Realität, dem
Menschsein. Ansätze, die Recht als etwas dem Menschsein Vorgegebenes bezeichnen, nennen sich naturrechtliche Ansätze.

c) Naturrechtliche Ansätze

Obwohl beide Autoren der Moral im Recht eine gewisse Geltung zuschreiben,
grenzen sich sowohl *Radbruch* als auch *Kelsen* ausdrücklich von naturrechtlichen
Ansätzen ab. Naturrecht (ius naturae, ius naturale, lex naturae, lex naturalis)[125]
entstand schon bei den alten Griechen und ist zunächst „die Behauptung, dass etwas
Recht sein muss oder nicht Recht sein kann, weil es der Natur der Menschen ent-

---

[120] *Kaufmann*, Das Schuldprinzip, S. 87.

[121] *Kaufmann*, Das Schuldprinzip, S. 110; auf der folgenden Seite verweist er auf *Forsthoff*,
welcher bemerkt, dass „die genealogische Priorität der Sprache [...] alle Versuche, formulierte
Einsichten, Sätze und Grundsätze des Rechts zur ewigen Wahrheit, zur zeitlosen Gültigkeit
zuerheben, von vorneherein zunichte [macht]; denn mit der Sprachgestalt geht auch ihr Inhalt in
die Sinnlichkeit, in die Zeitlichkeit ein und wird dem Verständnis im Wege nachschaffenden
Sinnvollzugs anheimgegeben." *Forsthoff*, Recht und Sprache, S. 15.

[122] *Kaufmann*, Das Schuldprinzip, S. 84.

[123] *Kaufmann*, Das Schuldprinzip, S. 85.

[124] Das positive Gesetz erscheint nur auf den ersten Blick als dem Naturgesetz entgegengesetzt. Tatsächlich bestehen natürlich diverse Überschneidungen und die wohl bedeutendste
Frage in diesem Zusammenhang ist, ob überhaupt und an welchem Punkt das positive Recht
aufgrund einer Kollision mit naturrechtlichen Prinzipien seinen Geltungsanspruch verliert; vgl.
Schwab, Der Staat im Naturrecht der Scholastik, in: Klippel (Hrsg.), Naturrecht und Staat, S. 2.

[125] Darüber hinaus existiert der Begriff des ius gentium, welcher sich, in Abgrenzung zu den
klassischen Naturrechtsbegriffen, nur auf die menschliche Rechtsordnung bezieht, vgl. *Schwab*,
Der Staat im Naturrecht der Scholastik, in: Klippel (Hrsg.), Naturrecht und Staat, S. 2.

spricht oder widerspricht".[126] „Das Recht liegt danach im Menschen begründet, es ist gerade nicht abstrakt sondern Teil des menschlichen Wesens."[127] Das Naturrecht – oder seine verschiedenen Ausprägungen – haben als Grundgehalt „die Idee des wahren ansichseienden Rechts".[128] Anhänger des Naturrechts sehen es mehr oder weniger als erwiesen an, dass die Menschheit sich bemüht, ein vorgegebenes Ideal zu verwirklichen und messen daher rechtliche Erscheinungen an höherrangigen, kritischen Stimmen zufolge ‚überirdischen' Grundsätzen.[129] Nach *John Locke* steht jedem Individuum losgelöst von seiner gesellschaftlichen Einbindung das Recht auf Leben, Freiheit und Eigentum zu.[130] Trotz seiner grundsätzlichen Ablehnung des Naturrechts erkennt *Welzel* gewisse „sachlogische Strukturen" an, „die im ganzen Rechtsstoff stecken und die jeder positiven Regelung vorgegeben sind."[131] So gäbe es ‚ewige Wahrheiten', an die jeder Gesetzgeber gebunden sei[132]; er muss nicht nur die Gesetze der physischen Natur beachten, „sondern [muss] auch bestimmte sachlogische Strukturen im Objekt seiner Regelung" in seine Bewertung einbeziehen.[133] „Die universalistische Position hat bekanntlich ihr Gewicht, denn nicht umsonst sei sie zum Grundstein unserer freiheitlichen Verfassungen geworden und wurde 1948 von den Vereinten Nationen mit global gültigem Anspruch übernommen."[134] Im Hinblick auf die Abgrenzung zwischen Recht und Moral vertreten Naturrechtler in der Regel die Meinung, dass zwischen beiden Systemen keine klare Grenze besteht. Auch das StGB und das BGB beziehen sich mit ihren Verweisen auf die guten Sitten auf eine über dem positiven Recht stehende Wertordnung als Bestandteil des geltenden Rechts.[135] Dies zeigt, dass moralische Fragen für das Recht immer bedeutsam sind: Das Naturrecht selbst wird als „Moral im Recht" gedeutet.[136]

---

[126] *Wesel*, Geschichte des Rechts in Europa, S. 40. Nach *Schwab* stellt das Naturrecht allerdings keinen rein rechtlichen Begriff dar, sondern spricht von einer „natürliche(n) Seinsordnung im allgemeinsten Sinne, die natürliche Ethik eingeschlossen." *Schwab*, Der Staat im Naturrecht der Scholastik, in: Klippel (Hrsg.), Naturrecht und Staat, S. 1 f.

[127] So – wörtlich – *Pohl*, Zur Universalität und Relativität von Ethik und Menschenrechten im Dialog mit China, in: von Hoffmann (Hrsg.), Universalität der Menschenrechte, S. 119.

[128] *Wolf*, Naturrechtslehre, S. XI, 155 ff., ebenso *Welzel*, Naturrecht und materiale Gerechtigkeit, S. 8.

[129] *Lévy-Bruhl*, Soziologische Aspekte des Rechts, S. 30.

[130] *Hoffmann*, Universalität der Menschenrechte: kulturelle Pluralität, S. 118.

[131] *Welzel*, Naturrecht und materielle Gerechtigkeit, S. 198.

[132] *Welzel*, Naturrecht und materielle Gerechtigkeit, S. 198.

[133] *Welzel*, Naturrecht und materielle Gerechtigkeit, S. 197.

[134] *Pohl*, Zur Universalität und Relativität von Ethik und Menschenrechten im Dialog mit China, in: von Hoffmann (Hrsg.), Universalität der Menschenrechte, S. 119.

[135] *Raiser*, Aufgaben der Rechtssoziologie als Zweig der Rechtswissenschaft, in: Zeitschrift für Rechtssoziologie, S. 10.

[136] *Weinberger*, Norm und Institution, S. 84.

d) Rechtssoziologische Ansätze

Die Rechtssoziologie löst die scharfe Trennung zwischen dem Recht als normativer Wissenschaft und dem Faktischen auf. Sie sieht die Realität als Geltungsgrund der Rechtsordnung, nimmt dabei aber Bezug auf die Kommunikation und das menschliche Zusammenleben. Das Recht würde nicht so bestehen, wenn die Gesellschaft aus sich heraus nicht die Normen entwickeln würde, welche in den Gesetzen nur niedergeschrieben werden. So erfolge auch das Strafrecht durch das Rechtssystem als Teil des Gesellschaftssystems und damit innerhalb der Gesellschaft.[137] In Abgrenzung zum Naturrecht sieht die (Rechts-)Soziologie das Verhältnis von Gesellschaft und Recht zwar auch als unlösbar, geht jedoch davon aus, dass jede Gesellschaft über eine Ordnung verfügt, jedoch nicht, dass gewisse Normen für alle Gesellschaften gelten.[138] Vielmehr könne aus dem Bestehen einer Gesellschaft überhaupt nicht auf die Geltung bestimmter Normen geschlossen werden.[139] Aus diesem Grund schreibt *Welzel*, die Rechtswissenschaft müsse durch die gesetzlichen Begriffe hindurch zu den realen Lebensgestaltungen hinabsteigen.[140] Diese Forderung ist notwendig, denn „während die Kausalwissenschaften oder explikativen Disziplinen Naturgesetze zu gewinnen bestrebt sind, nach denen die Vorgänge des sozialen Lebens tatsächlich geschehen und ausnahmslos geschehen müssen, sind Ziel und Gegenstand der normativen Disziplinen, die keineswegs irgendein tatsächliches Geschehen erklären wollen, lediglich Normen, aufgrund deren etwas geschehen soll, aber durchaus nicht geschehen muss, ja vielleicht tatsächlich nicht geschieht."[141] Aus dem Schisma, das *Kant* zwischen Sein und Sollen gesetzt hat, „wütet geradezu die Schizophrenie: Jurisprudenz – Soziologie. Mehr noch: ‚Rechtssoziologie' klingt in den Ohren der Juristen wie der Name eines Bastards, den die Pole einer vollständigen Alternative gezeugt haben."[142] Dieses Schisma versucht die Rechtssoziologie aufzulösen: Ihr erklärtes Ziel ist die Auflösung der Dichotomie zwischen Sein und Sollen. Sie versteht Recht als eine Wissenschaft, die aus sozialen Begebenheiten heraus erwächst, sie ist „Form und Ausdruck des jeweiligen Gesellschaftszustandes".[143] So untersucht die Rechtssoziologie die Wechselwirkungen zwischen Recht und der sozialen Wirklichkeit.[144] Einerseits betrachtet sie den

---

[137] *Jakobs*, ZStW 107 (1995), S. 846.

[138] *Luhmann*, Rechtssoziologie Band I, S. 11. In *Luhmanns* Text ist ausdrücklich von „Rechtsordnung" statt wie hier von „Ordnung" die Rede, ebenso verhält es sich mit dem Begriff der Norm (hier), welche Luhmann als „Rechtsnorm" bezeichnet. Der Rechtsbegriff steht jedoch gerade in Frage, sodass ich an dieser Stelle abstrakter von „Ordnung" und „Norm" spreche.

[139] *Luhmann*, Rechtssoziologie Band I, 3. Auflage, S. 11.

[140] *Welzel*, Naturalismus und Wertphilosophie im Strafrecht, S. 74 ff.

[141] *Kelsen*, Über Grenzen zwischen juristischer und soziologischer Methode, S. 5, 11.

[142] *Marcic*, „Rechtswirksamkeit und Rechtsbegründung", in: FS-Kelsen, S. 86 mit Verweis auf *Kelsen*, Das Problem der Souveränität und die Theorie des Völkerrechts, S. 85 ff., insb. S. 92.

[143] *Luhmann*, Rechtssoziologie Band I, S. 12.

[144] *Trappe*, Die legitimen Forschungsbereiche der Rechtssoziologie, in: Geiger (Hrsg.), Vorstudien zu einer Soziologie des Rechts, S. 15.

Einfluss der Gesellschaft auf das (positive) Recht[145], andererseits den Einfluss von Normen auf die soziale Wirklichkeit.[146] So spricht auch *Savigny* vom „organischen Zusammenhang des Rechts mit dem Wesen und Charakter des Volkes."[147] Das Recht entstehe nach der Meinung von *Savigny* aus dem Volk selbst heraus. Die Rechtssoziologie setzt sich kritisch mit einem strengen Rechtspositivismus auseinander. Ihrer Ansicht nach sollen klassische Juristen „nur zu leicht geneigt [sein], die Probleme, mit denen sie zu tun haben, als reine Techniker anzugehen. Von Ausnahmen abgesehen reicht ihr Horizont über Gesetzestexte und Entscheidungssammlungen nicht hinaus."[148] Wie auch *Hirsch* konstatiert, „fällt es Theoretikern des Rechts nach wie vor schwer, sich aus der – gedanklich bequemeren und wissenschaftlich schwer überprüfbaren – rein normativen Vorgehensweise zu lösen".[149] Diese Haltung der Juristen führt zu einer Aufrechterhaltung einer Trennung von dem Faktischen und dem Normativen. Solange das so gesehen wird, führt auch keine Brücke von der als Seinswissenschaft verstandenen Soziologie zur normativen Jurisprudenz.[150] Nach *Luhmann* kann die Soziologie das Recht allerdings nur von außen betrachten, aber selbst keine Rechtsfragen entscheiden.[151] Dagegen lässt sich einwenden, dass das Recht selbst eine doppelte Natur aufweise: Es sei zugleich Sinnträger und Handlungsmuster.[152] *Weber* navigierte die Rechtssoziologie nah an das methodologische Fahrwasser des Neukantianismus heran[153], ihm ging es jedoch gerade um die soziologische Analyse der Einheit der Differenz von Normen und Fakten. Für ihn existierten zwischen dem Sollen und dem Faktischen Vermittlungen und Überlappungen, wie er sie beispielsweise in dem Traditionsbegriff akzentuierte.[154]

Soziale Erscheinungen haben soziale Ursachen und Rechtsvorschriften, als Gruppen- und nicht Individualäußerungen, besitzen eine Gegenständlichkeit, die sie wissenschaftlicher Untersuchung zugänglich macht.[155] Zwar sind Gesetze und gewohnheitsrechtliche Regelungen zahlreich und vielschichtig, sie entspringen aber nicht der Laune eines oder mehrerer Menschen, sondern sind Ausdruck eines Kol-

---

[145] *Zippelius*, Grundbegriffe der Rechts- und Staatssoziologie, §§ 11 f.

[146] *Zippelius*, Grundbegriffe der Rechts- und Staatssoziologie, §§ 11 f.

[147] *Savigny*, Vom Beruf unsrer Zeit, S. 11.

[148] *Lévy-Bruhl*, Soziologische Aspekte des Rechts, Einleitung.

[149] *Hirsch*, in: ZStW 93 (1981), 850.

[150] *Raiser*, „Aufgaben der Rechtssoziologie als Zweig der Rechtswissenschaft", in: Zeitschrift für Rechtssoziologie, S. 3.

[151] *Luhmann*, Die soziologische Beobachtung des Rechts, S. 19.

[152] *Raiser*, Aufgaben der Rechtssoziologie als Zweig der Rechtswissenschaft, in: Zeitschrift für Rechtssoziologie, S. 3, mit Verweis auf *Habermas*, Faktizität und Geltung, S. 146.

[153] *Vesting*, Rechtstheorie, S. 2.

[154] *Vesting*, Rechtstheorie, S. 3 mit Verweis auf *Breuer*, Max Webers Herrschaftssoziologie, 1991, 71 ff., 75.

[155] *Lévy-Bruhl*, Soziologische Aspekte des Rechts, S. 31.

lektivwillens.[156] Da es eben nicht von einzelnen Launen abhängt, sondern von beobachtbaren und fassbaren, bis zu einem gewissen Grad berechenbaren Umständen, sei eine echte Wissenschaft möglich.[157] Es sollte stärker ins Bewusstsein gebracht werden, dass vor aller juristischen Wertung erst einmal die Strukturen der in der Wirklichkeit vorzufindenden Phänomene zu analysieren sind.[158] Auch *Geiger* differenziert zwischen der normativen Sichtweise der Rechtswissenschaft und einer „geselligen Ordnung", wobei die tatsächliche Ordnung nicht auf das „Gefüge aufgestellter Normen oder Regeln" zurückgehe.[159] Weiterhin unterscheidet er zwischen einer habituellen und einer statuierten Ordnung, rechtlich gesprochen zwischen positivem Recht und Gewohnheitsrecht.[160] Dabei ist „die Realordnung [...] in einen Fall aus dem Leben selbst hervorgewachsen, habituell als subsistente Norm verfestigt und dann im Normsatz ausgedrückt. Im anderen Fall ist die Realordnung durch den Normsatz eingeführt oder statuiert. Der Normsatz proklamiert die subsistente Norm."[161]

Auch der soziologischen Systemtheorie geht es gerade darum, die wechselseitige Entfremdung von normativen und empirischen Wissenschaften abzubauen. So bezieht *Luhmann* Rechtsnormen ausdrücklich auf faktisches Erleben in Form von Erwartungsstrukturen der sozialen Realität; es geht ihm gerade um tatsächliches Erleben und Kommunizieren.[162] Er definiert weiter den Begriff der Rechtsnorm funktional als „kontrafaktische stabilisierte Verhaltenserwartung".[163] Diese sei bestimmt durch die Entschlossenheit, aus Enttäuschungen nicht zu lernen.[164] Rechtsnormen sind nach *Luhmann* „enttäuschungsfeste", „bockige" Erwartungen im Unterschied zu kognitiven Erwartungen, die Lernen und Offenheit für faktische Um-

---

[156] *Lévy-Bruhl*, Soziologische Aspekte des Rechts, S. 31, er schreibt weiter, dass das Recht ein Spiegel der gesellschaftlichen Bedürfnisse darstelle und mehr noch als Religion, Sprache oder Kunst die innerste Natur eine Gruppe enthülle.

[157] *Lévy-Bruhl*, Soziologische Aspekte des Rechts, S. 31 f., er grenzt zuvor Wissenschaft und Technik voneinander ab und meint mit Wissenschaft eine „Wissenschaft um der Wissenschaft willen", welche die Rechtswissenschaft auf den ersten Blick nicht sein könne, da Recht grundsätzlich zu einem bestimmten Zweck forscht; mithin eine Technik darstellt.

[158] *Welzel*, Naturalismus und Wertphilosophie im Strafrecht, S. 74 ff.

[159] *Geiger*, Vorstudien zu einer Soziologie des Rechts, S. 20.

[160] *Geiger*, Vorstudien zu einer Soziologie des Rechts, S. 21 f.

[161] *Geiger*, Vorstudien zu einer Soziologie des Rechts, S. 22. Zuvor führt er folgendes Beispiel an: „Von Urzeiten her ist es bei einem Volksstamm üblich gewesen, daß der des Weges Wandernde für sich und sein Pferd zum Verzehr auf der Stelle von Acker und Baum nehme. Dieses Gebarensmodell ist als Realordnung eingespielt und als subsistente Norm lebendig. Es erschiene unziemlich, nähme der Wanderer mehr, als er auf der Stelle verzehrt, oder verwehrte der Eigentümer ihm sich satt zu essen. Die Sitte findet eines Tages aus besonderem Anlaß Ausdruck in der Sittenregel: ‚Drei sind frei.' Damit ist die subsistente Norm in einem Normsatz ausgedrückt und verfestigt."

[162] *Luhmann*, Das Recht der Gesellschaft, S. 133 Fn. 18.

[163] *Luhmann*, Das Recht der Gesellschaft, S. 134 Fn. 80.

[164] *Luhmann*, Das Recht der Gesellschaft, 1993, S. 134 Fn. 80; ähnlich *ders.*, Ausdifferenzierungen des Rechts, S. 17, 115, 210 ff., 212.

weltveränderungen ermöglichen.[165] Bestimmte Verhaltensmuster des Einzelnen in der Kommunikation mit anderen bezeichnet die Sozialwissenschaft als Handlungsnormen. Ihre Erforschung gehört zu den wesentlichen Gegenständen der Soziologie. Beziehungen verschiedenster Art kommen nur zustande, wenn alle Beteiligten bereit sind, die mit ihrer Rolle verknüpften Verhaltensstandards und -stereotype einzuhalten.[166] Geschieht dies nicht, wird also die prinzipielle Bindung an Normen durch abweichendes Verhalten durchbrochen, entwickeln sich Überraschung und Unsicherheit, vielleicht sogar Spannungen und Konflikte. Innerhalb einer verschieden großen Toleranzspanne wird dieses unvorhergesehene und nicht konforme Verhalten in zwischenmenschlichen Beziehungen geduldet.[167] Die Fortdauer der Beziehung wird erst gefährdet, wenn das Verhalten so unberechenbar wird, dass der Partner sich generell nicht mehr darauf einrichten kann, wenn also der Zustand der Anomie eintritt.[168] Jedoch ist, wie wir seit *Durkheim* wissen, abweichendes Verhalten normal und als dynamisches Element zu sehen, welches eine Beziehung davor bewahrt zu verknöchern.[169] Die Lehre vom abweichenden Verhalten ist wesentlicher Bestandteil der Kriminalsoziologie, welche sich jedoch eher auf den Bruch strafrechtlicher Normen konzentriert. Von solchen kann eine Abweichung in der Regel nicht geduldet werden.[170] Eine Schlussfolgerung lautet daher: Recht ist ein Sonderfall sozialer Normen, eine allgemeine Grundeinsicht, die heute allgemein anerkannt und Basis empirischer Forschung ist.

e) Prinzipientheorie

Einen weiteren Ansatz zu dem Verhältnis von Sein und Sollen, zu der Frage, ob, und wenn ja inwieweit das Recht Bezug auf die Moral oder das Faktische nimmt, stellt die Prinzipientheorie dar. Zentrales Argument gegen einen harten, exklusiven Rechtspositivismus[171] ist im Rahmen dieser die Feststellung, dass die Rechtsan-

---

[165] *Luhmann*, Das Recht der Gesellschaft, S. 77 ff., 84 ff., wobei er hinsichtlich der Unterscheidung zwischen normativen und kognitiven Erwartungen an *Galtung* anschließt, *J. Galtung*, Expectations and Interaction Processes. Inquiriy 2 (1959), S. 213–234 (225 ff.). Ebenso *Jakobs*, „die Straftat wird [...] als fehlerhafte Kommunikation [wahrgenommen], wobei der Fehler dem Täter als sein Verschulden zugerechnet wird [...] die Gesellschaft hält an den Normen fest und weigert sich, sich neu zu begreifen", *ders.*, in: ZStW 107 (1995), S. 844.

[166] *Raiser*, Das lebende Recht, S. 178.

[167] *Raiser*, Das lebende Recht, S. 178 f. mit Verweis auf die Arbeiten von *Emile Durkheim*.

[168] *Raiser*, Das lebende Recht, S. 179.

[169] *Raiser*, Das lebende Recht, S. 179.

[170] *Raiser*, Das lebende Recht, S. 179 f. mit Verweis auf *Wiswede*, Soziologie abweichenden Verhaltens; *Cohen*, Abweichung und Kontrolle; *Opp*, Abweichendes Verhalten und Gesellschaftsstruktur; *Lamneck*, Neue Theorien abweichenden Verhaltens; *Amelung*, Sozial abweichendes Verhalten; *Lüderssen/Sack*, Seminar abweichendes Verhalten; *v. Trotha*, Recht und Kriminalität.

[171] D.h. ein klassischer Rechtspositivismus, der der strikten Trennung von Sein und Sollen entspricht. Daneben besteht die Theorie des inklusiven oder weichen Rechtspositivismus, wonach Recht mit Moral zumindest verbunden sein kann. *Funke*, in: Krüper, Theorie des

wendung insbesondere in schwierigen Fällen notwendigerweise auf moralische und andere außerrechtliche Erwägungen Bezug nimmt.[172] Vor dem Hintergrund dieser Aussage kritisierte *Ronald Dworkin* nachhaltig *Harts* rechtspositivistische Trennung von Sein und Sollen.[173] Im Groben soll nach *Dworkin* die bloße Existenz von moralischen Prinzipien als moralische Bausteine des Rechts die Trennung von Recht und Moral widerlegen. So könne der Rechtspositivismus aufgrund des Wertbezugs von im Recht existierenden Prinzipiennormen kein taugliches Erklärungsmodell sein.[174] „[Ein Rechtsprinzip] gibt einen Grund an, der ein Argument in eine bestimmte Richtung ist, der aber nicht eine bestimmte Entscheidung notwendig macht."[175] Nach *Dworkin* sind sowohl Rechtsregeln als auch Rechtsprinzipien gültige Bausteine des Rechts, welche ihre Rechtfertigung aus der „Gerechtigkeit oder Fairness oder einer anderen moralischen Dimension"[176] entnehmen. Moral und andere Werte sind daher nicht vom gesetzten Recht zu trennen. Vielmehr sei das Recht „in Wirklichkeit mit der Moral verzahnt: Juristen und Richter sind die praktizierenden politischen Philosophen des demokratischen Staates."[177]

Mit Bezug auf *Dworkin* und die Existenz von Prinzipien, daher außerrechtliche Bezugnahmen auf das Moralische im Recht bejahend, hat *Alexy* eine grundlegende normentheoretische Differenz herausgearbeitet, wonach Normen entweder Regeln oder Prinzipien sind.[178] Nach *Alexy* sind Normen im Sinne von Regeln solche, die entweder erfüllt sind oder nicht, sie ordnen eine Rechtsfolge an. Normen im Sinne von Prinzipien seien dagegen Optimierungsgebote.[179] Er hat die Tradition der analytischen Rechtsphilosophie mit der Diskurstheorie verknüpft.[180] Diese erhebt den Anspruch, universal-gültige Aussagen zu ethischen Fragen aufstellen zu können.[181]

Rechts, S. 54 mit Verweis auf *Marmor*, The Oxford Handbook of Jurisprudence & Philosophy of Law, S. 104 ff.

[172] *Funke*, in: Krüper, Theorie des Rechts, S. 54.

[173] *Funke*, in: Krüper, Grundlagen des Rechts, S. 49; *Dworkin*, Taking Rights Seriously, 1977.

[174] *Koller*, Theorie des Rechts, S. 127 f.

[175] *Dworkin*, Bürgerrechte ernst genommen, S. 60.

[176] *Dworkin*, Bürgerrechte ernst genommen, S. 55.

[177] *Dworkin*, Gerechtigkeit für Igel, S. 700.

[178] *Funke*, in: Krüper, Grundlagen des Rechts, S. 60; *Alexy*, Theorie der Grundrechte, S. 75 ff.

[179] *Funke*, in: Krüper, Grundlagen des Rechts, S. 60; *Alexy*, Theorie der Grundrechte S. 75 ff.; *ders.*, Grundrechte, Prinzipien und Argumentation, S. 21 ff.; *Sieckmann*, Recht als normatives System, S. 19 ff. Eine ausführliche Darstellung dieser Problematik gibt *Sieckmann* auch in: ders., Regelmodelle und Prinzipienmodelle des Rechtssystems; außerdem *Poscher*, RW (Heft 4) 2010, S. 350: „Während Regeln eine Rechtsfolge definitiv anordnen, sähen Prinzipien ihre Rechtsfolgen nur prima facie vor".

[180] *Alexy*, Begriff und Geltung des Rechts; *Alexy*, Recht, Vernunft, Diskus; *Alexy*, Theorie der Grundrechte.

[181] *Rüthers/Fischer/Birk*, Rechtstheorie mit juristischer Methodenlehre, S. 369, die Diskurstheorie hat im Bereich der philosophischen Ethik eine noch andauernde Diskussion aus-

Sie geht zurück auf *Sokrates* und den Gedanken, dass durch freien Diskurs Konsens der Diskussionsteilnehmer erzielbar sei. Notwendig ist dafür (nur), dass sich jeder Diskussionsteilnehmer sachlich, aufrichtig, intelligent und gutwillig beteiligt. Es geht um eine „Ethik der Kommunikation".[182] Die Begründer der Diskurstheorie sind der Auffassung, die Forderung nach der Begründung einer Aussage durch Regeln über die Begründungstätigkeit ersetzen zu können, daher die Frage nach der Wahrheit in eine Frage nach einem richtigen Verfahren umzuwandeln.[183] Gleichzeitig geht man von Wahrheit durch Konsens aus; sieht Wahrheit daher nicht an als das eine Richtige, welches es zu finden gelte. Vielmehr sei Wahrheit der gemeinsame Nenner der am Diskurs Beteiligten. *Habermas* erweitert diese Anforderungen, es müsse sich nicht nur um (irgend-)einen, sondern um einen qualifizierten Konsens handeln. Dies sei dann gegeben, wenn eine ideale Sprechsituation eine herrschaftsfreie Kommunikation erlaube. Eine solche herrschaftsfreie Kommunikation sei gegeben, wenn die Teilnehmer erstens die gleiche Chance haben, sich am Gespräch zu beteiligen, zweitens die gleiche Chance zur Kritik haben und drittens die gleiche Chance haben, ihre Einstellungen, Gefühle und Intentionen zum Ausdruck zu bringen.[184] Nach der Diskurstheorie ist Normativität daher ein kommunikativer Akt zwischen gleichberechtigten Personen, welcher notwendig auf außerrechtliche, insbesondere moralische Vorstellungen Bezug nimmt.

Heinold wirft die Frage auf, ob Prinzipien einen normativen Standard darstellen können und bejaht diese Frage.[185] Die Prinzipientheorie soll eine dritte Theorie des Rechts darstellen, womit die Dichotomie zwischen Naturrechtslehren und Rechtspositivismus zu einer Trichotomie ergänzt wird.[186] *Alexy* hat in diesem Zusam-

---

gelöst und durch die Arbeiten von *Alexy* Eingang in die juristische Methodenlehre gefunden, vgl. ebd. mit Verweis auf *Alexy*, Theorie der juristischen Argumentation, S. 219 ff., 260 ff.

[182] *Rüthers/Fischer/Birk*, Rechtstheorie mit juristischer Methodenlehre, S. 369 mit Verweis auf *Habermas*, Bemerkungen zu einer Theorie der kommunikativen Kompetenz, in: Habermas/Luhmann, Theorie der Gesellschaft und Sozialtechnologie – Was leistet die Systemforschung?, S. 101 ff.; *ders.*, Theorie und Praxis – Sozialphilosophische Studien, S. 23–26; *Kriele*, Recht und praktische Vernunft, S. 30 ff.; zur Kritik der verabsolutierten Diskursethik: *Marquardt*, „Das Über-Wir, Bemerkungen zur Diskursethik", in: ders., Individuum und Gewaltenteilung, S. 39 ff.

[183] *Rüthers/Fischer/Birk*, Rechtstheorie mit juristischer Methodenlehre, S. 369.

[184] *Rüthers/Fischer/Birk*, Rechtstheorie mit juristischer Methodenlehre, S. 370. *Habermas* hat seine Position gewechselt, deshalb sei hier auf Folgende Ausführungen hingewiesen: *Habermas*, Wahrheitstheorien, in: H. Fahrenbach (Hrsg.), Wirklichkeit und Reflexion, S. 211 (255 f.); später *ders.*, Diskursethik – Notizen zu einem Begründungsprogramm", in: ders., Moralbewusstsein und kommunikatives Handeln, S. 53 (101 f.). Nach *Rüthers/Fischer/Birk* (ebd.) hatte *Habermas* ursprünglich noch eine vierte Bedingung hinzugefügt, wonach alle am Diskurs Beteiligten auch im tatsächlichen Leben gleichgestellt seien. Damit setzte die Diskurstheorie jedoch bestimmte moralische Regeln bereits voraus und begründet damit den Verdacht eines Zirkelschlusses.

[185] Bejahend *Heinold*, Die Prinzipientheorie bei Ronald Dworkin und Robert Alexy, S. 40, denn das Prinzip werde „als eigene Norm verstanden, der die angeordnete Rechtswegerschöpfung scheinbar überlagert".

[186] *Heinold*, Die Prinzipientheorie bei Ronald Dworkin und Robert Alexy, S. 329 f.

menhang die Doppelnaturthese entwickelt, welche besagt, dass „das Recht notwendig sowohl eine reale oder faktische Dimension aufweist als auch eine ideale oder kritische."[187] Die ideale Dimension stellt dabei, Rekurs nehmend auf *Gustav Radbruch*, den Rückgriff auf das moralisch Richtige dar.[188] Recht erhebe einen Anspruch auf Richtigkeit und damit sei die Verbindung von Recht und Moral hergestellt.[189] Das Recht erhebe einen Anspruch auf Richtigkeit, da dieser Anspruch von den Repräsentanten des Rechts erhoben werde.[190] Dabei begreift *Alexy* Gerechtigkeit als einen speziellen Fall der Richtigkeit, denn Gerechtigkeit sei nichts anderes als die Richtigkeit von Verteilung und Ausgleich.[191] *Alexy* geht davon aus, dass der Anspruch auf substantielle Richtigkeit – also in erster Linie der Anspruch auf Gerechtigkeit – mit der Institutionalisierung des Rechts nicht verschwindet. Er bleibt lebendig hinter und im Recht.[192]

Die Skepsis, mit welcher Prinzipien betrachtet werden, ähnelt der, welche normativen Tatbeständen und Maßfiguren bzw. Standards entgegengebracht wird. Die bloße Existenz von Prinzipien in der Rechtsordnung ist umstritten, ihre rechtstheoretische Wirkungsweise nicht greifbar. Eindeutig ist jedoch, dass Prinzipien aus dem Bereich der Moral kommen. Sie haben ihren Geltungsgrund in einem neben dem Rechtssystem stehenden Normsystem, welches – verneint man die strikte Trennung von Recht und Moral – auf das Rechtssystem einwirkt. Prinzipien enthalten damit selbst Wertungen[193] und sie unterscheiden sich dadurch von Standards, welche auf übliche Wertanschauungen verweisen.[194]

f) Die Wechselwirkung von Norm und Wirklichkeit

Bisher wurden zu der Abgrenzung des Rechtssystems von der Moral einerseits, dem Faktischen andererseits, verschiedene Theorien dargestellt. Während die Reine Rechtslehre *Kelsens* das Rechtssystem rein normativ untersucht und die strenge

---

[187] *Alexy*, „Die Doppelnatur des Rechts", in: Der Staat, Heft 03/2011, S. 389.

[188] *Alexy*, „Die Doppelnatur des Rechts", in: Der Staat, Heft 03/2011, S. 389.

[189] *Alexy*, „Die Doppelnatur des Rechts", in: Der Staat, Heft 03/2011, S. 390.

[190] *Alexy*, „Die Doppelnatur des Rechts", in: Der Staat, Heft 03/2011, S. 390. Anders *McCormick*, wonach das Recht nicht in der Lage ist, irgendeinen Anspruch in einem wörtlichen Sinne zu erheben, denn einen Anspruch könnten nur sprech- und handlungsfähige Subjekte erheben. *MacCormick*, „Why Law Makes No Claims", in: George Pavlakos (Hrsg.), Law, Rights and Discourse, S. 59. *Alexy* weist auch noch auf Folgendes hin: Subjektiv oder privat können Richter glauben oder fühlen, was sie wollen. Sobald sie aber für das Recht handeln, also als Repräsentanten des Rechts, können sie es nicht vermeiden, den Anspruch objektiv oder offiziell zu erheben." (S. 391).

[191] *Alexy*, „Die Doppelnatur des Rechts", in: Der Staat, Heft 03/2011, S. 391.

[192] *Alexy*, „Die Doppelnatur des Rechts", in: Der Staat, Heft 03/2011, S. 397.

[193] *Heinold*, Die Prinzipientheorie bei Ronald Dworkin und Robert Alexy, S. 44.

[194] C. IV. 1.

Trennung von Sein und Sollen beibehält[195], entnimmt die Rechtssoziologie die Rechtfertigung von Rechtsnormen dem Bereich des Seins.[196] Der wertebasierte Rechtspositivismus lässt außerrechtliche Wertungen in der Rechtswissenschaft zu und bejaht die Existenz von außergerichtlichen Wertungen im Recht.[197] Gleiches gilt für die Prinzipientheorie, welche Prinzipien aus dem Bereich der Moral als Teil des Rechtssystems anerkennt.[198] Diese unterschiedlichen Blickwinkel auf das „Recht" werden von weiteren Literaturstimmen kritisch betrachtet und miteinander verglichen. Einige dieser verschiedenen Meinungen werden nun dargestellt. Während bisher die unterschiedlichen Grundgedanken der rechtstheoretischen Betrachtung dargestellt wurden, spielt sich ein großer Teil der Diskussion bei der Frage ab, wie die Wechselwirkung zwischen Norm und Wirklichkeit erfolgt.

So begreift „das, was als „Sein" und „Sollen" polarisiert wird", auch *Lask* nicht „als Brennpunkte eines in sich dynamischen elliptischen Kraftfeldes, als Hauptmarkierung eines tatsächlichen, der Zeitlichkeit unterworfenen Kontinuums, als einen Kreislauf von Normvorbereitung, Normsetzung, Normumsetzung, Normkontrolle, Normdiskussion und -revision".[199] Stellt sich das Recht als ein „Reich reiner Bedeutungen" dar, entsteht auch für *Lask* das Problem der Verbindung von Recht und Realität im Einzelfall.[200] Nach zwei Richtungen lasse sich eine solche Anschmiegung des Rechts an sein Substrat verfolgen: einmal als Beibehaltung eines gewissen Kerns der psycho-physischen Begebenheit – so wenn natürliche Unterschiede der Sachen oder der psychischen Erscheinungen irgendwie in die juristische Gedankenwelt wirksam hineinreichen – oder zweitens als Anlehnung an die schon teleologisch geformten Lebens- und Kulturrealitäten.[201] Gleichwohl erzeuge die Jurisprudenz alles zur Bewältigung ihrer praktischen Aufgabe Erforderliche durch eine nur ihr eigentümliche Begriffswelt.[202] *Müllers* strukturierende Rechtslehre lässt den Dualismus „als solchen" auf sich beruhen.[203] Er unterscheidet statt zwischen ‚Sein' und ‚Sollen' jedoch zwischen einem gegebenen, beobachtbaren Zustand Z 1 und einem als erwünscht angeordneten gewollten Zustand Z 2. Der Unterschied zwischen diesen beiden Verhalten liegt seines Erachtens zwischen beiden Zuständen Z 1 und Z 2, nicht aber zwischen Zustand und Norm. Die Norm hat dann die Funktion, zwischen beiden Zuständen zu vermitteln, sei es als ‚generelle der Mög-

---

[195] Zur Abgrenzung von der reinen Rechtslehre zum Rechtspositivums: *Walter*, „Das Lebenswerk Hans Kelsens: Die Reine Rechtslehre", in: Kelsen-FS, S. 3 m.w.N.

[196] Vgl. oben C. I. 2. d).

[197] Vgl. oben unter C. I. 2. b).

[198] Vgl. oben C. I. 2. e).

[199] *Müller*, Strukturierende Rechtslehre, 2. Auflage, S. 329 mit Verweis auf die Position von Lask innerhalb des Neukantianismus. Dazu *Lask*, „Rechtsphilosophie", in: Gesammelte Schriften, 1. Band, S. 313.

[200] *Lask*, Rechtsphilosophie, in: Gesammelte Schriften I, S. 315 f.

[201] *Lask*, Rechtsphilosophie, in: Gesammelte Schriften I, S. 324.

[202] *Lask*, Rechtsphilosophie, in: Gesammelte Schriften I, S. 324.

[203] *Müller*, Strukturierende Rechtslehre, 2. Auflage, S. 331.

lichkeit nach' (Rechtsnorm) oder als ‚individuell fertiggestellte tatsächliche' (Entscheidungsnorm). „Dabei verläuft die Richtung dieses Vermittelns im Einzelfall von Z 1 zu Z 2, indem die Rechtsnorm dabei selbst – angestoßen durch den Sachverhalt, analysiert durch Normtexthypothesen – aus Normprogramm und Normbereich erarbeitet und weiter zur Entscheidungsnorm verengt wird".[204] *Müller* meint, dass die Reine Rechtslehre an einem entscheidenden Punkt der Rechtstheorie, nämlich für die praktische Konkretisierung von Recht, unfruchtbar bleibt, sei eine weitere Folge der strengen Dualität von Sein und Sollen, auf der sie beruht.[205] „Eine Seinsaussage enthält nicht notwendig eine Sollensaussage. Aber diese enthält notwendig jene insoweit, als sie eine oder mehrere Seinsaussagen unterstellen muss, will sie nicht als Aussage eines Sollens sinnlos sein."[206] Er geht in seiner strukturierenden Rechtslehre davon aus, dass *Kelsens* Dualismus von Sein und Sollen für die Rechtswissenschaft zu abstrakt bleibt. Und auch wenn dieser Dualismus als solcher auf sich beruhen möge, so bliebe doch die Beziehung des Verhältnisses (er spricht von der „quantitativen Fülle wie die qualitative Typologie der Relationen") von Wirklichkeit und Norm analysierbar.[207] Bei einer scharfen Trennung von Sein und Sollen bliebe es unklar, woher eine Norm gekommen ist, sie könne dann nur aus dem (abstrakten) Sollen entstehen. Denn der Beziehungslosigkeit zu dem Sein entkommt sie nur durch die Vergleichbarkeit der isolierten Norm mit dem isolierten Verhalten und auch nur unter dem Aspekt, ob dieses jener entspreche oder nicht.[208]

Weinberger vertritt einen institutionalistischen Rechtspositivismus. Danach bestehen in der sozialen Wirklichkeit institutionelle Tatsachen, wie das Bestehen eines Staates, der Religion, Kirche usw. Aus den institutionellen Tatsachen erwachsen Institutionen, zum Beispiel Staatsorgane wie Gerichte, Verwaltungsbehörden, verschiedene Unternehmungen. Diese Institutionen sind soziale Realitäten oder Regelsysteme, die mit beobachtbaren sachlichen Einrichtungen verbunden sind. Die Institutionen schaffen eine Lebenswelt des Menschen, welcher in den Institutionen gewisse Pflichten hat und gewisse Verhaltensweisen seiner Mitmenschen erwarten darf. Er schlussfolgert: „Das menschliche Handeln und sein Sinn ist Handeln im sozialen Gefüge der Institutionen. Unser Verhalten ist an Regelsysteme gebunden: Teils in Form von bloßen institutionalisierten Gewohnheiten, teils durch Bindungen, die mittels normativer Regulative geschaffen werden."[209] *Kaufmann* führt aus, dass „… Positivität und Wesen des Rechts nicht voneinander ablösbar sind. Beide verhalten sich wie Leib und Seele, die zwar ontologisch nicht identisch (und deshalb unterscheidbar), aber doch konkret eines sind."[210] Gegen die Reine Rechtslehre

---

[204] *Müller*, Strukturierende Rechtslehre, 2. Auflage, S. 331 f.

[205] *Müller*, Strukturierende Rechtslehre, 2. Auflage, S. 328.

[206] *Müller*, Strukturierende Rechtslehre, 2. Auflage, S. 330.

[207] *Müller*, Strukturierende Rechtslehre, 2. Auflage, S. 328.

[208] *Müller*, Strukturierende Rechtslehre, 2. Auflage, S. 329.

[209] *Weinberger*, Norm und Institution, S. 78.

[210] *Kaufmann*, Das Schuldprinzip, S. 93.

wendet *Dreier* ein, dass sie dort, wo die konkreten Probleme der Rechtsdeutung anfangen, aufhöre.[211] *Marcic* sieht in der Lehre *Kelsens* eine Aporie, welche seit jeher den Gegenstand von Kritik an dem Werk *Kelsens* darstellt.[212] So lehrt *Kelsen*, dass die Wirksamkeit die Geltung des Rechts bedinge und versichert im Anschluss, dass die Annahme falsch wäre, dass nur rechtlich gesollt gelten könne, was tatsächlich geschieht. *Kelsen* stellt ausdrücklich fest, dass zwischen dem „Sollen" der Geltung und dem „Sein" der Wirksamkeit eine gewisse Beziehung besteht. Wirksamkeit ist die Bedingung der Geltung. Er bleibt jedoch unklar, wenn es um die Konkretisierung dieser inneren Beziehung geht.[213] Nach *Sieckmann* ist das Recht dadurch gekennzeichnet, dass es systemischen Charakter hat, denn es besteht aus einer Menge an Normen, welche in einem bestimmten Verhältnis zueinander stehen.[214] Als normatives System versucht Recht zu bestimmen, wie entschieden und gehandelt werden soll.[215] Es lässt sich nach verschiedenen Merkmalen charakterisieren und ist nach *Sieckmann* institutionalisiert, objektiv, autoritativ und verbunden mit dem Anspruch auf Legitimität rechtlicher Autorität.[216] Die grundsätzliche Problematik der Wertphilosophie liegt in der Abgehobenheit der Werte von der Wirklichkeit.[217] Die Wechselbeziehung zwischen Sein und Sollen, zwischen Stoff und Form schwebte auch *Radbruch* vor, wenn er beispielsweise ausführt: „Die künstlerische Idee ist eine andere, wenn sie in Marmor, wenn sie in Bronze verwirklicht werden soll ... So sind auch die Rechtsideen wesensmäßig für und durch den Rechtsstoff ... bestimmt."[218]

g) Zusammenfassung

Die Trennung von Sein und Sollen hat ihren Ursprung in philosophischen Überlegungen und insbesondere *Hume* und *Kant* haben maßgeblich zu der Verschärfung dieser Trennung beigetragen. *Hume* hatte darauf aufmerksam gemacht, dass Sollenssätze nicht aus Seinssätzen abgeleitet werden können. *Kant* entwickelte in Anlehnung daran seine Erkenntnistheorie und unterschied dabei grundlegend zwischen theoretischer („spekulativer") und praktischer Vernunft. Die Trennung von Sein und Sollen ist Ausgangspunkt rechtstheoretischer Überlegungen im Hinblick auf die Frage, was Recht ist. Dabei geht es einerseits um die Abgrenzung vom Recht

---

[211] *Dreier*, Rechtslehre, Staatssoziologie und Demokratietheorie bei Hans Kelsen, S. 148.

[212] *Marcic*, FS-Kelsen, S. 91.

[213] *Marcic*, FS-Kelsen, S. 91.

[214] *Sieckmann*, Recht als normatives System, S. 120.

[215] *Sieckmann*, Recht als normatives System, S. 120.

[216] *Sieckmann*, Recht als normatives System, S. 120. Das Recht ist institutionalisiert meint eine Ordnung mit Organen zur Festsetzung von Normen und/oder Entscheidungen; objektiv, also nicht nur die Auffassung eines Einzelnen; autoritativ, d. h. die Geltung des Rechts ist jedenfalls teilweise das Ergebnis positiver Entscheidungen und nicht seiner inhaltlichen Richtigkeit; sowie – das wurde bereits gesagt – verbunden mit dem Anspruch auf Legitimität rechtlicher Autorität.

[217] *Küpper*, Grenzen der normativierenden Strafrechtsdogmatik, S. 18.

[218] *Radbruch*, FS-Laun, S. 163 ff.

zu dem Faktischen und andererseits um die Abgrenzung zu anderen normativen Systemen, insbesondere der Moral. Im Hinblick auf die Abgrenzung zwischen Recht und Moral, bzw. Recht und Sein bestehen verschiedene Ansätze zu deren Verhältnis. Unumstritten ist die Bezugnahme, Ausfüllung und Umgrenzung des Rechts als normatives System; das Verhältnis zu anderen (Norm- oder Gesellschafts-)Systemen ist jedoch kaum greifbar. Zumindest geht aber – in Abwendung von der starren Aporie *Kelsens* – ein Großteil der heutigen Lehre von einem Zusammenspiel von rechtlichen und außerrechtlichen Normen bzw. Tatsachen aus. Entgegen der Frage nach dem „Ob" der Einflussnahme auf rechtliche Wertungen steht das „Wie" im Vordergrund: Die Wechselwirkung von Normativem und Faktischem steht im Mittelpunkt der Debatte, die gegenseitige Einflussnahme ist Gegenstand der heutigen Untersuchungen zu dem Begriff des Rechts. Damit bleibt erst einmal festzuhalten, dass Moral und Faktizität Einfluss auf das Rechtssystem nehmen und innerhalb von diesem wirken. Doch wie genau?

II. Normen, Personen und deskriptive Begriffe

Zur Beantwortung der Frage, wie Außerrechtliches Teil des Rechtssystems werden kann[219], bedarf es für eine spätere Abgrenzung zunächst einer Feststellung, was denn unproblematisch Gegenstand des Rechts ist. Dies sind rechtliche Normen ebenso wie Rechtspersonen und deskriptive Rechtsbegriffe.

1. Was sind (rechtliche) Normen?

„Wer einen Menschen tötet ... wird ... mit Freiheitsstrafe nicht unter fünf Jahren bestraft." So steht es im Strafgesetzbuch (§ 212). In den Zehn Geboten heißt es: „Du sollst nicht töten!" Welche der Formulierungen kommt dem Wesen der Rechtsnorm näher?[220] Mit diesem Einleitungssatz zeigt *Philipps* einen dem Recht zugrunde liegenden Gedanken auf: Denn auf die gestellte Frage werden einige antworten, allein maßgeblich sei der Wenn-dann-Satz, wie er typischerweise auch im Gesetz steht. Andere werden einwenden, der Wenn-dann-Satz berühre nur die Oberfläche und der Einzelne ließe sich nicht von Gesetzesnormen sondern von Vorstellungen darüber, was man tun solle oder nicht, bestimmen.[221] Auf dieser Unterscheidung von Rechtssatz und Norm aufbauend hat *Karl Binding* seine Rechtstheorie entwickelt.[222]

---

[219] Vgl. einleitend Frage 2, C. I. 2.

[220] *Philipps*, Normentheorie, in: Kaufmann/Hassemer (Hrsg.), Einführung in die Rechtsphilosophie und Rechtstheorie der Gegenwart, S. 317.

[221] *Philipps*, Normentheorie, in: Kaufmann/Hassemer (Hrsg.), Einführung in die Rechtsphilosophie und Rechtstheorie der Gegenwart, S. 317.

[222] *Binding*, Die Normen und ihre Übertretung. Sein Schüler *Nagler* kommentiert das Werk Bindings wie folgt: „Der unwiderstehliche Drang zu den Fundamenten, der für seine Art kennzeichnend geblieben ist, leitete ihn zu letzten Grundfragen der strafrechtlichen Betrach-

Normen sind danach Sollenssätze, welche Ge- und Verbote enthalten.[223] Der aus dem Lateinischen stammende Begriff der Norm meint ursprünglich eine Richtschnur oder das Winkelmaß, also Werkzeuge der Bauhandwerker zur exakten Bestimmung senkrechter Mauern und rechter Winkel. Es wurde schon früh im heute gebräuchlichen Sinn von Durchschnittsmaß, Regel oder Vorschrift verwendet.[224] „Nun ist aber die richtige Erkenntnis der Rechtssätze, die der Verbrecher ‚verletzt‘, präjudiziell für die wichtigsten Lehren des Strafrechts, ganz besonders für die Lehre vom Delikte und seiner Schuldseite. Jene Rechtssätze taufe ich Normen.“[225] *Binding* führt an, dass die Normen die Grundlage der Strafgesetze seien. Daher machten die Strafgesetze sie auch zu Rechtssätzen.[226] Zuwiderhandlungen gegen rechtliche Normen werden mit Sanktionen durch den Staat gestraft und dadurch unterscheiden sich rechtliche von moralischen Normen.[227] Nach rechtstheoretischen Ansätzen sind nur solche Sätze als Normen anzusehen, welche ein bestimmtes Verhalten fordern oder verbieten.[228] Keine Normen im engeren Sinne sind dagegen Prinzipien und Programmsätze.[229] Dies ergibt sich auch aus der „Imperativentheorie“, wonach jede Norm entweder ein Ge- oder ein Verbot enthält.[230] *Luhmann* definiert die Norm als eine „Erwartungs-

---

tung, sein synthetisches Streben aber führte ihn wieder zum großen systematischen Gesamtaufbau seiner Disziplin. In der Beherrschung der Analyse übertraf er alle Forscher vor ihm. Er erkannte das innere Gefüge des Strafrechts: das Strafgesetz wie das Verbrechen und sein Widerspiel, die Strafe, wurden ihrer Selbstherrlichkeit entkleidet und auf primäre Begriffe zurückgeführt, von denen aus neue Einsichten in den Zusammenhang des Ganzen gewonnen wurden und die Einzelprobleme neues Licht und Leben empfingen.“ *Nagler*, Der Gerichtssaal 91 (1925), 12; ausführlich zu Bindings Normen- und Straftheorie *Kubiciel/Löhnig/Pawlik/Stuckenberg/Wohlers* (Hrsg.), „Eine gewaltige Erscheinung des positiven Rechts“, Karl Bindings Normen- und Strafrechtstheorie, 2020.

[223] Beispielhaft die Gebote des Alten Testaments: „Du sollst nicht morden, Du sollst nicht Ehebrechen, Du sollst nicht stehlen usw. Ebenso *Horn*, Einführung in die Rechtswissenschaft und Rechtsphilosophie, S. 6.

[224] *Raiser*, Das lebende Recht, S. 178.

[225] *Binding*, Die Normen und ihre Übertretung I, S. 7.

[226] *Binding*, Die Normen und ihre Übertretung I, S. 7.

[227] *Röhl/Röhl*, Allgemeine Rechtslehre, S. 190.

[228] *Röhl/Röhl*, Allgemeine Rechtslehre, S. 190. Hier kommt die Unterscheidung zwischen Sollensnormen (oder auch Sollensgesetzen) und Seinsnormen (oder Seinsgesetze) zum Tragen. Während Seinsnormen unveränderliche Regeln beschreiben, können solche auch nicht mit Zwang durchgesetzt oder (zuvor) übertreten werden. Sollensnormen werden hingegen von Menschen gemacht und stellen „Richtlinien“ für menschliches Verhalten dar. Diese können nicht ‚wahr‘ oder ‚falsch‘ sein; *Rüthers/Fischer/Birk* (Hrsg.), Rechtstheorie, S. 61 f.

[229] *Röhl/Röhl*, Allgemeine Rechtslehre, S. 190. *Ávila* spricht dagegen auch bei Prinzipien von Normen und grenzt diese von den Regeln ab. *Ávila*, Theorie der Rechtsprinzipien, S. 71.

[230] *Röhl/Röhl*, Allgemeine Rechtslehre, S. 230 spricht davon, dass jeder „vollständige Rechtssatz“ ein Ge- oder Verbot enthält, um auf S. 231 vollständige Rechtssätze – also mit einem Ge- oder Verbot – von unvollständigen Rechtssätzen, welche auch Organisationsnormen, ausfüllende Rechtsnormen etc. sein können, abzugrenzen. Meinem Verständnis nach sind „vollständige Rechtssätze“ Normen, sodass man zwischen Normen und Rechtssätzen (welche dann begrifflich weiter gefasst sind) unterscheiden kann. Begrifflich mit einem kurzen ge-

struktur".[231] Rechtsnormen werden auch als „Bestimmungssätze" bezeichnet, da sie meist einem konditionalen Schema folgen.[232] Das heißt, die Rechtsnorm verknüpft eine tatsächliche Bedingung A mit einer rechtlichen Wirkung B. Die tatsächliche Bedingung wird in der Normentheorie „Tatbestand", die rechtliche Wirkung „Rechtsfolge" genannt.[233] Heute unterscheiden wir zwischen Rechtsnormen, dem Recht; sittlichen Normen, der Moral und gesellschaftlichen Normen, der Sitte. Die verschiedenen Normarten haben ihren Unterschied notwendigerweise in ihrem Geltungsgrund, nicht jedoch zwingend in ihrem Inhalt.[234] Sittliche Normen orientieren sich an dem moralisch Guten und Richtigen, an dem Gewissen des Einzelnen. Dieses Gewissen muss der Einzelne zunächst ausprägen, wobei sich die Frage nach dem sittlich Guten bei jedem Menschen einstellt und nicht eliminiert werden kann.[235] Richtige sittliche Maßstäbe und Gebote leisten für den Einzelnen eine Handlungsorientierung.[236] Das mit dem Begriff der Sittlichkeit Gemeinte wird zum Teil auch mit den Begriffen der Moral oder Ethik belegt.[237] Gesellschaftliche Normen sind Anschauungen über richtiges Verhalten, die in der Gesellschaft anerkannt sind und überwiegend befolgt werden.[238] Sie grenzen sich von Moralnormen dadurch ab, dass sie gesellschaftlicher Konsens sind. Eine Überschneidung von Moralnormen und gesellschaftlichen Normen findet statt. Rechtliche Normen stimmen mit den sittli-

---

schichtlichen Überblick zur Imperativentheorie, welche ursprünglich auf Bentham zurückgeht, *Bentham*, Introduction to the Principles of Morals and Legislation, 1789.

[231] Die, so *Luhmann* weiter, „im Falle von Enttäuschungen nicht allein deswegen schon geändert werden muss." *Luhmann*, „Stellungnahme", in: Krawietz/Welker (Hrsg.), Kritik der Theorie sozialer Systeme, S. 372. Ausführlich zu der Thematik um gegenseitige Erwartungshaltungen im menschlichen Zusammenleben *Lewis*, Konventionen, 1975. In dieser sprachphilosophischen Abhandlung analysiert Lewis Konventionen und grenzt sie insbesondere zu Abmachungen, Gesellschaftsverträgen, Normen, Regeln, Konformität und Nachahmung ab. Und auch, wenn in seiner Analyse der Begriff der Konvention kein normativer ist, sind Konventionen eine Art von Normen und Normen sind „Regularitäten, von denen wir glauben, daß man sie befolgen sollte" (*ders.*, ebd. S. 97).

[232] *Larenz*, Methodenlehre der Rechtswissenschaft, 1991, 253 ff., *B. Rüthers*, Rechtstheorie, 2005, Rn. 97 ff., bei welchem sich auch ein Überblick über außergerichtliche Normen findet. *Luhmann* spricht von „Konditionalprogrammen", *Luhmann*, Das Recht der Gesellschaft, S. 195.

[233] *Vesting*, Rechtstheorie, S. 19 mit Anmerkung zum Zweckprogramm und einem Überblick über die „Imperativentheorie", die hier nicht näher beleuchtet werden kann. Im Folgenden geht *Vesting* auch darauf ein, dass das konditionale Schema nicht das einzig praktikable Schema des Rechts darstellt und sich schon im römischen Recht gebietende, erlaubende, verbietende, oder bestrafende Rechtsregeln fanden. *Vesting*, Rechtstheorie, S. 20 mit Verweis auf *Kaser*, Das römische Privatrecht, 211.

[234] *Horn*, Einführung in die Rechtswissenschaft und Rechtsphilosophie, S. 6.

[235] *Kohlberg*, Die Psychologie der Moralentwicklung, S. 88.

[236] *Horn*, Einführung in die Rechtswissenschaft und die Rechtsphilosophie, S. 7.

[237] Wobei nach *Horn* diese Begriffe in der Philosophie scharf unterschieden werden, vgl. *Horn*, Einführung in die Rechtswissenschaft und die Rechtsphilosophie, S. 8.

[238] *Horn*, Einführung in die Rechtswissenschaft und die Rechtsphilosophie, S. 13.

chen und gesellschaftlichen Normen (nur) teilweise überein; sie fordern ein bestimmtes Verhalten des Einzelnen.[239]

2. Die Definition von Rechtspersonen

Zuvorderst steht die Feststellung, dass auch eine natürliche Person kein Mensch, sondern eine Fiktion[240] der Rechtsordnung ist. „Person sein [...] heißt, eine Rolle zu spielen haben; persona ist die Maske, also gerade nicht der Ausdruck der Subjektivität ihres Trägers, vielmehr Darstellung einer gesellschaftlich verstehbaren Kompetenz".[241] Als „Persona" wird in der Psychologie die nach außen hin gezeigte Einstellung eines Menschen bezeichnet.[242] Diese nach außen hin gezeigte Einstellung dient der sozialen Anpassung des Einzelnen in die Gesellschaft und kann mit seinem Selbstbild identisch sein.[243] Nach *Damm* gehört Personalität zu den „interdisziplinär besonders intensiv verknüpfenden Scharnierbegriffen zwischen Rechtswissenschaft, Rechtstheorie, Philosophie und Sozialwissenschaften".[244] Es handelt sich gleichzeitig um einen „normativen Fundamentalbereich"[245], um eine „Grundrelation des Rechts"[246] – bereits *Hegel* sah das Rechtsgebot in: „sei eine Person und respektiere die anderen als Personen".[247] Das Recht vertritt ein normatives Personenmodell[248], teilweise wird dem Personenbegriff eine deskriptiv-normative Dop-

---

[239] Die Abgrenzung zwischen Rechts- und Moralnormen wirft die Frage nach einem „Richtigen Recht" auf, vgl. dazu unten *Radbruch*, C. I. 2.

[240] Dabei stellt eine Fiktion „eine bewusste Abweichung von der Wirklichkeit dar und enthält einen Widerspruch in sich selbst." Eine Fiktion hat (lediglich) illustrativen Charakter; es sind psychische Gebilde, welche in der Wirklichkeit nicht existieren. *Nass*, Person, Persönlichkeit und juristische Person, S. 49 f. Nach *Kaufmann* ist die Fiktion eine interessante Rechtsfigur und führt weiter aus, dass die Vertreter des Rechtspositivismus davon ausgingen, dass der Gesetzgeber beliebige Unterstellungen machen dürfe. Dem stimmt *Kaufmann* nicht zu. Vielmehr hält er die Ähnlichkeit der Tatbestände für den „inneren Grund der Fiktionen" und Fiktionen für „gesetzlich angeordnete Analogien, weshalb die Fiktionsmöglichkeit nicht unbegrenzt ist." Ohne Gemeinsamkeit könne keine Norm angewendet werden. *Kaufmann*, Rechtsphilosophie, S. 100, Fn. 15.

[241] *Jakobs*, ZStW 107 (1995), 843 (859).

[242] *Jung*, Psychologische Typen. GW 6: § 801 f. Persona und homo stehen nebeneinander und die Persona beschreibt eine „potentielle Rollenvielfalt, erlaubt funktionale Differenzierung und konstituiert damit ‚jenes Dispositiv, welches die Menschheit in klar getrennte und streng hierarchisch geordnete Kategorien zu unterteilen diente'." *Augsberg*, RW 2016, 338 (353) mit Verweis auf *Eposito*, Person und menschliches Leben, S. 37.

[243] *Jung*, Psychologische Typen. GW 6: § 801 f.

[244] *Damm*, AcP 202 (2002), 841 (844).

[245] *Damm*, AcP 202 (2002), 841 (842).

[246] So der philosophisch geprägte Personenbegriff, *Kaufmann*, Rechtsphilosophie, S. 292.

[247] *Hegel*, Grundlinien der Philosophie des Rechts, § 36.

[248] *Augsberg*, in: RW 2016, 338 (342, 349b ff.).

pelnatur zugesprochen.[249] So „greifen [...] angesichts der deskriptiv-normativen Doppelnatur des Personenbegriffs [...] Explikationen zu kurz, die den Personenbegriff entweder ausschließlich deskriptiv oder ausschließlich normativ bestimmen".[250] Es stellt sich die wohl zentrale Frage, ob die Rechtsperson bloß eine „Adresse" darstellt oder eine gerechte Stellung des Menschen in der Gesellschaft widerspiegelt.[251] Ausgangspunkt ist die banale Feststellung, dass nach geltendem Recht alle Menschen Personen sind, eine „speziesinterne Privilegierung" besteht im modernen Rechtsdenken nicht.[252] Aus einem Blick in die Rechtsgeschichte ergibt sich jedoch, dass diese Vorstellung keine rechtsimmanente Selbstverständlichkeit darstellt, sondern sich erst in jüngerer Vergangenheit etabliert hat.[253] So sprach die römische Rechtskultur den Sklaven zwar nicht eine natürliche Persönlichkeit, wohl aber den Status als Rechtsperson ab. Der Sklave wurde einer Sache gleichgestellt.[254] Im Preußischen Allgemeinen Landrecht (1794) wurde der Mensch eine Person genannt, wenn er bestimmte Rechte in der bürgerlichen Gesellschaft genoss.[255] Vom Mittelalter bis in die frühe Neuzeit fanden sogenannte Tierprozesse statt und gemeint sind damit selbstständige, förmliche Strafverfahren, die gegen Tiere als solche geführt wurden.[256] Ursprünglich kommentierte *Thibaut* am Anfang des 19. Jahrhunderts den Personenbegriff „derjenige, welcher in irgendeiner Rücksicht als Subjekt eines Rechts betrachtet wird, heißt insofern Person, besonders insofern man ihn als Subjekt bürgerlichen Rechts betrachtet"[257]. *Savigny* sprach von Personen im Plural, da er zur Konstruktion eines Rechtsverhältnisses zwei von ihnen brauchte. Der

---

[249] *Birnbacher*, Selbstbewusste Tiere und bewusstseinsfähige Maschinen. Grenzgänge am Rande des Personenbegriffs, in: Sturma, Dieter (Hrsg.), Person – Philosophiegeschichte, theoretische Philosophie, praktische Philosophie, Paderborn 2001, S. 310 f.

[250] *Birnbacher*, Selbstbewusste Tiere und bewusstseinsfähige Maschinen. Grenzgänge am Rande des Personenbegriffs, in: Sturma (Hrsg.), Person – Philosophiegeschichte, theoretische Philosophie, praktische Philosophie, Paderborn 2001, S. 310 f.

[251] *Kirste*, „Die beiden Seiten der Maske", in: Gröschner/Kirste/Lembcke, Person und Rechtsperson, S. 347, zum Begriff der Adresse verweist er auf *Luhmann*, welcher mit dem Begriff der Person die „Adresse", den Zurechnungspunkt menschlicher Kommunikation meint. *Luhmann*, Ethik als Reflexionstheorie der Moral, in: Gesellschaftsstruktur und Semantik. Studien zur Wissenssoziologie der modernen Gesellschaft, S. 3448. Die Frage wird noch relevant, wenn es darum geht, juristischen Personen oder Gesamtheiten Schuld zuzuschreiben, vgl. dazu unten D. IV.

[252] *Augsberg*, in: RW 2016, 338 (342, 344).

[253] *Augsberg*, in: RW 2016, 338 (342 f.).

[254] *Augsberg*, in: RW 2016, 338 (343) m.w.N.

[255] *Augsberg*, in: RW 2016, 338 (343).

[256] *Augsberg*, in: RW 2016, 338 (354, 355) mit weiteren Nachweisen. Er verweist unter anderem auf *Dinzelbacher*, welcher die Ernsthaftigkeit der Tierprozesse betont: „Es steht völlig außer Frage, dass dieses Procedere absolut ernst gemeint war und auch nicht von irgendwelchen vielleicht einem magischen Weltbild verhafteten Landleuten durchgeführt wurde, sondern von professionellen, studierten Juristen im Auftrag von Obrigkeiten, dass es von Bischöfen sanktioniert und von Universitätsprofessoren ernsthaft diskutiert wurde – und vor allem, dass es Geld kostete!" *Dinzelbacher*, in: Das fremde Mittelalter: Gottesurteil und Tierprozess, S. 108.

[257] *Thibaut*, System des Pandekten-Rechts, 2. Auflage 1805, § 207.

Personenbegriff sei pluralistisch und eine einzige Person ein Widerspruch in sich.[258] *Augsberg* kommt zu dem Ergebnis, dass „alle Menschen Rechtspersonen sind", dies aber nicht zwangsläufig bedeute, „dass nur Menschen Personenstatus genießen (können)."[259] Der Personenbegriff ist ein normativer Zurechnungspunkt, der Mensch wird erst durch rechtliche Zuschreibung zu einer Person. Der zugestandene Status als „Person" ist als Bündelung unterschiedlicher normativer Rechte und Pflichten zu verstehen.[260] Beachtenswert in diesem Zusammenhang ist die Untersuchung Teubners zur „Ausweitung des Akteursstatus"[261], welche dafür plädiert, auch nicht-menschlichen Wesen, namentlich Tieren und bestimmten Formen künstlicher Intelligenz[262],[263] einen rechtlich relevanten, allerdings möglicherweise abgestuften

---

[258] „Jedes Rechtsverhältnis besteht in der Beziehung einer Person zu einer anderen Person. Der erste Bestandteil desselben, der einer genaueren Betrachtung bedarf, ist die Natur der Personen, deren gegenseitige Beziehung das Verhältnis zu bilden fähig ist.", *Savigny*, System des heutigen Römischen Rechts, Bd. II, 1840, § 60. Dies kommentiert *Hattenhauer*, „Savigny fragt nicht mehr nach ‚der' Person und ihrer Definition. Er sprach von Personen im Plural. Zur Konstruktion eines Rechtsverhältnisses braucht er mindestens zwei von ihnen. Personen wurden Bauelemente, die man für einen höheren Zweck benötigte." *Hattenhauer*, JuS 1982, 405 (408). Ebenso spricht *Spaemann* davon, dass es „Personen nur im Plural" gebe, *Spaemann*, Personen, S. 144 und *Jakobs* nennt „eine einzige Person einen Widerspruch in sich", *Jakobs*, Norm, Person, Gesellschaft, S. 38. Auch das BVerfG weist darauf hin, dass sich die Person notwendig in sozialen Bezügen verwirkliche, BVerfGE 109, 279 (319).

[259] *Augsberg*, in: RW 2016, 338 (347); zu der Frage nach dem Gehalt der juristischen Person vgl. unten D. II.

[260] *Augsberg*, in: RW 2016, 338 (349).

[261] *Teubner*, Elektronische Agenten und große Menschenaffen, S. 1 ff.

[262] Bei einer entsprechenden Form einer künstlichen Intelligenz stellt sich die Frage, inwieweit diese urheberrechtlich geschützten Werke hervorbringen kann, wobei der urheberrechtliche Schutz des Werkes der künstlichen Intelligenz selbstverständlich von dem urheberrechtlichen Schutz der Intelligenz (bzw. deren Algorithmus) abzugrenzen ist. Das Hervorbringen urheberrechtlich geschützter Werke setzt voraus, dass die Künstliche Intelligenz selber Urheber im Sinne des UrhG sein kann; mithin, dass sie eine „persönliche geistige Schöpfung" erschaffen kann, § 2 UrhG. Zu dem europäischen Werkbegriff führt der EuGH in seiner Infopaq-Entscheidung (*EuGH* GRUR 2009, 1041 – Infopaq/DDF.) aus, dass „mit Hilfe der Auswahl, der Anordnung und der Kombination dieser Wörter der Urheber seinen schöpferischen Geist in origineller Weise zum Ausdruck zu bringen (vermag) um zu einem Ergebnis zu gelangen, das eine geistige Schöpfung darstellt" und nennt damit entscheidende Kriterien, „die mit dem deutschen Werkbegriff nach § 2 Abs. 2 UrhG kompatibel sind" (*Wandtke*, MMR 2017, 369). Somit lösen weder die Digitalisierung noch das Internet das Leitbild des Schöpferprinzips auf (*Wandtke*, MMR 2017, 367; ebenfalls zu dem *Peifer*, Festhalten am idealistischen Schöpferbegriff, in: Hilty/Dreier (Hrsg.), FS 50 Jahre Urheberrechtsgesetz, 2015, S. 281). Daraus folgt, dass das Erfordernis einer persönlichen Schaffung eine „Schaffung durch den Menschen" verlangt und Tiere, juristische Personen und wohl auch künstliche Intelligenzen ausschließt, *Kaiser*, in: Erbs/Kohlhaas, Strafrechtliche Nebengesetze, § 2 Rn. 3 UrhG. *Heinrich* spricht in dem Zusammenhang mit der Definition des „geistigen Gehaltes" von der „im Werk zum Ausdruck kommende(n) Mitteilung des menschlichen Geistes", *Heinrich*, MüKo StGB, § 106 Rn. 12 UrhG.

[263] Zu künstlicher Intelligenz im Zusammenhang mit autonomen Fahrzeugen eingängig *Sandherr*, NZV 2019, S. 1. So habe die technische Seite der „künstlichen Intelligenz" bereits festgestellt, dass das Recht die „Achillesferse der Innovation" darstellt, vgl. ebd.

Personenstatus zuzugestehen.[264] Dieser abgestufte Personenstatus findet sich nach *Teubner* bereits an vielen Stellen im Recht; „das Recht erteilt zunehmend nur noch spezielle Teilrechtsfähigkeiten oder begrenzte Handlungskompetenzen, im Fall der Tiere Grundrechtsfähigkeit[265], im Fall der elektronischen Agenten die bloße Vertretungsfähigkeit, ohne ihnen gleichzeitig volle Rechts- oder Geschäftsfähigkeit zuzusprechen."[266] Mit Robotern könne auf unterschiedliche Weise umgegangen werden: Sie können als bloße Werkzeuge angesehen, als Boten oder Stellvertreter behandelt werden, wie Tieren können ihnen gegenüber indirekt Rechte zugesprochen werden und schließlich könne man ihnen spezifische und korrespondierende Rechte und Pflichten zusprechen. Auch eine Gleichstellung mit dem Menschen sei zumindest theoretisch denkbar.[267] Eine ähnliche Diskussion sieht er in der bioethischen Debatte um den Begriff der „Person", in der sich viele moralische Einzelfragen bündeln und die so eher unübersichtlich als klärend geworden ist.[268] „Person ist das Subjekt von Rechten und Pflichten, mit anderen Worten, die Rechtsperson ausgestattet mit Rechtsfähigkeit als der Befähigung (zunächst des Menschen), Träger von Rechten und Pflichten zu sein."[269] Aus diesem Grund hätten Menschen nur als Personen ein Recht auf den Schutz ihres Lebens und umgekehrt, Lebewesen, die keine Personen sind, unterliegen dem Schutz der Gesellschaft nicht.[270] *Kant* hat das Personsein so definiert, dass eine Person dasjenige Subjekt ist, „dessen Handlungen einer Zurechnung fähig ist".[271]

Das Verhältnis von Person und Mensch ist problematisch. *Jakobs* wirft in der dritten Auflage von ‚Norm, Person, Gesellschaft' die Frage auf, ob zu der Rechtsperson „ein Bewusstsein, gar ein Leib" gehöre[272] und bejaht dies. Denn auch wenn die Sollgestalt – wie er die Rechtsperson an dieser Stelle nennt – eigentlich gerade

---

[264] *Augsberg*, in: RW 2016, 338 (357).

[265] Dazu ausführlich *Stucki*, Grundrechte für Tiere, 2016.

[266] *Teubner*, Elektronische Agenten und große Menschenaffen, S. 6.

[267] *Beck*, „Brauchen wir ein Roboterrecht? Ausgewählte juristische Fragen zum Zusammenleben von Menschen und Robotern", in: Japanisch-Deutsches Zentrum (Hrsg.): Mensch-Roboter-Interaktionen aus interkultureller Perspektive. Japan und Deutschland im Vergleich, S. 124 (134).

[268] *Teubner*, „Elektronische Agenten und große Menschenaffen: Zur Ausweitung des Akteursstatus in Recht und Politik", in: Becchi/Graber/Luminati (Hrsg.), Interdisziplinäre Wege in der juristischen Grundlagenforschung, S. 6 mit Verweis auf *Sturma* (Hrsg.), Person. Philosophiegeschichte – Theoretische Philosophie – Praktische Philosophie.

[269] *Damm*, AcP 202 (2002), 841 (848).

[270] *Kather*, Person: die Begründung menschlicher Identität, S. 8.

[271] *Kant*, Einleitung in die Metaphysik der Sitten, AB 22. Er führt dort weiterhin aus: „Die moralische Persönlichkeit ist also nichts anders, als die Freiheit eines vernünftigen Wesens unter moralischen Gesetzen (die psychologische aber bloß das Vermögen, sich seiner selbst in den verschiedenen Zuständen, der Identität seines Daseins bewusst zu werden), woraus dann folgt, daß eine Person keinen anderen Gesetzen als denen, die sie (entweder allein oder wenigstens zugleich mit anderen) sich selbst gibt, unterworfen ist."

[272] *Jakobs*, Norm (3), S. 41 f.

kein Bewusstsein und keinen Leib habe, werde sie über diesen für ihre Umwelt erfahrbar.[273] Gleichzeitig bleibt die scharfe Trennung von Person und Individuum erhalten und das Individuum muss lernen, in dem Ordnungsschema der Person aufgehoben zu sein.[274] Dabei sei die „durch das Hinzukommen der Person zum Individuum ermöglichte Entzweiung der bewussten Welt [...] eine theoretische Konstruktion, aber zugleich nicht alltagsfern, sondern sprichwörtlich bekannt: ‚Der Geist ist willig, aber das Fleisch ist schwach‘".[275] Andererseits kann sich ein rein normatives Programm keinen Bezug zur Natur leisten und daher ist das Subjekt (hier: die Person) eine Konstruktion der Systemtheorie, die kein Korrelat in der Wirklichkeit erfordert.[276] Darüber hinaus wird eingewandt, dass eine Reduktion des Menschen auf das „normorientierte Personsein" nicht erfolgen darf.[277] Grundlage der Rechtsperson ist die Menschenwürde und der rechtliche Status der Person ist das Ergebnis der ihr aufgrund ihres Menschseins zugewiesenen Rechte.[278] Letztlich ist die Menschenwürde der Grund dafür, dass bestimmte Wesen rechtsfähig sind und als Rechtssubjekte anerkannt werden müssen. Gleichfalls ist die Menschenwürde auch das Kriterium des angemessenen Ausgleichs zwischen Freiheit und Gleichheit.[279] Gleichheit und Freiheit gelten wohl als Grundlage eines neuzeitlichen Personenkonzepts.[280] Auf die Frage, wer eine Rechtsperson sein kann und solle, wird angeführt, bei Recht handele es sich um eine Ordnung, die auf Freiheit gründe und Selbige voraussetzen würde. Rechtliche Normen würden sich an Subjekte richten, die ihre Zukunft planen müssen. Es ginge um die Entwicklung von und die Wahl aus verschiedenen Handlungsalternativen und aus diesem Grund sei Freiheitsfähigkeit notwendige Bedingung für Rechtsfähigkeit.[281] Menschenwürde bedeutet und wahrt

---

[273] *Jakobs*, Norm (3), S. 41 f. Er verweist dort auf *Kant*, dessen kategorischer Imperativ an Handlungen und damit an den Leib und nicht an reine Geisteszustände anknüpft, *Kant*, Grundlage der Metaphysik der Sitten, S. 5.

[274] *Jakobs*, Norm (3), S. 45.

[275] *Jakobs*, Norm (3), S. 45 mit Verweis auf *Markus* 14, 37–38.

[276] So die Ansicht von *Sacher*, ZStW 118 (2006) S. 585, sie spricht vom „Tod des Subjekts" und verweist dazu auf die deutsch-französische Gegenwartsphilosophie.

[277] *Windel*, in: FS-Schapp, S. 541.

[278] *Kirste*, „Die zwei Seiten der Maske", in: Gröschner/Kirste/Lembcke (Hrsg.), Person und Rechtsperson, S. 372.

[279] *Kirste*, „Die zwei Seiten der Maske", in: Gröschner/Kirste/Lembcke (Hrsg.), Person und Rechtsperson, S. 372. *Lutz-Bachmann* verweist auf *Boethius*, der alle vernunftbegabten Naturen, also alle, die „als individuierte Lebewesen real existieren, also in einem ontologischen Sinne sind" Person genannt werden. *Lutz-Bachmann*, „Überlegungen zur Geschichte des Begriffs ‚moralische Person‘", in: Klein/Menke (Hrsg.), Der Mensch als Person und Rechtsperson, S. 111 mit Verweis auf *Boethius*, Contra Eutychen et Nestorium. Ed. Stewart/Rand. 76–92, 84. Dieser entwickelte die Formel der Person als „individuelle Substanz einer vernunftbegabten Natur". Der Status der Person steht damit allen Wesen mit Vernunftbegabung zu, die in einem ontologischen Sinne sind.

[280] *Damm*, AcP 202 (2002), 841 (853).

[281] *Kirste*, „Die zwei Seiten der Maske", in: Gröschner/Kirste/Lembcke (Hrsg.), Person und Rechtsperson, S. 369 f.

die unverwechselbare Subjektivität des Menschen und damit auch seine ausschließliche Position als Rechtssubjekt (keine „Würde der Tiere").[282] „Alles Recht ist
vorhanden um der sittlichen, jedem einzelnen Menschen innewohnende Freyheit
willen. Darum muß der ursprüngliche Begriff der Person oder des Rechtssubjekts
zusammenfallen mit dem Begriff des Menschen, und die ursprüngliche Identität
beider Begriffe läßt sich in folgender Formel ausdrücken: Jeder einzelne Mensch und
nur der einzelne Mensch ist rechtsfähig."[283]

Person und Mensch sind zwei unterschiedliche Begriffe im Rechtssystem und der
Begriff der Person unterlag rechtshistorischen Veränderungen. Daraus folgt grundsätzlich, dass auch heute das Recht verschiedenen Entitäten einen Personenstatus
zusprechen und diesen entsprechend ausfüllen kann. Der Gesetzgeber ist dabei nur an
die Schranken des Grundgesetzes gebunden und muss beachten, dass der Personenstatus natürlicher Personen dem Menschsein folgt und damit in unmittelbarem
Zusammenhang mit der Würde des Menschen steht.

3. Deskriptive Begriffe

Ein kurzer Hinweis sei an dieser Stelle auf deskriptive Begriffe gegeben. Diese
sind abzugrenzen von normativen Merkmalen[284], wobei die Abgrenzung im Einzelfall Schwierigkeiten bereitet[285] und teilweise insgesamt als überholt angesehen
wird.[286] Deskriptive Begriffe sind „sinnlich wahrnehmbar"[287] und „sollen [...] durch
ihre Zugehörigkeit zur äußeren oder inneren Sinneswelt gekennzeichnet sein"[288]. Sie
„bezeichnen [...] ein vorgegebenes Phänomen des realen Seins (z.B. „Sache",
„töten")"[289] und beziehen sich damit zwar auch auf Außerrechtliches, bedürfen im
Regelfall jedoch keiner Wertung.[290]

III. (Wertausfüllungsbedürftige) Begriffe der Rechtswissenschaft

Die Fragen nach Wechselwirkung und gegenseitiger Einflussnahme von ontischen Begebenheiten einerseits und normativen Systemen andererseits finden sich

---

[282] *Scholz*, in: Maunz/Dürig, GG, Art. 20a Rn. 75.

[283] *Savigny*, System des heutigen Römischen Rechts, Bd. II, S. 2.

[284] Dazu sogleich unten C. III. 1.

[285] *Sternberg-Lieben/Schuster*, in: Schönke/Schröder, StGB, § 15 Rn. 20.

[286] Dazu exemplarisch *Kudlich*, BeckOK StGB § 15 Rn. 14.

[287] *Sternberg-Lieben/Schuster*, in: Schönke/Schröder, StGB, § 15 Rn. 18.

[288] Ebd.

[289] *Eisele*, in: Schönke/Schröder, StGB, Vor § 13 Rn. 64.

[290] Zu dem Grenzbereich von deskriptiven und normativen Begriffen, in welchem eine
Wertung wiederum notwendig wird, siehe unten C. III. 1.

auch innerhalb des Rechtssystems. Während der klassische Normsatz Tatbestand und Rechtsfolge enthält und im besten Fall deskriptiv, daher aus sich selbst heraus verständlich ist, nehmen durchlässige Rechtsbegriffe auf außerrechtliche Wertungen Bezug. Die begriffliche Erfassung und die rechtstheoretische Wirkung dieser durchlässigen Begriffe, wie normativen Tatbestandsmerkmalen, Standards, Personen, Maßfiguren und Rechtsprinzipien[291] ist umstritten und auffallend ist lediglich, dass kaum Einigkeit herrscht. Nichtsdestotrotz unterscheiden sich diese Institute voneinander und lassen sich klassifizieren: Während sich normative Tatbestandsmerkmale schon rein begrifflich auf Tatbestandsmerkmale beziehen[292], lediglich „geistig verstehbar"[293],[294] sind und „nur unter [der] logische[n] Voraussetzung einer Norm vorgestellt oder gedacht werden"[295] können; sind Maßfiguren menschliche

---

[291] *Kuhli* nennt darüber hinaus Blankette, Generalklauseln und gesetzliche Ermessenselemente in *ders.*, Normative Tatbestandsmerkmale in der strafrichterlichen Rechtsanwendung, S. 171 ff.

[292] Dabei wird hier der Begriff des Tatbestandes in Anlehnung an *Jakobs* als „sämtliche materiell-rechtliche Bestrafungsvoraussetzungen" verstanden, vgl. *Jakobs*, Strafrecht AT, 2. Aufl., 1991, 6. Abschnitt Rn. 53; in ähnlicher Weise gebraucht *A. Kaufmann* hierfür den Begriff des gesetzlichen Tatbestandes, versteht darunter „den Inbegriff derjenigen Voraussetzungen, an welche die Strafe als Rechtsfolge geknüpft ist" (*Kaufmann*, Das Unrechtsbewusstsein, S. 164). *Walter* will den Begriff des Tatbestandes im weiteren Sinne und den gesetzlichen Straftatbestand gleichsetzen, vgl. *Walter*, Der Kern des Strafrechts, 2006, S. 61 f. Dazu auch *Wex*, Grenzen normativer Tatbestandsmerkmale, S. 39: „Begreift man die normativen Merkmale als Strukturelement eines Tatbestandes, diesen wiederum als Inbegriff aller Voraussetzungen, an die eine strafbare Handlung geknüpft ist [...], so sind die normativen Tatbestandsmerkmale sowohl im objektiven Tatbestand anzutreffen als auch innerhalb der Rechtswidrigkeit und der Schuld".

[293] Den Gegensatz stellen deskriptive Merkmale dar, welche in der Regel durch sinnliche Wahrnehmung erfolgen und bei denen sich dem Rechtsanwender bzw. Normadressaten die an ihn gestellte Sollensanforderung sofort erschließt, *Sternberg-Lieben/Schuster*, in: Schönke/Schröder, § 15 Rn. 18; zu der Unterscheidung auch *Vogel*, LK § 16 Rn. 23. Zu der durchaus komplexen Abgrenzung zu deskriptiven Merkmalen *Sternberg-Lieben/Schuster*, in: Schönke/Schröder, § 15 Rn. 20, außerdem unten C. III. 2.

[294] Beispielsweise sanktioniert § 106 UrhG denjenigen, der „in anderen als den gesetzlich zugelassenen Fällen ohne Einwilligung des Berechtigten ein Werk oder eine Bearbeitung oder Umgestaltung eines Werkes vervielfältigt, verbreitet oder öffentlich wiedergibt", mit einer Strafe. Dabei stellt sich dem Rechtsanwender zwangsläufig die Frage, wann denn ein Werk – welches er nicht vervielfältigen, verbreiten oder öffentlich wiedergeben darf – vorliegt. Zwar normiert § 2 UrhG den Begriff des Werkes; jedoch in Abs. 2 als „persönliche geistige Schöpfung". An dieser Stelle gelangt derjenige, welcher gedenkt, ein „Werk" zu veröffentlichen, zu der Frage, ob ein solches denn nun vorliegt.

[295] *Sternberg-Lieben/Schuster*, in: Schönke/Schröder, § 15 Rn. 19; *Engisch*, Mezger-FS, 147; *Roxin*, AT I 10/58; *Schlüchter*, Irrtum über normative Tatbestandsmerkmale im Strafrecht, S. 15 ff., 37; *Kunert*, Die normativen Merkmale des strafrechtlichen Tatbestands, S. 102, der freilich die Berechtigung der Unterscheidung leugnet und alle Tatbestandsmerkmale als „deskriptiv" bezeichnet; die Gegenauffassung vertreten *Mezger*, Traeger-FS, S. 187 ff., *Wolf*, Die Typen der Tatbestandsmäßigkeit, *ders.*, Strafrechtliche Schuldlehre 1. Teil, S. 93, *Lenckner*, JuS 1968, 249 ff., indem sie fast allen Merkmalen einen normativen Einschlag zuerkennen. Eine ausführliche Darstellung findet sich bei *Kuhli*, Normative Tatbestandsmerkmale in der strafrichterlichen Rechtsanwendung, 2017.

Idealtypen in einem jeweiligen Kontext.[296] So tritt für den Rechtsanwender bei Maßfiguren ein ähnliches Problem auf, wenn er mit der Verhaltensanforderung eines maßgerechten Menschen „Du sollst so sein"/„Du sollst nicht so sein, wie …" konfrontiert wird, indem er die von ihm verlangte Verhaltensanforderung verstehen muss. So hat bspw. der EuGH den Rechtsbegriff des Durchschnittsverbrauchers entwickelt. Die Irreführung durch Werbung muss, so der Gerichtshof, an einem „durchschnittlich informierten, aufmerksamen und verständigen Durchschnittsverbraucher" gemessen werden.[297] Eine ähnliche Konstruktion findet sich bei einer als Rechnung getarnten Anzeigenofferte, bei welcher ein Vorspiegeln eines angeblich zuvor erteilten Inserat-Auftrages dann vorliegt, wenn das Erscheinungsbild objektiv geeignet ist, bei einem unerfahrenen Adressaten den Eindruck einer Rechnung zu erwecken.[298] Sowohl dem Werbenden als auch dem Betrügenden stellt sich in derartigen Fällen zwangsläufig die Frage, wie ein solcher „Durchschnittsverbraucher" oder „Durchschnittsadressat" aussehen muss. Beide genannten Institute fungieren als das Einfallstor für das Sein in das Sollen und bedürfen hier einer Beleuchtung, um zu erklären, wie das Recht auf Außerrechtliches Bezug nimmt.[299]

1. Normative Tatbestandsmerkmale

Normative Tatbestandsmerkmale sind ein Einfallstor, welche außerrechtliche Wertungen in das abstrakte Normgefüge des Rechts einbeziehen.[300] *M. E. Mayer* schuf 1915 erstmals den Begriff der „normativen Tatbestandsmerkmale"[301] die

---

[296] Dazu bspw. *Duttke*, MüKo StGB, § 15 Rn. 117; er spricht dort jedoch kritisch von einer „völlig nichtssagende" Kunstfigur und verweist damit auf *Freund*, AT § 5 Rn. 25; *Maurach/ Gössel/Zipf*, § 43 Rn. 42 f.; *Otto*, AT, § 10 Rn. 14. Zu der Diskussion unten Kapitel C. III. 2., IV.

[297] EuGH, Slg. 2000, I-117, 147, Rn. 27.

[298] *Perron*, in: Schönke/Schröder, StGB, § 263 Rn. 16c. Als problematisch wurde diese Rechtsprechung angesehen, da es prinzipiell Angelegenheit des Erklärungsempfängers ist, objektiv richtige Behauptungen richtig zu verstehen, vgl. *Kindhäuser*, ZStW Bd. 103 (1991), 398 (406). An dieser Zuständigkeit ändert auch der böse Wille des Täters nichts, auf den der BGH abgestellt hatte, vgl. *Geisler*, NStZ 2002, 86.

[299] Vgl. dazu einleitend Frage 2, S. 85.

[300] Der Begriff der *Normativität* wird in einer Vielzahl von Bedeutungen verwendet, bspw. *Thelen*, Das Tatbestandsermessen des Strafrichters, S. 55 f., zu dem Thema auch *Kuhli*, Normative Tatbestandsmerkmale in der strafrichterlichen Rechtsanwendung. In diesem Zusammenhang auch die Diskussion um die Institute einer *normativen Auslegung* bzw. *Normativierung* im Strafrecht: *Schroeder*, JZ 2011, 187 ff.; *Küper*, GA 2006, 310 ff.; *Müssig*, FS-Dahs, S. 117 ff.; *Küpper*, Grenzen der normativierenden Strafrechtsdogmatik.
     Exemplarisch für das Spannungsverhältnis für das Verständnis normativer Tatbestandsmerkmale geht *Schroeder*, JZ 2011, 187 (188) von einem weiten Verständnis der Normativität etwa als Bindungs- oder Regelungswirkung aus. *Forst* und *Günther* beschreiben Normativität als eine „Art der Bindung ohne Fessel" und beziehen sich hiermit auf das „intelligible […] Phänomen des Sichgebundensehens durch Gründe für bestimmtes Verhalten", vgl. *Forst/ Günther*, in: dies. (Hrsg.), Die Herausbildung normativer Ordnungen, S. 11 (16).

[301] Die Bezeichnung als „normativ" wurde ursprünglich für die Schuld entwickelt, als man anfing, ihr Wesen in der Pflichtwidrigkeit, einem ethischen Werturteil der Missbilligung zu

„wertbestimmende Bedeutung" hätten und der sinnlichen Wahrnehmung nicht zugänglich seien.[302] Nach *Welzel* umschreibt das Gesetz in den Tatumständen „ein bestimmtes menschliches Verhalten im sozialen Raum. Das Sein, in dem sich dieses Verhalten abspielt, ist nicht die sinnfreie Realität der Naturwissenschaft, sondern die von Sinnbezügen durchzogene, bedeutungshaltige Wirklichkeit des sozialen Lebens. Von den Bestandsstücken dieser Wirklichkeit ist ein Teil sinnlicher Wahrnehmung zugänglich, ein anderer Teil nur geistig verstehbar."[303] Daher wird herkömmlicherweise zwischen deskriptiven und normativen Tatbestandsmerkmalen unterschieden.[304] Dabei spricht *Joecks* zusätzlich von einer dritten Kategorie, den Grenzbereichen deskriptiver Merkmale, welche zwar im Wesentlichen an die Umgangssprache angelehnt seien (z. B. Mensch, Sache), zu denen aber dennoch normative Aspekte hinzukommen.[305] *Kudlich* weist darauf hin, dass die Abgrenzung zwischen deskriptiven und normativen Tatbestandsmerkmalen nicht überschätzt werden darf, da sie zumindest an den Randbereichen nicht trennscharf möglich und letztlich in beiden Fällen zweierlei entscheidend sei: Der Täter müsse das wesentliche äußere Geschehen erkennen, welches für das Vorliegen eines Tatbestandsmerkmals bedeutsam ist und muss den sozialen Sinn dieses Geschehens nach Laienart erfassen.[306] Damit folgt er der herrschenden Meinung, nach der selbst deskriptive Merkmale ohne eine Wertung nicht auskommen. Auch sie sind mehr oder weniger unscharf: Bis zu welchem Grad sich bspw. der Begriff des Menschen unmittelbar erschließt und ab wann dort eine Wertung des Normadressaten erfolgt, ist unklar. Genuin normative Tatbestandsmerkmale oder generalklauselartige Formeln unterscheiden sich daher nur durch ihren höheren Grad an Wertausfüllungsbedürftigkeit.[307] Diese Ansicht ist an „die These der Normativität aller Tatbestandsmerkmale" von *Erik Wolf* angelehnt, nach dem die juristisch-methodologische Arbeitsweise jeden Wert und jede Tatsache umformt, weil sämtliche Elemente in den juristischen Tatbestand aufgenommen seien. Demzufolge seien alle Merkmale normativ.[308] Diese These vertritt auch *Jakobs*. Angesichts der normativ strukturierten Gesellschaft verlören alle tatbestandlichen Bezeichnungen deliktischen Verhaltens ihre deskriptive „Unschuld" und würden dergestalt normativiert, dass sich das Be-

---

sehen, vgl. *Liepmann*, Einleitung in das Strafrecht, 1900, S. 15, 157; *Finger*, Lehrbuch des deutschen Strafrechts, 1. Band, 1904, S. 229. Der Begriff „normativ" wurde ausdrücklich 1905 von *zu Dohna* mit der Formulierung „ethisches oder normatives Schuldelement" eingeführt, siehe *zu Dohna*, GS 65 (1905), 304 ff., 314; *M. E. Mayer*, Der Allgemeine Teil des deutschen Strafrechts, 1915 und 1923, S. 232 ff.

[302] *M. E. Mayer*, Der allgemeine Teil des deutschen Strafrechts, S. 183 f., aufgegriffen bspw. von *Schroeder*, JZ 66. Jahrg., Nr. 4 (2011), S. 187.

[303] *Welzel*, Das deutsche Strafrecht, S. 75 f.

[304] So bereits oben C. II. 3. Vgl. auch *Sternberg-Lieben/Schuster*, in: Schönke/Schröder, StGB, § 15 Rn. 17 ff.

[305] *Joecks*, MüKo StGB § 16 Rn. 70.

[306] *Kudlich*, BeckOK StGB § 15 Rn. 14.

[307] *Hecker*, in: Schönke/Schröder, StGB, § 1 Rn. 19.

[308] *Wolf*, Strafrechtliche Schuldlehre 1. Teil, S. 93.

wusstsein eines bestimmten Verhaltens vom Bewusstsein seiner Normwidrigkeit nicht trennen lasse.[309] *Kunert* vertritt dagegen die These von der Deskriptivität aller Merkmale. Der Tatbestand als die Beschreibung der Verbotsmaterie ist für *Kunert* die Beschreibung normwidrigen Verhaltens. Soweit die im Tatbestand liegende Vorbewertung nur durch diesen selbst in seiner Gesamtheit erfolgen kann, bekomme jedes einzelne Merkmal des Tatbestandes für sich allein betrachtet einen beschreibenden Charakter weshalb alle Merkmale deskriptiv seien.[310] Dieser „These" ist in der Literatur widersprochen worden. So merkt beispielsweise *Tiedemann*[311] an, dass es für das rechtliche Detail und insbesondere für die Frage nach der Täterkenntnis im Sinne des § 59 StGB (a.F.), aber auch die durch Art. 103 II GG gebotene Positivierung des Strafrechtssatzes nicht davon abhänge, ob die Werte selbst im Ontischen wurzeln. Dies sei eine grundsätzliche rechtsphilosophische Frage. Es könne überhaupt nur in einem philosophischen Sinne richtig sein, dass sich die rechtlichen Begriffe nicht als Deskriptionen eines gestalteten ontischen Seins darstellen.[312] Rechtlich sei die daraus gefolgerte Aussage, dass alle Tatbestandsmerkmale deskriptiv sind, nicht haltbar. Die Tatsache, dass schließlich auch die normativen Merkmale des Tatbestandes nur die Funktion haben, der Umschreibung des Strafbaren zu dienen, besage nichts über den Inhalt der Begriffe und die Art der Wahrnehmung.[313]

Trotz der nicht von der Hand zu weisenden Unschärfe, die im Hinblick auf die Abgrenzung von normativen und deskriptiven Merkmalen insbesondere in Grenzbereichen herrscht, kann die grundlegende und insbesondere für § 16 StGB relevante Unterscheidung[314] auf folgende Richtlinien gestützt werden: Die normativen unterscheiden sich von den deskriptiven Merkmalen insofern, als dass „die Letzteren durch einfache Tatsachenurteile, die Ersteren nur durch richterliche Werturteile festgestellt werden können."[315] *Schuster* zeigt in seiner Habilitationsschrift an

---

[309] *Jakobs*, Rudolphi-FS, S. 107 (113, 117).

[310] *Papathanasiou*, „Irrtum über normative Tatbestandsmerkmale", S. 58.

[311] *Tiedemann*, Tatbestandsfunktionen, S. 312, 313.

[312] *Tiedemann*, Tatbestandsfunktionen, S. 312, 313.

[313] *Tiedemann*, Tatbestandsfunktionen, S. 312, 313.

[314] Dabei muss unterschieden werden „welcher psychische Vorgang erforderlich ist, damit der Täter das Merkmal als ein solches des gesetzlichen Tatbestandes erkennt" und ob er die erforderliche rechtliche Wertung für die Einordnung des normativen Tatbestandsmerkmals mitvollzogen hat, vgl. *Sternberg-Lieben/Schuster*, in: Schönke/Schröder, StGB, § 15 Rn. 20 und im Ergebnis ebenso *Vogel*, LK § 16, Rn. 24, 30.

[315] *Mayer*, Das Strafrecht des deutschen Volkes, S. 108. Die normativen Merkmale können einer weitergehenden Unterteilung unterzogen werden. So können außerrechtliche normative Tatbestandsmerkmale wie bspw. Sitte oder Moral genutzt werden. Es können aber auch normative Tatbestandsmerkmale vorliegen, die aus anderen Gebieten der Rechtsordnung stammen. Diese sind streng akzessorisch gegenüber dem anderen Rechtsgebiet, das zu ihrer Ausfüllung in Bezug genommen wird. Beispielhaft sei auf das Merkmal einer „fremden Sache" beim Diebstahl oder der Sachbeschädigung hingewiesen, denn das Merkmal „fremd" verweist auf die Eigentumsordnung, stellt aber dennoch einen normativen Begriff dar.

zahlreichen Merkmalen[316] auf, wie rechtsnormative Tatbestandsmerkmale und die in Bezug genommenen Rechtsfolgen und Rechtsverhältnisse zusammenwirken. Letztere führen in der sozialen Wirklichkeit ein eigenständiges Dasein, der Subsumtionsstoff der vorgelagerten Rechtsnormen und diese selbst treten in ihrer Bedeutung dahinter mehr oder minder deutlich zurück.[317] Denn bei den normativen Tatbestandsmerkmalen wird ohne weiteres hingenommen, dass die Tatbestandsausfüllung durch außergesetzliche Akte erfolgt.[318] Da sich normative Tatbestandsmerkmale von deskriptiven nur durch ihre höhere Wertausfüllungsbedürftigkeit unterscheiden, wäre ein Verzicht auf Erstere – zumal auch sachlogisch unvermeidbar – eine überzogene Bestimmtheitsanforderung.[319]

2. Typusgedanken und Maßfiguren

Während der Personenstatus im Recht festlegt, wer überhaupt als Zurechnungssubjekt („Adressat") von Erwartungshaltungen[320] in Betracht kommt, konkretisiert sich die jeweils an den Täter gestellte oder zu stellende Erwartungshaltung gegenüber Maßfiguren, gegenüber „Typen im Recht". Da die Schuldzuschreibung analogistisch erfolgt, es also nicht um eine Negativabweichung von den an den konkreten Täter gestellten Erwartungen geht, sondern um solche, die an eine fiktive Person gestellt werden (können), stellt sich die Frage, wer diese Person ist – es geht hier nicht mehr um den Begriff der Person als Zurechnungspunkt für Erwartungen überhaupt, sondern um die Konkretisierung dieser Person aus dem Verkehrskreis des Täters, an welche konkrete Erwartungen gestellt werden.[321] Doch kennt das Recht

---

[316] Wie bspw. das Merkmal der Fremdheit und der Rechtswidrigkeit des erstrebten Vermögensvorteils, dem der strafbaren Vortat bei Anschlussdelikten, dem Pflichtwidrigkeitsmerkmal der Untreue, Vorenthalten und Veruntreuen von Arbeitsentgelt und dem Merkmal der Pflichtwidrigkeit der Diensthandlung bei der Amsträgerbestechung, vgl. *Schuster*, Das Verhältnis von Strafnormen und Bezugsnormen aus anderen Rechtsgebieten, S. 169–182.

[317] So lässt sich auch erklären, dass rechtsnormative Merkmale niemals ausdrücklich auf andere Gesetze verweisen, wie es bei Blankettnormen der Fall ist; *Schuster*, Das Verhältnis von Strafnormen und Bezugsnormen aus anderen Rechtsgebieten, S. 182.

[318] *Tiedemann*, Wirtschaftsstrafrecht AT, Rn. 101.

[319] *Hecker*, in: Schönke/Schröder (Hrsg.), Kommentar StGB, § 1 Rn. 19, ebd. Ihre Verwendung kann auch im Strafrecht nicht schlechthin verfassungswidrig sein. Für ihre Bestimmtheit genügt es, wenn sich ihr Inhalt anhand des Verweisungsobjektes ermitteln lässt. Zustimmend *Enderle*, Blankettstrafgesetze, S. 243. Das BVerfG führt aus: „Der Gesetzgeber kann Tatbestände auch so ausgestalten, dass zu ihrer Auslegung auf außerstrafrechtliche Vorschriften zurückgegriffen werden muss. Dies führt, soweit es sich nicht um Normen zur Ausfüllung eines strafrechtlichen Blanketts handelt, nicht dazu, dass auch die betreffenden außerstrafrechtlichen Vorschriften am Bestimmtheitsgebot des Art. 103 II GG zu messen wären." BVerfGE 126, 170, Rn. 196.

[320] Dazu bereits oben C. II. 2.

[321] Einen Überblick gibt *Duttge*, in: MüKo StGB § 15 Rn. 117: „ordentlichen Kaufmanns" (im Kontext der §§ 283, 283b), „sorgfältigen Kerzenbenutzers" (zu §§ 306d, 306 f), „gewissenhaften und verständigen (Tank-)Befüllers im Sinne des § 19k WHG", „umwelt- und risi-

einen Standard menschlichen Verhaltens und Verständnisses? Menschen sind bekanntlich vielfältig: Unterschiedliche Personen pflegen unterschiedliche Hand-
lungsweisen, sie haben unterschiedliche ästhetische Meinungen und verstehen
Mitteilungen unterschiedlich. Wer sind also diese Durchschnitts- und Mustermenschen? Schaffen sie einen echten Maßstab und enthalten sie Wertungen? Verbirgt
sich hinter ihnen ein rechtstheoretisches Konzept? Ein fundiertes Modell menschlichen Verhaltens? Diese Durchschnittspersonen scheinen einen Rahmen darzu-
stellen, innerhalb dessen menschliches Verhalten (rechtlich) legitimiert ist.[322] Doch
wissen wir mehr über den verständigen Verbraucher[323] oder den durchschnittlich
rechtstreuen Schwachsinnigen[324], als über den „freien Willen"? Oder erscheint auch
deren Bestimmung nur auf den ersten Blick selbstverständlich?

Die Maßfigur ist bereits seit langem Gegenstand wiederholter Untersuchungen.
Insbesondere bei der Fahrlässigkeitstat bestimmen sich Art und Maß der anzu-
wendenden Sorgfalt nach den Anforderungen, die bei objektiver Betrachtung ex ante
an einen besonnenen und gewissenhaften Menschen in der konkreten Lage und

---

kobewussten Rechtsgenossen" – „durchschnittlich befähigten und motivierten Beamten der
gehobenen Verwaltungslaufbahn" (jeweils zu §§ 324 ff.) oder – im Kontext der §§ 222, 229 –
eines „verständigen, umsichtigen und in vernünftigen Grenzen vorsichtigen (Kampf-)Hunde-
halters", „umsichtigen und erfahrenen Betriebsleiters einer Fahrversuchsanlage" (Transrapid),
eines „besonnenen und gewissenhaften Übungsleiters einer Fußballmannschaft" bzw. „im
Gewahrsamsvollzug gewissenhaften Polizeibeamten" oder eines „umsichtigen und erfahrenen
Arztes derselben Fachrichtung".

[322] Dabei geht es darum, zunächst einen Typus und davon ausgehend die an ihn berech-
tigterweise zu stellenden Erwartungen festzulegen. *Lewis* nennt dies Konvention und definiert
dies zunächst als „eine Verhaltensregularität R von Mitgliedern einer Gruppe G, die an einer
wiederholt auftretenden Situation S beteiligt sind, ist genau dann eine Konvention, wenn bei
jedem Auftreten von S unter Mitgliedern von G
  (1) jeder R folgt;
  (2) jeder von jedem anderen erwartet, daß er R folgt;
  (3) jeder es vorzieht, R zu folgen, sofern auch die anderen es tun, weil S ein Koordinati-
onsproblem ist und die allseitige Befolgung von R in S ein koordinatives Gleichgewicht ergibt."
Lewis, Konventionen, S. 43; wobei er diese ursprüngliche Definition im Weiteren noch
konkretisiert.

[323] Eine Geschäftspraktik ist nach Art. 6 I der Richtlinie über unlautere Geschäftspraktiken
(Richtlinie 2005/29/EG; UGP-Richtlinie) irreführend, „wenn sie in irgendeiner Weise … den
Durchschnittsverbraucher… zu einer geschäftlichen Entscheidung veranlasst, die er ansonsten
nicht getroffen hätte." Mit dem Durchschnittsverbraucher ist eine durchschnittlich informierte
und verständige, situationsbedingt aufmerksame Person gemeint. (…) es ist deshalb anzuerkennen, dass der an Wahrsagung Interessierte seine Nachfrageentscheidung als „informierter
und verständiger" Verbraucher im Sinne des Leitbildes trifft, wenn er die Dienste gerade
derjenigen Kartenlegerin in Anspruch nimmt, die eine besondere „Macht über die Karten" hat,
so OLG Düsseldorf: Der verständige Verbraucher von Wahrsagepraktiken – Macht über die
Karten in NJW 2009, 789.

[324] Eine Konstruktion des österreichischen OGH, JBl 1988, 330, zur Feststellung der allgemeinen Begreiflichkeit einer Gemütsbewegung für die Abgrenzung zwischen Totschlag und
Mord gemäß §§ 75, 76 des österreichischen StGB.

sozialen Rolle des Handelnden zu stellen sind.[325] Das Fahrlässigkeitsdelikt ist daher der wissenschaftliche Spielplatz für die Anwendung der Maßfiguren und dort werden die für und gegen den Nutzen der qualifizierten Maßfigur relevanten Aspekte hervorgebracht.[326]

Bei der sogenannten „differenzierten Maßfigur" handelt es sich um den anerkannten Sorgfaltsmaßstab eines einsichtigen und besonnenen Menschen aus dem Verkehrskreis des Täters.[327] Problematisch bleibt die Frage nach der Bestimmung des „Verkehrskreises". So ist noch eingängig, dass der auf dem Dach deckende Hausmeister an dem Maßstab eines gewissenhaften und einsichtigen Dachdeckers – und nicht Hausmeisters – zu messen ist.[328] Problematischer wird es, wenn Differenzierungen innerhalb bestimmter Lebenskreise fortgeführt werden müssten und welchen Grad die jeweils notwendige Differenzierung erreichen müsste.[329] Als Hauptargument für die Anwendung von Maßfiguren wird angeführt, sie seien denknotwendig für bestimmte Subsumptionsvorgänge. Für die differenzierte Maßfigur spricht ihre Ansehung als logisch notwendig zur Beantwortung bestimmter dogmatischer Fragestellungen. *Burgstaller* sieht den Rückgriff auf differenzierte Maßfiguren grundsätzlich als unmittelbar evident an.[330] *Lorenz* knüpft die Maßfigurenanwendung an den Typus-Gedanken an, das Musterbild.[331] Mit Verweis auf *Engisch* drängt mit dem

---

[325] *Fischer*, StGB, § 15 Rn. 16; ähnlich *Freund* in Küper-FS, Die Definitionen von Vorsatz und Fahrlässigkeit, S. 69 m.w.N.

[326] Ausführlich dazu *Sternberg-Lieben/Schuster*, in: Schönke/Schröder, StGB, § 15 Rn. 135. *Kühl* fasst zusammen, dass die objektive Pflichtwidrigkeit als selbstständiges Erfordernis teilweise überhaupt geleugnet wird, was entweder auf dem Boden einer objektiven Unrechtslehre oder auf der Grundlage einer Abgrenzung schon des Tatbestandes mit Hilfe eines individuellen, am Täter orientierten Maßstabes erfolgt. In anderen Fällen wird sie als bloßes Zurechnungskriterium gekennzeichnet, nur allgemein dem Unrechtsbereich zugewiesen oder ihrem Fehlen rechtfertigende Wirkung zugeschrieben. *Roeder* hat sie schon 1969 als selbstständiges Element der Schuld behandelt und ausgeführt: „Im Verbrechensaufbau ist der systematische Standort des nur bei fahrlässigen Delikten in Betracht kommenden Strafausschlusses der Einhaltung des sozialadäquaten Risikos nicht, wie die heute herrschende Lehre behauptet, die Rechtswidrigkeit (geschweige denn die Tatbestandsmäßigkeit), sondern die Schuld. Die Einhaltung des sozialadäquaten Risikos (…) begründet (…) einen obligatorischen Schuldausschließungsgrund." *Roeder*, Die Einhaltung des sozialadäquaten Risikos und ihr systematischer Standort im Verbrechensaufbau, 1969, S. 94) behandelt. Ausführlicher Überblick mit weiteren Nachweisen findet sich bei *Lackner/Kühl*, StGB, § 15 Rn. 38.

[327] *Burgstaller*, Das Fahrlässigkeitsdelikt im Strafrecht, 55, in Abgrenzung zu der (einfachen) Maßfigur, die nicht auf den Verkehrskreis des Täters abstellt, sondern allgemeine Anforderungen stellt.

[328] *Roxin* verwendet als Beispiel den Schornsteinfeger und den Installateur, *Schmid* konkretisiert in diesem Zusammenhang die Pflichten des Gesellschaftsorgans; vgl. *Roxin*, Strafrecht AT I, § 24 Rn. 35 und *N. Schmid*, SchwZStr 105 (1988), 172 ff.

[329] *Burgstaller*, Das Fahrlässigkeitsdelikt im Strafrecht, 57; das Beispiel des Hausmeisters findet sich auch bei *Kaufmann*, StRV 1964, S. 51.

[330] *Burgstaller*, Wiener Kommentar StGB, § 6 Rn. 49.

[331] *Lorenz*, Der Maßstab des einsichtigen Menschen, S. 74.

Typus „das vergleichsweise Konkrete ... zum Durchbruch".[332] Die Modellperson schaffe eine echte Konkretisierung, auch wenn sie selbst kein Teil der Realität sei. Vielmehr werde die Figur von der Rechtsordnung als „Modell" vorgestellt und sei „Bestandteil des Abstrakten".[333] Eine Handlung sei stets die Willensäußerung eines Subjekts und so nicht ohne dasselbe zu denken, weswegen die Bestimmung der sorgfältigen Handlung zunächst eines Leitbilds des Handelnden bedürfe. Losgelöst vom Subjekt sei der Übergang von dem Normbefehl, Sorgfalt anzuwenden, auf die konkret durchzuführende Handlung nicht möglich.[334] Er kommt zu dem Ergebnis, dass das Recht Höchst- und keine Durchschnittsforderungen stelle[335] – denn, „schließlich ist ... das Recht zum Teil berufen, gegen den Strom zu schwimmen, dem gewöhnlichen Lebenstypus entgegen zu treten, einen neuen Typus zu formen."[336] *Lorenz* kommt in seiner Untersuchung zu dem Ergebnis, die Sorgfaltsanforderung sei unmittelbar aus der Norm zu bestimmen.[337]

Die Rechtsfigur erfährt jedoch auch starke Kritik. Sie wird als Leerformel, die den Richter zu willkürlichen Entscheidungen verleiten kann, dargestellt. Kritisiert wird, dass die Figuren fiktiv und in der Realität nicht anzutreffen seien einerseits, andererseits missfällt auch die Orientierung am tatsächlichen menschlichen Verhalten aufgrund der Gefahr naturalistischer Fehlschlüsse.[338] Aus strafrechtlicher Sicht werden Verstöße gegen den Bestimmtheitsgrundsatz, das Gebot der Vorhersehbarkeit der Strafe[339] und, speziell im Bereich der Standardisierung des Opfers bei Selbstschädigungsdelikten, die mangelnde Vereinbarkeit mit der Rechtsgüterlehre geltend gemacht. Dieser Konflikt bedarf einer näheren Beleuchtung. Brauchen wir

---

[332] *Lorenz*, Der Maßstab des einsichtigen Menschen, S. 74 mit Verweis auf *Engisch*, Die Idee der Konkretisierung in Recht und Rechtswissenschaft unserer Zeit.

[333] *Lorenz*, Der Maßstab des einsichtigen Menschen, S. 75.

[334] *Lorenz*, Der Maßstab des einsichtigen Menschen, S. 74 ff.

[335] *Lorenz*, Der Maßstab des einsichtigen Menschen, S. 87.

[336] *Engisch*, Die Idee der Konkretisierung in Recht und Rechtswissenschaft unserer Zeit, S. 283.

[337] Und gerade nicht aus tatsächlichen Begebenheiten. *Lorenz*, Der Maßstab des einsichtigen Menschen, S. 97. Einen empirischen Bezug hält bspw. *Kuhlen* dagegen für notwendig, *Kuhlen*, Fragen einer strafrechtlichen Produkthaftung, S. 103 ff. Letzterem ist dank des Wortlauts des § 15 StGB wohl zuzustimmen.

[338] Der Naturalistische Fehlschluss bezeichnet den unmittelbaren Schluss vom Sein auf das Sollen – von einer sozialen Übung zur Rechtmäßigkeit, vgl. *Joerden*, Logik im Recht, S. 208 Fn. 14. „But if he confuses ‚good,‘ which is not in the same sense a natural object, with any natural object whatever, then there is a reason for calling that a naturalistic fallacy; its being made with regard to ‚good‘ marks it as something quite specific, and this specific mistake deserves a name because it is so common", *G. E. Moore*, Principia Ethica, S. 65. Dazu auch der Eintrag von *Halbig*, „Naturalistischer Fehlschluss", in: Düwell/Hübenthal/Werner (Hrsg.), Handbuch Ethik, S. 454–456.

[339] Vom BVerfG hergeleitet in der Entscheidung zur Gewaltqualität eines Sitzstreiks, BVerfGE 92, 1 ff. Danach richte sich das Bestimmtheitsgebot auch an den Strafrichter, der unbestimmte Rechtsbegriffe restriktiv auszulegen habe, vgl. *Tiedemann*, Wirtschaftsstrafrecht, II. Generalklauseln und Maßfiguren, Rn. 214.

Maßfiguren und die mit ihnen einhergehende Normativität im Recht? So mangelt es nach *Duttge* noch immer an einem Bezugspunkt zur Bestimmung des objektiven Sorgfaltsmaßstabs.[340] Bei Verwendung der differenzierten Maßfigur[341] werde lediglich eine Generalklausel durch eine andere ersetzt.[342] *Maurach/Gössel/Zipf* lehnen eine Orientierung am Durchschnitt ab, weil dieser „erfahrungsmäßig zur Laxheit" neige, auch bedenkliche Verkehrssitten sowie Missbräuche könnten durchschnittlich sein.[343] Überdies fordere die Meinung zu dem Einwand heraus, das Verhalten eines „homunculus normalis" werde hier zum Maßstab gesetzt; auch wenn dieser noch nicht erfunden sei: Ein Querschnitt zwischen den für Kraftfahrer und einen Chirurgen geltenden Anforderungen lasse sich nicht ziehen.[344] Die „Perspektive der oft herangezogenen, tatsächlich aber überhaupt nicht greifbaren Maßstabsperson als einem gedanklichen Konstrukt, dem alles andere als klare Konturen zu bescheinigen sind", lehnt auch *Freund* ab.[345] Sie funktioniere in Standardfällen, biete aber in Grenzsachverhalten keine Hilfe und auf ihr beruhende Erkenntnisse seien willkürlich.[346] Auch die Orientierung an dem betroffenen Verkehrskreis führe zu keinem Ergebnis, da diese Orientierung an dem Fehlen eines „akzeptablen Kriteriums zur Umgrenzung des maßgeblichen Verkehrskreises" fehlgehen müsste.[347] Die Maßfigur ist nicht imstande, „aus eigener Kraft die rechtlich geforderte Bewertungsleistung zu erbringen"; ihre inhaltliche Bestimmung stünde ihrem jeweiligen Schöpfer frei.[348] *Schmoller* prüft die Leistungsfähigkeit von Maßfiguren am Beispiel des „durchschnittlich rechtstreuen Schwachsinnigen".[349] Er kommt zu dem Ergebnis, dass sie keinen inhaltlichen Gewinn bieten[350] und die Personifizierung von

---

[340] *Duttge*, in: MüKo StGB § 15 Rn. 117.

[341] Eine Bezeichnung für das sorgfältige Mitglied eines Verkehrskreises, vgl. auch *Burgstaller*, Das Fahrlässigkeitsdelikt im Strafrecht, S. 54 ff.; *Kudlich*, in: Heintschel-Heinegg, § 15 Rn 45.

[342] *Duttge*, Zur Bestimmtheit des Handlungsunwerts von Fahrlässigkeitsdelikten, 209.

[343] *Maurach/Gössel/Zipf*, Strafrecht Allgemeiner Teil Bd. II, § 43 Rn. 33.

[344] *Maurach/Gössel/Zipf*, Strafrecht Allgemeiner Teil Bd. II, § 43 Rn. 33.

[345] *Freund*, Strafrecht Allgemeiner Teil, § 3 Rn 9.

[346] Dies gilt entsprechend der conditio-sine-qua-non-„Theorie", welche als Zurechnungsformel zunächst nur eine Grundregel darstellt, die jedoch noch der Ergänzung und Begrenzung durch weitere Zurechnungskriterien bedarf, *Eisele*, in: Schönke/Schröder, StGB, Vorb. §§ 13 ff. Rn. 92b. Zu dem Problem unter Bezugnahme philosophischer Ansätze auch *Puppe*, in: Kindhäuser/Neumann/Paeffgen (Hrsg.), StGB, Vorb. Zu §§ 13 ff., Rn. 109 ff.

[347] Dieses Problem sieht auch *Kuhlen*, wenn er anmerkt: „Je mehr man diese Figuren den wirklichen Akteuren eines bestimmten Verkehrskreises angleicht, desto gehaltvoller ist ihre argumentative Verwendung, desto stärker gleicht sich aber auch die Bestimmung der im Verkehr erforderlichen Sorgfalt der Deskription der im Verkehr tatsächlich geübten Sorgfalt an." *Kuhlen*, Fragen einer strafrechtlichen Produkthaftung, S. 162. Dabei beschreibt er zutreffend das auch hier zum Tragen kommende Verhältnis von Sein und Sollen, ebenso *Roxin*, AT BD I, § 24 Rn. 35.

[348] *Freund*, Strafrecht Allgemeiner Teil, § 5 Rn 25, 26, 36.

[349] Vgl. dazu bereits oben die Konstruktion des österreichischen OGH, JBl 1988, 330.

[350] *Schmoller*, JBl 112 (1990), 631, 644.

Rechtsbegriffen Nachteile aufweist: Sie würde den irreführenden Eindruck vollständiger empirischer Überprüfbarkeit erwecken, obwohl sie stets normative Elemente enthalte und könne den Rechtsanwender dazu verleiten, sich mit ihr zu
identifizieren und intuitive Entscheidungen zu treffen.[351] Einwände aus Sicht der
Rechtsgutlehre, die die Aufgabe und Grenze des Strafrechts im Schutz von
Rechtsgütern vor Gefährdung oder Verletzung sieht[352], werden von *Vergho* erhoben.
Er lehnt die Anwendung des im Ursprung wettbewerbsrechtlichen Maßes außerdem
ab, weil es ein Mittel zur Durchführung einer zivilrechtlich sinnvollen Abwä-
gungsentscheidung darstelle, die im Strafrecht aber gegen den Bestimmtheitsgrundsatz verstieße; das Leitbild, eine bloße Worthülse, könne als Begründung für
jedes beliebige Ergebnis dienen.[353] Nach *Fischer* erschöpfen sich diese Maßstäbe
objektiver Sorgfalt „in der retrospektiven Betrachtung freilich bisweilen in tauto-
logisch wirkenden Analogien: Was zum Beispiel von ‚durchschnittlich befähigten
und verständigen‘ und ‚in vernünftigen Grenzen vorsichtigen‘ Beamten, Kraftfah-
rern, Anlagenbetreibern, Zahnärzten oder Installateuren zu fordern ist, erschließt
sich vor einer Rechtsgutsbeeinträchtigung nur schwer und unabhängig von der
konkreten Handlungssituation überhaupt nicht.“[354] *Freund* ist gegen die Anwendung
einer Maßstabsfigur wenn er ausführt, dass die konkrete Person (der ‚Täter‘) zur
Verantwortung gezogen werden soll und nicht „irgendeine Kunstfigur“.[355] So würden
gedanklich zwei Personen vor Gericht gestellt, ein Homunculus und eine aus Fleisch
und Blut. Davon ausgehend führt er weiter aus, dass „dabei […] nicht der konkrete
Sachverhalt bewertet [wird], sondern ein hypothetischer Fall: *Wenn* der konkret
Handelnde oder Unterlassende eine Person mit den Eigenschaften der Kunstfigur
wäre, *hätte* er sich fahrlässig verhalten.“[356]

Zu der Bestimmtheit und Leistungsfähigkeit einer solchen Kunstfigur meint
Radbruch, dass ein aus der Hand des Gesetzgebers geborenes Ge- oder Verbot immer
ein „typologisches Gebilde“[357] verkörpert und diesen Typusbegriff – welcher dem
der Maßfigur sehr nahe steht[358] – hat er als „Durchgangsform(en) auf dem Weg zu den
als Endform erstrebten Klassenbegriffen“[359] verstanden. Diese Klassenbegriffe er-

---

[351] *Schmoller,* JBl 112 (1990), 631, 638.

[352] *Hassemer/Neumann*, in: Kindhäuser/Neumann/Paeffgen (Hrsg.), Kommentar StGB, Vor
§ 1 Rn 108.

[353] *Vergho*, wistra 2010, 86 (88 f.), ähnlich *Omsels*, GRUR 2005, 548, 554.

[354] *Fischer*, StGB, § 15 Rn. 16.

[355] *Freund*, „Die Definitionen von Vorsatz und Fahrlässigkeit“, in: Küper-FS, S. 70 m.w.N.

[356] *Freund*, in: Küper-FS, Die Definitionen von Vorsatz und Fahrlässigkeit, S. 70.

[357] *Radbruch*, Klassenbegriffe, in: GRGA, Bd. 3, S. 60, 69. Dies stellt nur einen Auszug der
von Radbruch aufgestellten Lehre zum Typus und zu Klassenbegriffen dar und einen umfas-
senderen Überblick gibt *Duttge*, Zur Bestimmtheit des Handlungsunwerts von Fahrlässigkeitsdelikten, S. 423 f.

[358] Vgl. dazu nur *Kaufmann*, „Analogie“ und „Natur der Sache“: Zugleich ein Beitrag zur
Lehre vom Typus, 2. Aufl. 1982.

[359] *Radbruch*, Klassenbegriffe, in: GRGA, Bd. 3, S. 60, 68.

weisen sich nach den Ausführungen *Radbruchs* als fließend, denn „die Unbere-
chenbarkeit gegenwärtiger und zukünftiger Fälle sorgt dafür, dass die festen Grenzen
scheinbar endgültig erreichter Klassenbegriffe immer wieder in Frage gestellt
werden, immer wieder als fließende sich erweisen."[360] Wie *Radbruch* geht auch
Kaufmann davon aus, dass unerreichbares Ziel der Gesetzgebung die „restlose
Verbegrifflichung des Typen"[361] sei, wobei es sich dabei um eine „Mittelhöhe
zwischen dem Allgemeinen und dem Besonderen"[362] handelt. Der Typus hat „einen
festen Kern, aber keine festen Grenzen, so daß von den für einen Typus charakte-
ristischen ‚Zügen' auch der ein oder andere fehlen kann, ohne daß damit die Typizität
eines bestimmten Sachverhalts in Frage gestellt zu sein braucht."[363] Dabei hat
Kaufmann den Zusammenhang des Typus mit der Sein-und-Sollen-Frage gesehen
und sieht in dem Typus einen „Katalysator, der bei jedem Akt der Gesetzgebung und
Rechtsfindung nötig ist, um Rechtsidee bzw. Gesetzesnorm und Lebenssachverhalte,
Sollen und Sein, in eine … ‚Entsprechung' bringen zu können"[364] Fragen zur Ty-
penlehre geht auch *Engisch* nach, erkennt aber eine „Typizität der Lebenserscheinungen" den normalen Typusbegriff erweiternd dort an, „wo die gesetzlichen Begriffe implicite oder explicite auf die Verkehrssitte und dergleichen hinweisen"[365]. Er
zählt dazu auch „Allgemeinbegriffe, die wir als solche gewöhnlich nicht mehr Typen
nennen, die aber dadurch, daß sie mit den besonderen Unrechtstypen in Verbindung
treten, an deren Bezüglichkeit auf die Lebenstypen teilhaben"[366]. *Engisch* setzt einer
alleinigen Orientierung am Durchschnittsmenschen das Erfordernis einer rechtlichen Wertung entgegen, widerspricht aber zugleich der umgekehrten Auffassung,
der innere Maßstab für den Normgehalt sei ausschließlich dasjenige, was aus
strafrechtlicher Sicht „als typisch geschehend vorausgesetzt und erwartet wird".

---

[360] *Radbruch*, Klassenbegriffe, in: GRGA, Bd. 3, S. 60, 69.

[361] *Kaufmann*, Analogie, S. 40.

[362] *Kaufmann*, Analogie, S. 37; *ders.*, Gerechtigkeit, S. 192; *ders.*, Rechtsphilosophie,
S. 127; *Sternberg-Lieben/Schuster*, in: Schönke/Schröder, StGB, § 15 Rn. 138 ff.

[363] *Kaufmann*, Analogie, S. 37; *ders.*, Gerechtigkeit, S. 192; *ders.*, Rechtsphilosophie,
S. 127.

[364] *Kaufmann*, Analogie, S. 44. Dies bezog sich bei *Kaufmann* auf die ‚Natur der Sache',
kann jedoch auch auf den Typusgedanken angewendet werden, ebenso *Duttge*, Zur Bestimmtheit des Handlungsunwerts von Fahrlässigkeitsdelikten, S. 425.

[365] *Engisch*, Konkretisierung, S. 276 f.

[366] *Engisch*, Konkretisierung, S. 277, er nennt beispielsweise das „erlaubte Risiko" oder das
„Außerachtlassen der im Verkehr erforderlichen Sorgfalt": „Wer die im Verkehr erforderliche
Sorgfalt außer Acht läßt, handelt der Typik des Verkehrs zuwider, wie sie sich auf Grund
Lebenserfahrung und sozialer Wertung herausgebildet hat. Gerade wenn man hier … die soziale
Wertung mit heran zieht, bewahrt man sich vor dem Mißverständnis, daß die Typik des
menschlichen geselligen Daseins einfach identisch sei mit dem, was faktisch geschieht, so daß
auch der Schlendrian, die menschliche Unsitte bestimmend werden könnten." *Ders.*, ebd.,
S. 279.

Beim „Formen einer solchen Maßfigur"[367] findet „wie so oft im Recht, ein Austausch zwischen Sein und Sollen statt"[368].

Es wird grundsätzlich nicht bestritten, dass das Recht zu normativen Setzungen befugt ist. Über „Musterfiguren" oder „Typen" im Recht bestehen wenige Reflexionen im Hinblick auf ihre rechtstheoretische Wirkungsweise, ihre argumentative Leistungsfähigkeit und den Zweck ihrer Anwendung. Beispielhaft sei an dieser Stelle auf *Duttge* verwiesen. Seiner Meinung nach bietet auch der häufig empfohlene Rückgriff auf „Durchschnittsanforderungen" keinen Ausweg aus dem Zirkelschluss, weil ein solcher „Durchschnitt" natürlich nicht als empirische, sondern nur als normative Größe gemeint sein könne.[369] Und weiter, dass ansonsten […] die richterliche Beurteilung gleichsam eine „Massenbeobachtung" voraussetzen [würde], die „ohne die größte Oberflächlichkeit" gar nicht zu bewerkstelligen wäre.[370] Gleiches vertritt *Burgstaller*, wenn er ausführt, die Maßfigur könne niemals statistisch sondern immer nur normativ begriffen werden.[371] Die Maßfigur ist selbst eine normative Setzung des Rechts.

3. Zusammenfassung

Normative Merkmale und Maßfiguren sind Einfallstore für außerrechtliche Wertungen in das Rechtssystem. Sie gelten überwiegend als sachlogisch notwendig, gleichzeitig ist ihre konkrete Abgrenzung und Funktion jeweils umstritten. An ihnen zeigt sich ebenso wie an dem Begriff der Natur der Sache die „Strukturverschlingung von Sein und Sollen"[372]. Der Begriff der Schuld wird als ein (durchschnittliches) Anders-Handeln-Können einer (Durchschnitts-)Person bestimmt. Einleitend wurde die Frage aufgeworfen, wie das Recht auf Außerrechtliches Bezug nehmen kann.[373] Dies geschieht, wie sich nun gezeigt hat, durch die Nutzung verschiedener Öffnungsklauseln.

---

[367] So formuliert es, Bezug auf *Engisch* nehmend, *Duttge*, dieser weist außerdem darauf hin, dass der Begriff der „Maßfigur" bei *Engisch* noch keine Verwendung findet, aber an dieser Stelle für das Gemeinte eingesetzt werden kann. *Duttge*, Zur Bestimmtheit des Handlungsunwerts von Fahrlässigkeitsdelikten, S. 426.

[368] *Engisch*, Konkretisierung, S. 283.

[369] *Duttge*, in: MüKo 2017, § 15 Rn. 118 mit Verweis auf *Kuhlen*, Fragen einer strafrechtlichen Produkthaftung, S. 84, 86; ausführlich *Duttge*, Zur Bestimmung des Handlungsunwerts bei Fahrlässigkeitsdelikten.

[370] *Duttge*, in: MüKo 2017, § 15 Rn. 118 mit Verweis auf *Binding*, Normen, Bd. IV, § 294.

[371] *Burgstaller*, Das Fahrlässigkeitsdelikt im Strafrecht, 55.

[372] Vergleich bereits oben C. I. 2. a).

[373] Vgl. nur oben B.

IV. Die Ausgestaltung des Rechts durch Moral oder Fakten

Der Feststellung, dass das Recht auf Außerrechtliches Bezug nehmen kann folgte die Untersuchung über die verschiedenen Öffnungsklauseln, durch welche der außerrechtliche Gegenstand Teil des Rechtssystems wird. Um die Maßfigur, welche neben den Täter gestellt wird und an der sich die Schuld des Täters misst, zu bestimmen, muss nun der Gegenstand dieser Bezugnahme erörtert werden. In Betracht kommt hier sowohl eine Anlehnung an das Sein oder an die Moral als ebenfalls normatives System. Wie diese Bezugnahme funktionieren kann, wird hinsichtlich einer Bezugnahme auf das Sein am Beispiel des Standards diskutiert, hinsichtlich einer moralischen Wertung am Beispiel von Prinzipien im Recht.[374] Der relevante Unterschied zwischen Rechtsprinzipien und Standards liegt in ihrem Bezugspunkt: Während Standards Bezug auf tatsächlich menschliches Verhalten und den dort faktisch vorhandenen Normalmaßstab nehmen, rekurrieren Prinzipien auf den Bereich der Moral. Anders ausgedrückt: Das Recht als normatives System nimmt durch Rechtsprinzipien Bezug auf die Moral als von dem Recht zu unterscheidendes normatives System. Diese Bezugnahme erfolgt horizontal und bleibt auf der Ebene des Sollens. Anders erfolgt dies bei Standards: Durch diese nimmt das Recht vertikal Bezug auf die Realität, das Sein. Da Ergebnis dieses Kapitels eine nähere Bestimmung der Maßfigur sein soll und diese unter Bezugnahme auf Außerrechtliches bestimmt werden muss, bedarf es einer vorhergehenden Konkretisierung der in Bezug genommenen Institute. So wird im Rahmen der Prinzipien nicht nur diskutiert, ob diese Gegenstand der Rechtsordnung werden können, sondern auch, ob die Menschenwürde aus Art. 1 I GG ein Rechtsprinzip im Sinne der Prinzipientheorie darstellt und welches Menschenbild dieser Menschenwürde zugrunde liegt.

1. Standard

Die normative Struktur des Rechtssystems führt auch zu dem Phänomen des Standards. Diesen gab es schon im klassischen römischen Recht, etwa in Gestalt der bona fides[375] und dem bonus ad diligens pater familias[376]. Dieser Standard ist abzugrenzen von der Norm im Sinne der tatbestandsmäßig fixierten Rechtsregel.[377] Die Norm unterscheidet sich vom Standard im Sinne des abstrakten, tatbestandsmäßig festgelegten Rechtssatzes, der im asyllogistischen Schlussverfahren logisch nach-

---

[374] Dabei handelt es sich um eine vereinfachte Darstellung, da beide Institute sowohl rechtlich-normative als auch außerrechtliche Aspekte enthalten, deren jeweiliger Anteil und Zusammenwirken umstritten sind, dazu sogleich; zu dem „Wechselspiel" bereits oben zur „Natur der Sache", C. I. 2. a).

[375] „Guter Glaube", in: *Söllner*, SZ Rom 122 (2005), S. 1 ff.

[376] Ebenfalls bekannt als „bonus pater familias," übersetzt „der gute (und vorsichtige) Familienvater".

[377] *Strache*, Das Denken in Standards, S. 64, vgl. oben C. II. 1.

prüfbar auf konkrete Sachverhalte angewendet werden kann. *Strache* folgert, dass der Standard sich seiner logischen Struktur nach nicht definieren lässt, er sei seiner logischen Struktur nach ein Typus, ein Normaltyp korrekten Verhaltens.[378] Ein Standard ist deskriptiv, er bestimmt (lediglich) wie „eine bestimmte Schraubensorte beschaffen ist"[379] und nicht, wie sie beschaffen sein soll. Damit repräsentieren Standards das „Normale", das „Erwartete" innerhalb einer bestimmten Umgebung.[380] Es sind Realtypen und gerade nicht „gebildete Idealtypen im logischen Sinne", da das Normale in der Realität notwendig vorkommt.[381] „Allerdings sind Standards auch Idealtypen im axiologischen Sinne des Vorbildlichen, was es im sozialen Verhalten zu verwirklichen gilt."[382] Ein Standard ist daher nicht definierbar und könne nicht in einem syllogistischen Schlussverfahren angewendet werden, er sei nicht starr sondern von einer gewissen Beweglichkeit und Veränderlichkeit.[383] Solche Normalverhaltenstypen sind im Bereich des Rechts notwendig von Bedeutung.[384] Der Standard enthält selbst einen normativen Charakter und keine bloßen Aussagen über soziologische Begebenheiten. Der Unterschied zwischen Standard und Norm ist demnach nicht der zwischen Sein und Sollen.[385] Standard und Norm seien darin verschieden, „daß den Inhalt der Standardnorm als eines Typus ein vom Sein nicht endgültig ablösbares Wissen bildet, während die begriffliche fixierte Rechtsregel abstrahierte, in Allgemeinbegriffen gefasste Vorstellungsgehalte zum Inhalt hat".[386] Aufgrund der normativen Seite (oder des normativen Anteils) des rechtswissenschaftlichen Standards bedarf dieser zu seiner normativen Gültigkeit einer normativen Setzung in Form einer geschriebenen oder ungeschriebenen Norm der positiven Rechtsordnung.[387] Diese normative Setzung würde die Rechtspflicht zu einem dem Normalmaßstab entsprechenden Verhalten erst begründen.[388] „Dabei ist es für die Darstellung der Natur des Standards gleichgültig, ob man diese Vorbedingung ihrer normativen Geltung als soziologisch-psychologische Verursachung oder rein formal-logisch als Ableitung eines Sollens aus einem anderen Sollen

---

[378] *Strache*, Das Denken in Standards, S. 66.

[379] *Möllers*, Die Möglichkeit der Normen, S. 228.

[380] *Strache*, Das Denken in Standards, S. 65; er spricht dort von einer bestimmten „Klasse", da er Standards an dieser Stelle lediglich als Objekte sieht. Mir geht es vorliegend hingegen um den Standard menschlichen Verhaltens, weshalb ich den Begriff der „Umgebung" gewählt habe.

[381] *Strache*, Das Denken in Standards, S. 65.

[382] *Strache*, Das Denken in Standards, S. 65

[383] *Strache*, Das Denken in Standards, S. 65.

[384] *Strache*, Das Denken in Standards, S. 66; dagegen könne in der Ethik gegen ein Werten am „Normalen" der Einwand erhoben werden, dass das Normale (auch) das Nichtssagende sei, während die Eigentlichkeit der menschlichen Existenz nur in Grenzsituationen erfahren werden könne. Mit Verweis auf *Kant*, Kritik der Urteilskraft Bd. 7 der Gesamtausgabe von Hartenstein, S. 81; *Heidegger*, Sein und Zeit, 1. Hälfte, unveränderte 4. Aufl. 1935.

[385] *Strache*, Das Denken in Standards, S. 67.

[386] *Strache*, Das Denken in Standards, S. 67 f.

[387] *Strache*, Das Denken in Standards, S. 67.

[388] *Strache*, Das Denken in Standards, S. 67.

versteht: Das Phänomen der Standardnormen als solches läßt sich ‚theoretisch' den gegensätzlichen Positionen sowohl der soziologischen als der rein normativen Rechtslehre einfügen. Einerseits räumt auch die soziologische Rechtstheorie ein, daß ein Unterschied bestehen müsste zwischen der bloßen Regelmäßigkeit eines Verhaltens und seinem Gebotensein, zwischen soziologischem Sachverhalt und Norm, wobei diese Verschiedenheit freilich soziologisch-psychologisch gedeutet wird. (…) Andererseits schließt die Reine Rechtslehre bekanntlich nicht aus, daß ein qualifiziertes Sein Inhalt eines Sollens wird, versteht diesen Vorgang aber rein formallogisch, d. h. als Ableitung eines Sollens aus einem anderen Sollen und will die Aufgabe der Rechtswissenschaft auf die Darlegung dieser logischen Beziehung beschränken. (…) Das Phänomen des Standards steht damit nicht im Widerspruch zur rein normativen Rechtslehre, von ihrer Position aus kommt es vielmehr in seiner Eigenheit gar nicht erst in den Blick."[389]

Standards sind Wertbegriffe, welche Normalverhalten zum Inhalt haben.[390] Der Inhalt eines Standards könne daher nicht definiert, ihr Inhalt nicht wie der eines Allgemeinbegriffs endgültig bestimmt werden und sie sind nicht auf konkrete Sachverhalte anwendbar. Ihr Anwendungsbereich kann nur durch Musterbeispiele deutlich gemacht werden.[391] Das für einen bestimmten Lebensbereich normale, erwartete Verhalten bildet den Maßstab, denn der Inhalt der Standardnormen kann nicht ohne Wechselwirkung zu den sozialen Gegebenheiten bestimmt werden, für die sie gelten sollen.[392] Es geht um das „Normale", das „Erwartbare" innerhalb einer bestimmten Umgebung.

Dieser Standard im rechtlichen Sinn bedürfte, um normative Gültigkeit zu erlangen, einer normativen Setzung. Diese normative Setzung in Gestalt einer geschriebenen oder ungeschriebenen Norm der positiven Rechtsordnung könnte dann eine Rechtspflicht zu einem dem Normalmaßstab entsprechenden Verhalten begründen. Mangels einer solchen (straf-)gesetzlichen Grundlage ist im Ergebnis allerdings de lege lata keine standardmäßige Konkretisierung der Schuldidee möglich.

---

[389] *Strache*, Das Denken in Standards, S. 67 Fn. 3 mit Verweis auf *Ehrlich*, Grundlegung der Soziologie des Rechts, S. 135 ff. sowie *Kelsen*, Hauptprobleme der Staatsrechtslehre, S. 9 ff.; *ders.*, Reine Rechtslehre, S. 1 ff., 9 ff.

[390] *Esser*, Grundsatz und Norm, S. 68.

[391] *Strache*, Das Denken in Standards, S. 71.

[392] *Strache*, Das Denken in Standards, S. 93; er spricht von der „vorrechtlichen sozialen Realität". Daraus ergibt sich auch, dass „dort, wo noch kein Normaltypus feststellbar ist, wo noch nicht ein Normalverhalten von gewisser Dichte sich herausgebildet hat und daher noch keine repräsentativen, allgemeinakzeptablen Typenmuster vorhanden sind, kann noch kein Verstoß gegen einen Standard festgestellt werden." Mit Verweis auf *Stoll*, Rechtsidee und Privatrechtslehre, in: Jherings-Jahrbücher, Bd. 76, 1926, S. 179.

2. Rechtsprinzipien

So verbleibt offenbar nur der Ausweg, die Schuld als ein dem Strafrecht zugrundeliegendes Prinzip zu begreifen. Doch die Frage, ob neben Rechtsnormen auch Rechtsprinzipien Bestandteile der Rechtsordnung sind, ist in der Rechtswissenschaft umstritten. Gegen eine Geltung von Prinzipien als Teil des Rechts spricht, dass sie innerhalb der Normpyramide nirgendwo aufzufinden sind. Sie unterliegen keinem formellen Rechtsetzungsakt und werden daher nicht offizieller Bestandteil des Rechtssystems. Dagegen wurde eine strikte Trennung von Prinzipien und Rechtsregeln wiederholt angegriffen, eine Meinung verneint die strenge logische Trennung zwischen Prinzipien und Normen.[393] Neben der Frage, ob Prinzipien überhaupt Bestandteil der Rechtsordnung sind[394], stellt sich darüber hinaus die weitere Frage nach dem Begriff der Prinzipien[395]. In einem weiteren Schritt stellt sich die Frage, ob die Grundrechte und insbesondere Art. 1 I GG auch als Prinzip zu klassifizieren sind[396] und weiterhin, eine Bejahung des Letzteren vorausgesetzt, welches Menschenbild über Art. 1 I GG Gegenstand des Rechtssystems ist[397].

a) Rechtsprinzipien als Bestandteil der Rechtsordnung

Die bloße Existenz von Prinzipien als moralische Bausteine des Rechts soll die Trennung von Recht und Moral widerlegen; die Prinzipientheorie greift damit den strengen Rechtspositivismus an. Dieser kann aufgrund des Wertebezugs von im Recht existierenden Prinzipiennormen kein taugliches Erklärungsmodell sein.[398] *Heinold* weist darauf hin, dass eine umfassende Beschäftigung mit dem, was Prinzipien und Grundsätze des Rechts sind, noch aussteht.[399] Über den praktisch relevanten Bereich hinaus besteht eine gewisse Skepsis gegenüber Prinzipien, denn ihre unklare begriffliche Beschreibung legt den Verdacht nahe, sie seien inhaltlich beliebig und aus ihnen lasse sich jedes Urteil begründen.[400]

Doch nach einer anderen Ansicht beeinträchtigen weder die angebliche inhaltliche Beliebigkeit noch die bisher mangelhafte theoretische Erfassung die reale

---

[393] *Hart*, The Concept of Law 2 (1994), 261 ff.; im deutschen Sprachraum *Poscher*, RW 2010, 349–372, mit weiteren Nachweisen.

[394] Dazu sogleich unten a).

[395] Dazu sogleich unten b).

[396] Dazu sogleich unten c).

[397] Dazu sogleich unten d).

[398] *Koller*, Theorie des Rechts, S. 127 f.

[399] *Heinold*, Die Prinzipientheorie bei Ronald Dworkin und Robert Alexy, S. 27 Fn. 7.

[400] *Esser*, Grundsatz und Norm S. 1. *Heinold* verweist in diesem Zusammenhang auf die Strömungen der Freirechtsschule und des angloamerikanischen legal realism. Diese gehen beide davon aus, dass der Richter kein Recht anwendet, sondern ein Urteil findet und nachträglich die rechtliche Begründung dafür sucht. *Heinold*, Die Prinzipientheorie bei Ronald Dworkin und Robert Alexy, S. 28.

Wirksamkeit von Grundsätzen des Rechts.[401] Für eine Ansehung von Prinzipien als Bestandteil der Rechtsordnung spricht trotz der vorliegenden Kritik, dass die Erzeugung von den generellen, positiven Rechtsnormen durch Prinzipien der Moral, Politik und Sitte beeinflusst wird. Diese Prinzipien sind an die rechtserzeugenden Autoritäten gerichtet und fordern einen bestimmten Inhalt der zu erzeugenden Rechtsnorm.[402] Prinzipien sind Leitgedanken, die hinter Rechtsprechung und Gesetzgebung stehen.[403] Diese Prinzipien haben im Common Law Ordnungsfunktion, sie bilden einen Rahmen in dem die organische Entwicklung stattfindet, unterliegen selbst jedoch einer Veränderung.[404] Auf die Entwicklung der Prinzipientheorie, welche maßgeblich durch *Alexy* und *R. Dworkin* geprägt wurde, wurde bereits Bezug genommen. Zusammenfassend haben Prinzipien nur eine Gewichtsdimension und bestimmen nicht unmittelbar die normativen Folgen.[405] Daraus folgt die Definition von Prinzipien als Optimierungsgebote.[406] Die Regel ist die gesetzliche Anordnung, das Prinzip hingegen die Grundlage, von der aus argumentiert wird. Prinzipien dienen daher als Argumentationsmuster, welche im Gegensatz zu Regeln nicht wortlautgetreu verstanden werden sollen.[407] Sie beziehen sich nach dieser Vorstel-

---

[401] *Heinold*, Die Prinzipientheorie bei Ronald Dworkin und Robert Alexy, S. 29 mit Verweis auf *Esser*, Grundsatz und Norm, S. 88.

[402] *Kelsen*, Allgemeine Theorie der Normen, S. 92.

[403] *Holmes*, The Common Law, S. 1 f.: „The law embodies the story of a nation's development through many centuries, and it cannot be dealt with as if it contained only the axioms and corollaries of a book of mathematics. (…) But the most difficult labor will be to understand the combination of the two into new products at every stage. The substance of the law at any given pretty nearly corresponds, so far as it goes, with what is then understood to be convenient; but its form and machinery, and the degree to which it is able to work out desired results, depend very much upon its past." *Dworkin* verweist zur Bejahung der Existenz von Prinzipien als Teil der Rechtsordnung unter anderem auf die in dem Fall Riggs v Palmer (115 N.Y. 506, 22 N.E. 188 (1889)) entschiedene Frage, ob ein Mörder das ihm durch den Ermordeten testamentarisch zugedachte Erbe antreten könne. Ein New Yorker Gericht hatte dazu ausgeführt, die einschlägigen Vorschriften enthielten, wörtlich verstanden („literally construed") keinerlei Hindernis. Da aber alle Gesetze und Verträge in ihrer Durchführung und ihrem Effekt den generellen, fundamentalen Maximen des Common Law unterlägen, müsse auch hier beachtet werden, dass niemand durch seinen eigenen Betrug profitieren oder durch seinen eigenen Fehler Vorteile erzielen dürfe, niemand einen Anspruch auf eine eigene Ungerechtigkeit stützen, und niemand Eigentum durch die Begehung eines Verbrechens erlangen dürfe. Der Mörder erhielt die Erbschaft nicht. Vgl. *Dworkin*, Taking Rights Seriously, 23.

[404] *Heinold*, Die Prinzipientheorie bei Ronald Dworkin und Robert Alexy, S. 33.

[405] *Alexy*, Rechtsregeln und Rechtsprinzipien, in: Archiv für Rechts- und Sozialphilosophie, Beiheft 25 (1985), S. 17.

[406] *Avila*, Theorie der Rechtsprinzipien, S. 27; *Dworkin* unterscheidet noch zwischen „principles" und „policies" und führt in diesem Zusammenhang aus: „I call a ‚principle' a standard that is to be observed, not because it will advance, or secure an economic, political, or social situation deemed desirable, but because it is a requirement of justice or fairness, or some other dimension of morality.", in: *Dworkin*, Taking Rights Seriously, S. 22.

[407] *Pound*, Common Law and Legislation, HLR 21 (1908), 383 (385) und (389 f.).

lung vielmehr auf den Bedeutungszusammenhang.[408] In der deutschen Diskussion um die Frage nach der Bedeutung von Prinzipien hat *Josef Esser* 1956 in seinem Werk „Grundsatz und Norm in der richterlichen Fortbildung des Privatrechts" eine grundlegende Auseinandersetzung geliefert. Er schreibt Prinzipien einen Kern zu, der universal gilt.[409] Prinzipien sind nach *Esser* die eigentlichen Träger normativer Anordnungen.[410] Sie statuieren Fundamente, damit ein bestimmtes Gebot gefunden wird.[411] Betrachtet man die geschlossene Rechtsordnung als einen Gesamtkörper, so findet man den Geist dieser Ordnung in seinen Prinzipien.[412] Denn ein normatives System kann als an bestimmten Grundsätzen ausgerichtet beschrieben werden.[413] *Larenz* definiert Prinzipien als Normen von hoher Relevanz für die Rechtsordnung, insofern sie normative Grundlagen für die Auslegung und Anwendung des Rechts festlegen und sich aus ihnen mittelbar Verhaltensnormen ergeben.[414] Sie sind leitende Gedanken einer vorhandenen oder möglichen Regelung, denen jedoch (noch) ein formaler Charakter von Rechtssätzen in Form der Verbindung von Tatbestand und Rechtsfolge fehlt. Prinzipien geben daher nur die Richtung vor, in der die aufzufindende Regel ihren Ort hat.[415] Prinzipien haben daher eine hohe Relevanz für die Rechtsordnung, insofern sie normative Fundamente für die Auslegung und Anwendung des Rechts statuieren und von ihnen Verhaltensnormen ausgehen.[416] Nach *Canaris* haben Prinzipien im Gegensatz zu Regeln einen werttheoretischen Inhalt und bedürfen daher den Regeln zu ihrer Konkretisierung. Außerdem erfahren Prinzipien ihren Sinngehalt erst durch einen dialektischen Prozess der Ergänzung und Begrenzung.[417] *Ávila* fasst zusammen, dass es schwache und starke Unterscheidungen zwischen Prinzipien und Regeln gibt, wobei er unter Regeln das konditionale Schema eines Wenn-dann-Satzes versteht. Darüber hinaus – so führt er aus – gebe es folgende Unterscheidungskriterien:[418]

– „Erstens gibt es das Kriterium des hypothetisch-konditionalen Charakters, begründet in der Tatsache, dass die Regeln einen Tatbestand und eine Folge haben, die eine Entscheidung im Voraus bestimmen und damit nach dem Modus wenn-dann angewandt werden, während die Prinzipien nur die vom Anwender zu verwendende Grundlage angeben, um künftig die Regel für den konkreten Fall zu finden. *Dworkin* behauptet: ‚Falls die durch eine Regel angegebenen Tatsachen

---

[408] *Heinold,* Die Prinzipientheorie bei Ronald Dworkin und Robert Alexy, S. 33 mit Verweis auf *Pound,* Common Law and Legislation, HLR 21 (1908), 383 (385) und (389 f.).

[409] *Esser,* Grundsatz und Norm, S. 172.

[410] *Esser,* Grundsatz und Norm, S. 201 f.

[411] *Esser,* Grundsatz und Norm, S. 51.

[412] *Heinold,* Die Prinzipientheorie bei Ronald Dworkin und Robert Alexy, S. 37.

[413] *Heinold,* Die Prinzipientheorie bei Ronald Dworkin und Robert Alexy, S. 39.

[414] *Larenz,* Richtiges Recht, S. 26. *Ders.,* Methodenlehre der Rechtswissenschaft, S. 474.

[415] *Larenz,* Richtiges Recht, S. 23.

[416] *Larenz,* Richtiges Recht, S. 26. *Ders.,* Methodenlehre der Rechtswissenschaft, S. 474.

[417] *Canaris,* Systemdenken und Systembegriff in der Jurisprudenz, S. 50, 53 und 55.

[418] *Ávila,* Theorie der Rechtsprinzipien, S. 28.

eintreten, ist entweder die Regel gültig und muss dann die von ihr bereit gestellte Antwort angenommen werden, oder ist sie nicht gültig und leistet dann keinen Beitrag zur Entscheidung.‘[419] *Alexy* schlägt einen nicht allzu unterschiedlichen Weg ein, wenn er Regeln als Normen, deren Prämissen unmittelbar oder mittelbar erfüllt werden, definiert.[420]

– Zweitens gibt es das Kriterium des finalen Anwendungsmodus, das sich darauf gründet, dass die Regeln auf absolute Weise, Alles-oder-Nichts, angewandt werden, während die Prinzipien auf graduelle Weise, Mehr-oder-Weniger zur Anwendung gelangen.

– Drittens gibt es das Kriterium der normativen Beziehung, gegründet auf die Vorstellung, dass die Antinomie zwischen den Regeln zu einem echten Konflikt führt, der durch die Erklärung der Ungültigkeit einer der Regeln oder die Einführung einer Ausnahme zu lösen ist, während die Beziehung zwischen Prinzipien in einer Verschränkung besteht, die durch eine Abwägung, die einem jeden von ihnen eine Gewichtsdimension zuschreibt, auflösbar ist.

– Viertens gibt es das Kriterium des werttheoretischen Fundaments, wonach die Prinzipien, anders als die Regeln, als werttheoretische Fundamente für die zu treffende Entscheidung anzusehen sind.‘[421]

Allerdings sind Prinzipien nicht mit Werten gleichzusetzen: Sie sind zwar auf Werte bezogen, indem sie die Setzung von Zwecken als einer positiven Kennzeichnung des Zustandes, den man zu fördern wünscht, implizieren. Gleichzeitig entfernen sie sich von ihnen, da Werte auf einer werttheoretischen oder rein teleologischen Ebene angesiedelt sind. Dennoch ist der Bezugspunkt von Rechtsprinzipien im Bereich der Moral anzusiedeln. Rechtsprinzipien importieren moralische Wertentscheidungen in die Rechtsordnung. Für die Existenz von Prinzipien als Bestandteil der Rechtsordnung spricht trotz der bereits dargestellten Kritik, dass die Erzeugung von den generellen, positiven Rechtsnormen durch Prinzipien der Moral, Politik und Sitte beeinflusst wird. So widerspricht weder die angebliche inhaltliche Beliebigkeit noch die bisher mangelhafte theoretische Erfassung der realen Wirksamkeit von den Grundsätzen des Rechts ihrer Geltung im Rechtssystem.[422] Sie sind damit Bestandteil der Rechtsordnung.

---

[419] *Ávila*, Theorie der Rechtsprinzipien, S. 28 mit Verweis auf *Alexy*, Rechtsregeln und Rechtsprinzipien, Archiv für Rechts- und Sozialphilosophie, Beiheft 25 (1985), S. 20.

[420] *Alexy*, Rechtssystem und praktische Vernunft, in: Recht, Vernunft Diskurs, S. 216 f. *Ders.*, Theorie der Grundrechte, S. 77; so auch *Ávila*, Theorie der Rechtsprinzipien, S. 28.

[421] *Ávila*, Theorie der Rechtsprinzipien, S. 28 f.

[422] Bereits zitiert *Heinold*, Die Prinzipientheorie bei Ronald Dworkin und Robert Alexy, S. 29 mit Verweis auf *Esser*, Grundsatz und Norm, S. 88.

b) Begriff der Prinzipien

Nicht nur die bloße Existenz von Rechtsprinzipien, sondern auch ihr konkreter Begriff ist umstritten; zu der Frage, was unter einem Rechtsprinzip konkret zu verstehen sein soll, bestehen verschiedenartige Ansätze. Der Begriff des Rechtsprinzips bei *Alexy* ist ein „ideales Sollen" welches abweicht von den Optimierungsgeboten, welche außerhalb der Prinzipientheorie vertreten werden.[423] Das „ideale Sollen" *Alexys* geht weiter, die Verhaltensanforderung ist nicht auf eine Verhaltensoptimierung, sondern auf eine Verhaltensidealisierung gerichtet. Dieses idealisierte Verhalten ist ein Theoriekonstrukt, welches in der Realität nicht aufrechterhalten werden kann. Die Prinzipien können nur in ihrer Idealität ihrem unbedingten Wortlaut gerecht werden und werden erst in einem zweiten Schritt auf die Möglichkeiten der Realität relativiert.[424] Das „ideale Sollen" wird konkretisiert und herabgesetzt auf ein „reales Sollen". Sobald diese Konkretisierung vollzogen wurde, erhalten Prinzipien die Form von Optimierungsgeboten.[425] Die Prinzipientheorie beruht auf einem normativen Dualismus. Danach sind „Rechtsnormen entweder Regeln oder Prinzipien und unterscheiden sich in ihrer formalen Struktur: Während Regeln eine Rechtsfolge definitiv anordnen, sehen Prinzipien ihre Rechtsfolgen nur prima facie vor".[426] Wird eine Norm als Regel qualifiziert, muss ihre Rechtsfolge zwingend angeordnet werden. Im Falle einer Normkollision muss eine Norm zurücktreten, damit die andere angewendet werden kann. Ist eine Norm durch unmittelbare Subsumption anwendbar, lässt sie sich dadurch als Rechtsnorm qualifizieren. Prinzipien hingegen folgen keinem konditionalen Schema; lässt sich eine Rechtsnorm daher nicht durch unmittelbare Subsumption anwenden, fällt sie in die Kategorie der Rechtsprinzipien.[427] Als solches muss die Norm im Kollisionsfall im Wege der optimierenden Abwägung angewendet werden. Aus diesem Grund seien auch Grundrechte als Rechtsprinzipien zu qualifizieren.[428] Sowohl *Josef Esser* als auch *Ronald Dworkin* unterscheiden in ähnlicher Weise zwischen Regeln und Prinzipien. *Esser* spricht von Rechtssätzen, welche sich durch ihre Bestimmbarkeit als solche auszeichnen, *Dworkin* von Rechtsnormen. Rechtsnormen sind nach seiner Ansicht entweder auf einen Fall anzuwenden oder nicht, während Prinzipien gebieten, ein Ziel so weit wie möglich zu verwirklichen. Bei der Kollision von Prinzipien sei dem Stärkeren der Vorrang zu geben.[429]

---

[423] *Alexy*, Zur Struktur von Rechtsprinzipien, in: Schilcher/Koller/Funk (Hrsg.), Regeln, Prinzipien und Elemente im System des Rechts, S. 31 (38 f.).

[424] Ebenso *Poscher*, RW – Heft 4, 2010, 349 (365).

[425] Ebenso *Poscher*, RW – Heft 4, 2010, 349 (365).

[426] Ebenso *Poscher*, RW – Heft 4, 2010, 349 (350) mit Verweis auf *R. Alexy*, Theorie der Grundrechte, S. 88–90; *Sieckmann*, Regelmodelle, S. 67–71.

[427] Ebenso *Poscher*, RW – Heft 4, 2010, 349 (350).

[428] Ebenso *Poscher*, RW – Heft 4, 2010, 349 (350).

[429] *Dworkin*, Taking Rights Seriously, 1978, Kap. 2.3. Darüber hinaus haben auch Ausnahmen Bedeutung für bzw. bei der Unterscheidung von Regeln und Prinzipien. Während bei einer Regel die Ausnahmen – welche unproblematisch bestehen können – vollständig aufge-

c) Menschenwürde als Rechtsprinzip und Grundrecht

Rechtsprinzipien fordern von dem Rechtsanwender ein idealisiertes Verhalten; es handelt sich bei Rechtsprinzipien um Optimierungsgebote. Ob auch Grundrechte und insbesondere die Würde des Menschen des Art. 1 I GG als Rechtsprinzip klassifiziert werden kann, ist ebenfalls Gegenstand umfassender Diskussionen. *Alexy* hebt den „moralischen Charakter der Menschenrechte" hervor, welcher darin besteht, „dass den Menschenrechten als moralischen Rechten nur moralische Geltung zukommt. Ein Recht gilt moralisch, wenn es begründbar ist. Rechte existieren, wenn sie gelten. Die Existenz der Menschenrechte hängt daher von ihrer Begründbarkeit ab und von sonst nichts."[430] Zu dieser moralischen Geltung der Menschenrechte könne eine positiv-rechtliche hinzutreten, wie sie sich in Grundrechtskatalogen in Verfassungen sowie in Menschenrechtskonventionen wiederfände.[431] Nach einer nichtpositivistischen Auffassung stellt die Positivität nur eine Seite der Grundrechte dar, nämlich ihre reale oder faktische Seite. Grundrechte enthalten nach einer nichtpositivistischen Konzeption über diese faktische Seite hinaus noch eine ideale oder kritische Dimension.[432] Denn diese erheben einen Anspruch auf Richtigkeit.[433] Die ethischen Rechtsgrundsätze binden den Gesetzgeber ethisch und nicht rechtlich.[434] In dieser Verbindung bestehe die Doppelnatur der Grundrechte.[435] Grundrechte sind solche, die in der Absicht in die Verfassung aufgenommen worden sind, Menschenrechte zu positivieren.[436] Im Verfassungsrecht wird der Gehalt der Menschenwürde diskutiert und es stellt sich insbesondere die Frage, ob die „Men-

---

zählt werden können und müssen, um die Regel vollständig anzugeben, ist bei Rechtsprinzipien der Ausnahmecharakter nicht greifbar. Dies spricht gegen die Annahme von Art. 1 I GG als Rechtsprinzip, da dieses dann gerade nicht einer Abwägung zugänglich sein soll, vgl. zum „Status des Menschenwürdegrundsatzes" nur exemplarisch *Rothhaar*, ARSP (2008), pp. 422 f.

[430] *Alexy*, „Menschrechte ohne Metaphysik?", in: Deutsche Zeitschrift für Philosophie 52 (2004), 16.

[431] *Alexy*, Die Doppelnatur des Rechts, S. 389; *ders.*, „Ein nichtpositivistischer Grundrechtsbegriff. Zum Verhältnis von Prinzipientheorie, Grundrechten und Moral", S. 7, abzurufen unter http://www.fundacionmgimenezabad.es/sites/default/files/Publicar/images/Documentos/2 015/20150324_epp_alexy_r_de_o.pdf.

[432] *Alexy*, Die Doppelnatur des Rechts, S. 389. So auch *Heller*, der zwar nicht von Prinzipien, sondern von Rechtsgrundsätzen spricht. Er erkennt diesen außerpositiv-rechtliche Bedeutung zu und sieht in den Grundrechten diese ethischen Grundsätze positiviert, vgl. *Heller*, Staatslehre, S. 256.

[433] *Alexy*, Begriff und Geltung des Rechts, S. 64–70. Dies gilt nach Alexy für das Recht ganz allgemein.

[434] *Heller*, Staatslehre, S. 256.

[435] *Alexy* „Ein nichtpositivistischer Grundrechtsbegriff. Zum Verhältnis von Prinzipientheorie, Grundrechten und Moral", S. 7, abzurufen unter http://www.fundacionmgimenezabad.es/sites/default/files/Publicar/images/Documentos/2015/20150324_epp_alexy_r_de_o.pdf.

[436] Vgl. hierzu *Alexy*, „Grundrechte und Verhältnismäßigkeit", in: Schmidt-Jortzig-FS, S. 12–13.

schenwürde" als ein Prinzip der Grundrechte zu begreifen ist[437] oder ob diese auch ein subjektives Individualgrundrecht darstellt[438].[439] Teilweise wird vertreten, dass das Recht ein „relativ realistisches, vorrangig den Ist-Zustand beschreibendes Menschenbild" vertritt.[440] Im Hinblick auf Art. 1 GG vertritt *Herdegen* den Ansatz, dass daraus auch ein subjektives Recht des Einzelnen folgen würde und sich die Menschenwürde nicht in einem bloßen „objektiven Prinzip" oder einer bloßen „Ordnungsidee" erschöpft.[441] Die Menschenwürde ist als „richtungsweisende Wertentscheidung" nicht nur ein ethisches Bekenntnis, sondern eine Norm des objektiven Verfassungsrechts.[442] Denn ein Grundrecht ist nicht nur für den Rechtsschutz und die Folgen einer Würdeverletzung von Bedeutung, vielmehr prägt das Würdeverständnis in diesen Alternativen auch die Konkretisierungsansätze, d. h. die Annäherung an den Würdeinhalt. So mag, „wer die Menschenwürde nur als Prinzip begreift, sich leichter situationsgebundenen Konturen der Würdegarantie zu entziehen als die Verfechter eines subjektiven Rechtes, das sich beim Schutz des Einzelnen in konkreten Lebensumständen zu bewähren hat"[443] und „daher überzeugt die herrschende Deutung der Menschenwürde als Grundrecht".[444] Das Bundesverfassungsgericht begreift das menschliche Leben als „Höchstwert innerhalb der grundgesetzlichen Ordnung".[445] Nach *Alexy* gehören „Menschenrechte als moralische Rechte ausschließlich zur idealen Dimension des Rechts" was nach der Radbruchschen Formel einen zweiten

---

[437] So insbesondere *Dreier*, Grundgesetz. Kommentar I, Art. 1 I, Rn. 72 und *Enders*, Die Menschenwürde in der Verfassungsordnung, 502 f.

[438] Vgl. nur *Höfling*, in: Sachs, Grundgesetz. Kommentar, Art. 1 I, Rn. 1–60; *Starck*, in: Mangoldt/Klein/Starck, Kommentar zum Bonner Grundgesetz I, Art. 1 I, Rn. 1–123; *Herdegen*, in: Maunz/Dürig u. a., Grundgesetz. Kommentar, Art. 1 I, 1–114; *Kunig*, in: von Münch/Kunig, Grundgesetz-Kommentar, 1 I, Rn. 1–71.

[439] Ausführlich zu dieser Diskussion insbesondere *Goos*, Innere Freiheit, S. 191 ff.

[440] *von der Pfordten*, „Zum Menschenbild des deutschen Rechts", in: Funke/Schmolke (Hrsg.), Menschenbilder im Recht, S. 19. Er stellt den Menschen als schuldfähiges Wesen dar und verneint dahinter eine Form von Freiheit, Willensfreiheit oder Seele. Vielmehr schreibe das Recht damit nur Verpflichtung zu, entsprechend eines Normbefehls diesen aufzunehmen und danach zu handeln, *ders.*, ebd. S. 25 f.

[441] So auch die heute wohl herrschende Meinung, vgl. dazu nur *Höfling*, in: Sachs, GG, Art. 1 Rn. 5; *Herdegen*, in: Maunz/Dürig (Hrsg.), GG Art. 1 Rn. 29; *Hillgruber*, in: Epping/Hillgruber (Hrsg.), Grundgesetz, Art. 1 I Rn. 2. Nach *Herdegen* wäre es „… konstruktiver Purismus, der Gewährleistung des Art. 1 Abs. 1 GG nur wegen ihrer systematischen Bedeutung für die grundrechtliche Wert- und Anspruchsordnung (als deren objektiv-rechtliche Basis) die subjektiv-rechtliche Komponente abzusprechen." Vgl. *ders.*, in: Maunz/Dürig (Hrsg.), GG Art. 1 Rn. 29.

[442] BVerfG 15.12.2015–2 BvR 2735/14 – Rn. 49. Dort führt das Gericht aus: „Die Menschenwürde stellt den höchsten Rechtswert innerhalb der verfassungsmäßigen Ordnung dar. Ihre Achtung und ihr Schutz gehören zu den Konstitutionsprinzipien des Grundgesetzes."

[443] *Herdegen*, in: Maunz/Dürig (Hrsg.), GG Art. 1 Rn. 29.

[444] *Herdegen*, in: Maunz/Dürig (Hrsg.), GG Art. 1 Rn. 29.

[445] BVerfGE 93, 266 (293); ähnlich BVerfGE 107, 275 (284); BVerfG (Nichtannahmebeschluss), EuGRZ 2008, 335 ff.; BVerfG (Kammerbeschluss), NJW 2008, 2907 ff.

Versuch darstellt, „das ideale mit der realen Dimension substantiell zu verknüpfen".[446]

d) Das Menschenbild des Grundgesetzes

Die Menschenwürde des Grundgesetzes ist der Schlüsselbegriff in dem Verhältnis von Mensch und Staat[447] und stellt das Fundament der Verfassungsordnung dar[448]. *Dreier* spricht von ihnen als „Antworten auf bestimmte, historisch erfahrene Gefährdungslagen menschlicher Freiheit"[449]. Die ideengeschichtlichen Grundlagen des Menschenwürdebegriffs sind vielfältig und es ist von einer „pluralen, historisch vielfältigen und letztendlich kontingenten Mehrzahl unterschiedlicher und unterschiedlich gewichtiger Strömungen auszugehen"[450]. Manchmal war die „Vernunftnatur des Menschen", seine „sittliche Autonomie"; manchmal seine „Gottesebenbildlichkeit" und die „imago dei"-Lehre[451]; manchmal die „Sozialnatur des Menschen" maßgeblich für die besondere Stellung des Menschen in der Welt.[452] Dieses Bild des Menschen wurde insbesondere vom BVerfG in verschiedenartigen Entscheidungen skizziert. Es geht darin von einer selbstverantwortlichen[453] und von „einer mit der Fähigkeit zur eigenverantwortlichen Lebensgestaltung begabten"[454] Persönlichkeit aus. In seinem Urteil zur lebenslangen Freiheitsstrafe vollzieht das BVerfG einen geistesgeschichtlichen Brückenschlag zu *Kant*[455], wenn es bestimmt: „Der Satz, ‚der Mensch muss immer Zweck an sich selbst bleiben‘, gilt uneingeschränkt für alle Rechtsgebiete; denn die unverlierbare Würde des Menschen als Person besteht gerade darin, dass er als selbst-verantwortliche Persönlichkeit an-

---

[446] *Alexy*, Die Doppelnatur des Rechts, S. 402.

[447] *Stern*, Das Staatsrecht der Bundesrepublik Deutschland, Band III/1, S. 15, nach dessen Ansicht sich hier totalitäre von freiheitlichen Gemeinschaftsordnungen unterscheiden: Während Erstere den Einzelnen nur als „Glied eines Kollektivs" ansehen, sehen anderen den Menschen als einen Eigenwert darstellendes Wesen.

[448] Ebd. Das zeigt sich auch in der Bestimmung des Art. 1 I GG als Schranken-Schranke, da die Verletzung dieser Vorschrift immer dazu führt, dass die Verletzung eines anderen Grundrechtes nicht mehr gerechtfertigt werden kann; vgl. *Jarass*, in: Jarass/Pieroth (Hrsg.), GG Kommentar, Art. 1 Rn. 5.

[449] *Dreier*, in: Dreier (Hrsg.), GG Kommentar, Bd. 1, Vorb. Art. 1 Rn. 7.

[450] *Dreier*, in: Dreier (Hrsg.), GG Kommentar, Bd. 1, Vorb. Art. 1 Rn. 1.

[451] *Stern*, Das Staatsrecht der Bundesrepublik Deutschland, Band III/1, S. 18 m.w.N.; er weist dort auf die Auseinandersetzungen der theologisch-philosophischen Fundierung des Menschenwürdebegriffs hin: Auf dem Verfassungskonvent auf Herrenchiemsee wurde die Erwähnung Gottes in Art. 1 GG diskutiert, abgelöst von der Erwähnung einer naturrechtlichen Herleitung der Menschenwürde. Im Ergebnis wurde an kurzen, alle weltanschaulichen Festlegungen sorgsam aussparenden Formulierungen festgehalten.

[452] *Stern*, Das Staatsrecht der Bundesrepublik Deutschland, Band III/1, S. 15.

[453] BVerfGE 45, 187 (228) – Lebenslange Freiheitsstrafe.

[454] BVerfGE 5, 85 (204) – KDP-Verbot.

[455] Eben unter c).

erkannt bleibt."[456] Denn Grundlage für die Menschenwürde wiederum war nach *Kant* die Freiheit des Einzelnen, die „Autonomie ist also der Grund der Würde der menschlichen und jeder vernünftigen Natur".[457] In der Fluglärm-Entscheidung versteht es den Menschen als eine „Einheit von Leib, Seele und Geist".[458] So gründet diese „menschenrechtliche Idee der Freiheit"[459] auf der „Vernunftbegabung des Menschen" und der auf ihr „beruhende(n) Fähigkeit zur Selbstbestimmung"[460] einerseits; zum anderen auf der christlichen Vorstellung von der Gottesebenbildlichkeit des Menschen".[461] Die „Idee der Freiheit"[462] verbindet sich an dieser Stelle „mit der formenden Macht des Rechts"[463]: Nur dieses gibt der Freiheit eine „feste, eindeutige Gestalt, allgemeine Verbindlichkeit und praktische Durchsetzbarkeit."[464] Dieses Bild des Menschen ist Gegenstand der Menschenwürde des Art. 1 I GG, es steht hinter dem Grundrecht.[465] Aus einer gesellschaftlichen Perspektive ist „das Menschenbild des Grundgesetzes [ist] nicht das eines isolierten souveränen Individuums; das Grundgesetz hat vielmehr die Spannung Individuum – Gemeinschaft im Sinne der Gemeinschaftsbezogenheit und Gemeinschaftsgebundenheit der Person entschieden, ohne dabei deren Eigenwert anzutasten."[466] So bildet die Person des Menschen und nicht das positivierte Grundrecht für das BVerfG den Ausgangspunkt der Grundrechtsauslegung. Die Person als Subjekt der Menschenwürde und Träger der nachfolgenden Grundrechte ist die leitende Ordnungsidee des Verfassungssys-

---

[456]   BVerfGE 45, 187 (228) – Lebenslange Freiheitsstrafe.

[457]   *Kant*, Grundlegung zur Metaphysik der Sitten, S. 79. Im Gegensatz zur kantianischen Sicht der Menschenwürde als einem angeborenen Achtungsanspruch versteht sie *Hegel* in seiner Rechtsphilosophie als eine zu erwerbende Qualität; *Hegel*, Grundlinien der Philosophie des Rechts, § XI, Sämtliche Werke, hrsg. von Glockner, Bd. XV, S. 323: „Würde hat der Mensch nicht dadurch, was er als unmittelbarer Wille ist, sondern nur indem er von einem An- und Fürsich seyenden, einem Substantiellen weiß und diesem seinem natürlichen Willen unterwirft und gemäß macht".

[458]   BVerfGE 56, 54 (75) – Fluglärm.

[459]   *Isensee/Kirchhof* (Hrsg.), Handbuch des Staatsrechts Bd. VI, Vorwort S. V.

[460]   So nur *Herdegen*, in: Maunz/Dürig, GG, Art. 1 I Rn. 7 mit weiteren Ausführungen zu der Ideengeschichte. Nach *Kant* ist die Freiheit des Einzelnen die Grundlage der Menschenwürde, die „Autonomie ist also der Grund der Würde der menschlichen und jeder vernünftigen Natur"; *Kant*, Grundlegung zur Metaphysik der Sitten, S. 79. Im Gegensatz dazu versteht sie *Hegel* nur als eine zu erwerbende Qualität; vgl. *Hegel*, Grundlinien der Philosophie des Rechts, § XI, Sämtliche Werke, Bd. XV, S. 323: „Würde hat der Mensch nicht dadurch, was er als unmittelbarer Wille ist, sondern nur indem er von einem An- und Fürsich seyenden, einem Substantiellen weiß und diesem seinen natürlichen Willen unterwirft und gemäß macht."

[461]   Ebd.

[462]   *Isensee/Kirchhof* (Hrsg.), Handbuch des Staatsrechts Bd. VI, Vorwort S. V.

[463]   *Isensee/Kirchhof* (Hrsg.), Handbuch des Staatsrechts Bd. VI, Vorwort S. V.

[464]   *Isensee/Kirchhof* (Hrsg.), Handbuch des Staatsrechts Bd. VI, Vorwort S. V.

[465]   *Hillgruber* sieht die dominante Gleichsetzung von Autonomie und Menschenwürde als verfehlt an; *ders.*, in: BeckOK Grundgesetz, Art. 1 Rn. 12.1. Zur Frage, ob die Menschenwürde als subjektives Grundrecht oder als Prinzip zu begreifen ist, vgl. soeben 2. d).

[466]   BVerfGE 4, 7 (15 f.) – Investitionshilfe.

tems.[467] Der nach Art. 1 Abs. 1 GG garantierte allgemeine Eigenwert soll dem Menschen kraft seines Person-seins zukommen[468] und das BVerfG arbeitet einen ethischen Personenbegriff heraus, wenn es das „Wesen des Menschen" als „geistig-sittliche Person" beschreibt.[469] So bildet auch die Person einen ethischen Rechts-grundsatz[470], in juristischer Hinsicht bleibt es aber bei der Unterscheidung von Mensch und Person: Die Person ist ein Rechtssubjekt, ein Träger von Rechten und Pflichten.[471] Der schillernde Begriff der Menschenwürde steht somit seit jeher in enger Tradition mit dem Begriff um die Willensfreiheit des Einzelnen. Die Fähigkeit des Einzelnen, das eigene Leben selbstbestimmt zu gestalten, wird dem Individuum auf Grundlage unterschiedlichster Strömungen zuerkannt und als wesentlicher Grundbaustein für die Natur des Menschen anerkannt.

3. Zusammenfassung

Für die Beantwortung der Frage, wie die Idee der Schuld auszufüllen ist, mithin, wie die für die Schuldfeststellung in Bezug genommene Maßfigur ausgestaltet werden muss, erfolgte zunächst eine Konkretisierung der in Bezug genommenen Institute des Faktischen und der Moral; wobei Erstere über den Begriff des Standards, Zweitere über den Begriff der Prinzipien betrachtet wurden.[472] Dabei wurde bei der Betrachtung der Prinzipien nicht nur diskutiert, ob diese Gegenstand der Rechts-ordnung werden können sondern auch, ob die Menschenwürde aus Art. 1 I GG ein Rechtsprinzip im Sinne der Prinzipientheorie darstellt und welches Menschenbild dieser Menschenwürde zugrunde liegt. Im Verfassungsrecht wird der Gehalt der Menschenwürde diskutiert.[473] Hierbei zeigte sich, dass die Menschenwürde zu-mindest auch ein Prinzip darstellt. In diesem Sinne handelt es sich bei Art 1 I GG um ein Rechtsprinzip im Sinne der Prinzipientheorie *Alexy's*[474], welche die Existenz von

---

[467] Ebd. Die Investitionshilfe-Entscheidung wird zitiert von BVerfGE 8, 274 (329) – Preisgesetz; BVerfGE 30, 1 (19) – Abhörurteil; BVerfGE 33, 303 (334) – numerus clausus I; BVerfGE 50, 290 (353 f.) – Mitbestimmung; BVerfGE 56, 37 (49) – Selbstbezichtigung des Gemeinschuldners; BVerfGE 65, 1 (44) – Volkszählung.

[468] BVerfGE 30, 1 (26) – Abhör-Urteil; BVerfGE 30, 173 (214) – Mephisto.

[469] BVerfGE 6, 32 (36) – Elfes; vgl. auch BVerfGE 45, 187 (227) – Lebenslange Frei-heitsstrafe.

[470] *Kirchhof*, „Die Einheit des Staates in seinen Verfassungsvoraussetzungen", in: De-penheuer u.a. (Hrsg.), Die Einheit des Staates, 1998, S. 51 (55); *ders.*, FS-Starck, S. 275 (278 f.), dies aufgreifend *Palm*, Der Staat, Vol. 47, No. 1 (2008), S. 52; teilweise wurde mit dem Personenbegriff „überhaupt Wesen, Wert und Würde des Menschen beschrieben", vgl. *Stern*, Das Staatsrecht der Bundesrepublik Deutschland, Band III/1, S. 13.

[471] *Stern*, Das Staatsrecht der Bundesrepublik Deutschland, Band III/1, S. 13; ausführlich zum Personenbegriff vgl. oben C. II. 2.

[472] Vgl. oben C. IV. 1., 2.

[473] So soeben, C. IV. 2. d).

[474] Vgl. oben C. IV. 2. c).

Rechtsprinzipien in Gestalt von Optimierungsgeboten im Recht bejaht[475]. Über diesen Weg werden die außerrechtlichen Wertungen, welche dem Menschenbild zugrunde liegen, in das Rechtssystem und somit in den Begriff des Durchschnittsmenschen einbezogen.

V. Ergebnis

Der normative Schuldbegriff kann im Hinblick auf seinen materiellen Sinn auf verschiedenartigen Forderungen aufgebaut werden.[476] Dabei geht es um die Erfassung des Wesens und des Inhalts der Strafrechtsschuld und um die Festlegung der Voraussetzungen, von denen die Rechtsordnung den Schuldvorwurf an den Täter abhängig machen kann und muss. Der klassische Verbrechensaufbau ist mit seiner klassischen Trennung von objektiv und subjektiv zwar offensichtlich an stofflichen Kriterien orientiert. Der normative Schuldbegriff *Franks* und die subjektiven Unrechtselemente haben dieses Konzept jedoch zerstört, sodass es nun zu einer „unklaren Mischung von Wertung und Gewertetem" kommt.[477] Mit der in § 20 StGB enthaltenen gesetzliche Verantwortungsvermutung hat der Gesetzgeber eine normative Regel aufgestellt.[478] Wie bereits eingangs erwähnt hat der Gesetzgeber das Erfordernis schuldhaften Verhaltens jedoch nicht ausdrücklich festgeschrieben[479], sondern setzt es lediglich voraus.[480] Der materielle Schuldbegriff ist das Leitbild für die Strafrechtsgestaltung und muss aus den verfassungsrechtlichen Grundprinzipien, insbesondere aus dem dort zugrunde gelegten Menschenbild und der Menschenwürde entwickelt werden.[481] Somit hat auch das Schuldprinzip Verfassungsrang und findet seine wesentliche Grundlage[482] in dem Gebot der Achtung der Menschenwürde.[483] Menschenwürde ist dabei einmal die auf der Vernunftbegabung des

---

[475] Ebenfalls oben C. IV. 2. a).

[476] So bereits oben mit mehreren Beispielen vgl. *Jeschek/Weigend*, Lehrbuch des Strafrechts Allgemeiner Teil, S. 422 m.w.N.

[477] *Roxin*, GS-Radbruch, S. 261.

[478] *Bröckers*, Strafrechtliche Verantwortung ohne Willensfreiheit, S. 45.

[479] *Boetticher*, in: Stompe/Schanda (Hrsg.), Der freie Wille und die Schuldfähigkeit, 2010, S. 196.

[480] *Hillenkamp*, JZ 2015, 391, 392, 396, mit eingehender historischer Analyse (393 ff., 398 ff.). Dabei ist anzumerken: Würde man der Theorie *Kelsen's* folgen, existierte strafrechtliche Schuld nicht. Denn zwar spricht das Recht von Schuld, jedoch nur im Rahmen der Schuldausschließungsgründe – eine normative Festlegung, dass ein „normaler" Straftäter mit der Verwirklichung des Tatbestandes auch rechtliche Schuld auf sich geladen hat, findet sich nirgendwo. Da jedoch etwas nicht ausgeschlossen werden kann was nicht bereits eingeschlossen wurde, liefen diese Normen ins Leere.

[481] *Maurach/Zipf*, Strafrecht Allgemeiner Teil, § 30 I, S. 415.

[482] So BVerfGE 80, 367 (387).

[483] Vgl. BVerfGE 57, 250 (275), wonach „dem Strafprozess von Verfassung wegen die Aufgabe gestellt sei, das Prinzip, dass keine Strafe ohne Schuld verhängt werden darf, zu si-

Menschen beruhende Fähigkeit zur Selbstbestimmung und zum anderen die christliche Vorstellung von der Gottesebenbildlichkeit des Menschen[484] und in Abstraktion vom menschlichen Leben nicht denkbar.[485] Aus diesem Grund muss sein Inhalt mittels eines Rückgriffs auf rechtstheoretische und rechtsphilosophische Überlegungen ermittelt werden.[486] „Eine erste Beruhigung kann er darin finden, daß gerade in der Gegenwart, die sich so eifrig um die Befreiung des Strafrechts von der Moral bemüht, nahezu völlige Einmütigkeit darüber erzielt ist, daß die Strafe ein sozialethisches Unwerturteil ausdrückt. Dies bedeutet, daß das Strafrecht im Sittlichen wurzelt. Deshalb setzt Strafe Schuld voraus, nulla poena sine culpa."[487] So wird unter dem Begriff der Schuld teilweise ein „überpositives Regulativ von materialer Struktur" gesehen.[488] Hier geht es nicht um Schuld als Element der Dogmatik des positiven Rechts sondern um die Idee der Schuld.[489] Es geht bei der Schuldidee um die materiellen Grundlagen der den Einzelnen treffenden Strafe, um das vorausgesetzte Menschenbild, um die Stellung des Menschen in der Gesellschaft.[490] Die wohl unstreitig bestehende Verbindung von Schuld, Strafe, Menschenwürde, Verantwortung und Erwartungen erforderte eine nähere Beleuchtung.

Ausgangspunkt der Untersuchung dieser Verbindung war die Feststellung, dass Schuld analogistisch festgestellt wird.[491] Neben den Täter wird ein „Homunukulus", eine maßgerechte und dem Durchschnitt entsprechende Person gestellt, welche Maßstab für die an den Täter gestellten Erwartungshaltungen ist: Das Recht un-

---

chern und entsprechende verfahrensrechtliche Vorkehrungen bereitzustellen". Und wird daneben mit dem Rechtsstaatsprinzip aus Art. 2 Abs. 1 GG begründet, vgl. etwa BVerfGE 20, 323 (332), BVerfGE 42, 261 (262 f.), BVerfGE 58, 159 (162 f.).

[484] *Herdegen*, in: Maunz/Dürig, GG Art. 1 Rn. 7 mit dem Verweis auf den Menschen als Imago Dei Genesis 1, 26 f.; Genesis 9, 6. Ausführlich zu Letzterem: In der hebräischen Bibel finden sich Aussagen zur Gottesebenbildlichkeit nämlich: 1. Gen 1,26 f. EU: *Und Gott sprach: Lasset uns Menschen machen, ein Bild, das uns gleich sei, die da herrschen über die Fische im Meer und über die Vögel unter dem Himmel und über das Vieh und über alle Tiere des Feldes und über alles Gewürm, das auf Erden kriecht. Und Gott schuf den Menschen zu seinem Bilde, zum Bilde Gottes schuf er ihn; und schuf sie als Mann und Frau.* 2. Gen 5,1 EU: *Dies ist das Buch von Adams Geschlecht. Als Gott den Menschen schuf, machte er ihn nach dem Bilde Gottes.* 3. Gen 9,6 EU: *Wer Menschenblut vergießt, dessen Blut soll auch durch Menschen vergossen werden; denn Gott hat den Menschen zu seinem Bilde gemacht.* Außerdem im 8. Psalm (Ps 8,6 EU): *Du hast ihn nur wenig geringer gemacht als Gott, hast ihn mit Herrlichkeit und Ehre gekrönt.*

[485] *Herdegen*, in: Maunz/Dürig, GG Art. 1 Rn. 25.

[486] *Bröckers*, Strafrechtliche Verantwortung ohne Willensfreiheit, S. 52.

[487] *Bockelmann*, Bemerkungen über das Verhältnis des Strafrechts zur Moral und zur Psychologie, in: GS-Radbruch, 252 (256).

[488] *Achenbach*, Historische und dogmatische Grundlagen der strafrechtssystematischen Schuldlehre, S. 3.

[489] Die Frage nach dem Zusammenhang von Schuld und Willensfreiheit hat nach *Achenbach* hier ihren Ort, *Achenbach*, Historische und dogmatische Grundlagen der strafrechtssystematischen Schuldlehre, S. 3, vgl. bereits oben B. I.

[490] *Achenbach*, Historische und dogmatische Grundlagen der strafrechtssystematischen Schuldlehre, S. 8.

[491] Vgl. oben B. IV.

terstellt, dass diese Durchschnittsperson Anders-Handeln-Konnte bzw. normativ ansprechbar war und, wenn der Täter mit dieser maßgerechten Person vergleichbar ist, wird auch er so behandelt als hätte er Anders-Handeln-Können oder als wäre er normativ ansprechbar gewesen. Eine tatsächliche Fähigkeit zu einem Anders-Handeln-Können oder gar zu einer freien Willensentscheidung wird dagegen nicht vorausgesetzt.[492]

Ausgehend von der vorgestellten Maßstabsperson stellt sich die Frage, wie diese zu bestimmen ist, um wiederum die Erwartungshaltungen bestimmen zu können, welche über den Vergleich mit diesem Homunkulus an den Täter gestellt werden. Schon *Roxin* hatte im Zusammenhang mit der Willensfreiheitsdebatte und den damit einhergehenden Forderungen der Wissenschaft[493] festgestellt, dass das Recht zu einer normativen Setzung der Schuld befugt sei.[494] Um dies zu belegen und diese normative Setzung zu konkretisieren wurde zu Beginn dieses Kapitels folgender Prüfungsmaßstab entwickelt: Erstens wurde gefragt, wie eine metajuristische Ebene wie die Schuldidee überhaupt Gegenstand des normativen Systems Recht sein kann[495]; zweitens, wie das Recht auf Außerrechtliches Bezug nimmt[496]; drittens die Frage, auf was das Recht überhaupt Bezug nehmen kann[497]; und viertens die grundsätzliche Auseinandersetzung, durch was die Schuldidee ausgefüllt werden sollte.[498]

Da die Ausfüllung der Schuldidee durch die Bezugnahme eines „Anders-Handeln-Könnens einer Durchschnittsperson" konkret durch „eine beim Normalen vorausgesetzte Fähigkeit auch anders handeln zu können"[499] bestimmt wird, lag die Überlegung nahe, dass die normative Setzung dabei lediglich einen Standard, ein Normalmaß menschlichen Verhaltens fordert. Denn mit Maßfiguren wird ein relativer Standard gefordert, welcher sich an einem Durchschnittsmenschen bestimmt. Damit setzt das Recht seine Erwartungen nicht mehr abstrakt, sondern zieht zu ihrer Ausfüllung eine Maßfigur, einen Durchschnittsmenschen heran. Es gibt damit seine abstrakte, der Realität „übergeordnete" Stellung auf und agiert auf horizontaler Ebene zwischen seinen Adressaten auf der Ebene des Faktischen[500], indem der Schuldbegriff mit der Bezugnahme auf einen maßgerechten Menschen, auf einen Standard menschlichen Verhaltens rekurriert und diesen gerade nicht mit morali-

---

[492] Vgl. dazu bereits oben B. IV.

[493] Vgl. dazu oben B. III. 1. a).

[494] B. III. 2. c) bb).

[495] Dazu oben C. I. 2.

[496] Dazu oben C. III.; hier insbesondere normative Tatbestandsmerkmale und Maßfiguren.

[497] Als „Außerrechtliches" kommt – vereinfacht dargestellt – wohl das Faktische, als auch die Moral in Betracht, auf das die Rechtswissenschaft Bezug nehmen kann. Vgl. dazu oben C. IV.

[498] Dies ebenfalls oben C. IV. 3.

[499] *Mezger*, ZStW 57 (1938), 675 (688).

[500] So bereits oben C. IV. 1.

schen Werten ausfüllt. Die Vertreter eines normativen Schuldbegriffes beziehen sich damit scheinbar auf den Bereich des Seins, wenn der Durchschnittsmensch in seinem durchschnittlichen Verhalten Anknüpfungspunkt für die Ausfüllung des rechtswissenschaftlichen Schuldbegriffs ist. Auf den ersten Blick könnte damit eine Abkehr von dem bisherigen Schuldverständnis zu sehen sein, nach welchem die Schuldidee lange als Rechtsprinzip und damit als ein „ideales Sollen" verstanden wurde.

Die vorliegende Untersuchung hat jedoch den Weg für ein Verständnis der Schuld als überpositives Prinzip geebnet, indem sie die Durchschnittsperson und die an sie gestellten Erwartungen konkretisieren konnte. Dabei wurde zunächst festgestellt, dass das Recht nach heutigem Verständnis unproblematisch auf außerrechtliche Wertungen Bezug nehmen kann.[501] Die Art und Weise wie das Recht diese Bezugnahme gestaltet, wurde am Beispiel normativer Tatbestandsmerkmale und Maßfiguren dargestellt.[502] Auf diese Weise sind Wechselwirkungen zwischen Normativem und Faktischem, Recht und Moral in vielerlei Hinsicht Gegenstand des Rechtssystems.[503] In dem letzten Schritt musste untersucht werden, wie diese gedachte Vergleichsperson auszufüllen ist. Vereinfacht dargestellt kamen als Substrat Standards im Sinne einer Bezugnahme auf reale Begebenheiten oder Prinzipien im Sinne der Prinzipientheorie und damit eine Bezugnahme auf die Moral in Betracht.[504] Beide Möglichkeiten wurden dargestellt, wobei im Hinblick auf die Prinzipien wiederum mehrere Fragen beantwortet werden mussten: Da Rechtsprinzipien außerhalb der Normpyramide stehen, bedurfte es zunächst einer Klärung, ob diese dennoch Teil des Systems Recht sein können, was in Anlehnung an die herrschende Lehre[505] bejaht werden konnte. Nachdem anschließend der Begriff der Prinzipien noch einer näheren Untersuchung zugeführt wurde[506], folgte eine Diskussion zu der Frage, ob auch die Menschenwürde im Sinne des Art. 1 I GG ein Prinzip im Sinne der Prinzipientheorie darstellt[507]. Der Prinzipientheorie *Alexy's* folgend stellt die Positivität nur eine Seite der Grundrechte dar, nämlich ihre reale oder faktische Seite und über diese faktische Seite hinaus erhalten die Grundrechte eine ideale oder kritische Dimension.[508] Mit der Feststellung, dass die Menschenwürde ein Rechtsprinzip darstellt, stellte sich die Frage nach dem Menschenbild des Grundgesetzes.[509] Dieses gründet zum einen auf der „Vernunftbegabung des Menschen" und der auf ihr „beruhende(n) Fähigkeit zur Selbstbestimmung und zum anderen auf der christlichen

---

[501] So bereits oben C. I. 2.

[502] Vgl. dazu oben C. III. zu weiteren Instituten siehe nur *Kuhli*, Normative Tatbestandsmerkmale in der strafrichterlichen Rechtsanwendung.

[503] Ebd.

[504] Siehe oben C. IV.

[505] Siehe oben C. IV. 2.

[506] Siehe oben C. IV. 2. b).

[507] Siehe oben C. IV. 2. c).

[508] Ebd.

[509] Vgl. oben IV. 2. d).

Vorstellung von der Gottesebenbildlichkeit des Menschen"[510]. Das Bild des Menschen von einem freien und vernunftbegabten Wesen wird somit zum Bild der im Rahmen der analogistischen Schuldfeststellung beizustellenden Maßfigur. Denn das Bild des Menschen ist Gegenstand der Menschenwürde. Bei dieser handelt es sich um ein Rechtsprinzip. Über dieses Rechtsprinzip, welches als Bezugspunkt für außerrechtliche Wertungen moralische Ansprüche in das Rechtssystem importiert, findet die Ausfüllung der Maßfigur statt. Damit bleibt es bei dem, was schon *Achenbach* sagte: Es geht „darum was Schuld sein *soll*".[511]

---

[510] So bereits oben ebd.

[511] *Achenbach*, Historische und dogmatische Grundlagen der strafrechtssystematischen Schuldlehre, S. 8.

D. Schuldfähigkeit juristischer Personen

Wie einleitend festgestellt[1] und im Folgenden erörtert[2], steht die Schuldidee im Zusammenhang mit der Würde des Menschen aus Art. 1 I GG. Gleichzeitig erfolgt eine analogistische Schuldfeststellung: Die Schuld des Täters wird dann bejaht, wenn ein vergleichbarer Mensch in einer vergleichbaren Situation des Täters Anders-(hätte-)Handeln-Können, d. h. sich anders hätte verhalten können. Der Täter wird mit einer durchschnittlichen Person verglichen und dann schuldig gesprochen, wenn er in negativer Hinsicht von dem erwarteten Durchschnitt abweicht.[3] Diese gedanklich neben den Täter gestellte Person bedurfte einer Untersuchung über ihre Gestalt, ihre Wirkweise und ihr Gehalt. Über diese Maßfigur und ihr vorhandenes ethisches Substrat wird die Menschenwürde des Art. 1 I GG in den Bereich der Schuldidee einbezogen.[4] Die praktischen Konsequenzen dieser Betrachtung können an dem Beispiel der Unternehmensstrafe deutlich gemacht werden. Seit Jahren wird wiederholt über die Einführung einer solchen diskutiert[5] und „vielfach eine umfassendere strafrechtliche Verantwortlichkeit von Verbänden gefordert".[6] Hintergrund dieser Forderung sind befürchtete Strafbarkeitslücken aufgrund erschwerter individueller Verantwortungszuschreibung innerhalb von Verbänden.[7] Als Schlagwort wird in diesem Zusammenhang von einer „organisierten Unverantwortlichkeit"

---

[1] Vgl. unter A.

[2] Zur Menschenwürde und dem Schuldprinzip vgl. nur einleitend B. zur analogistischen Schuldfeststellung B. III 2. c).

[3] Zur Zuschreibung von Erwartungshaltungen auch in der Philosophie siehe oben bei *Strawson*, B. III. 1. c) cc).

[4] Damit, dass die Menschenwürde Gegenstand des Schuldbegriffes ist bzw., dass Selbiger auf der Menschenwürde beruht, ist im Ergebnis nichts Neues gesagt. Die Untersuchung hatte sich jedoch (nur) zum Ziel gesetzt, das Verhältnis beider Institute zu untersuchen.

[5] So stellte sich „nach 1954 [...] der Gesetzgeber bewusst die Frage, wie weit die Verhängung von Strafen im Wirtschaftsrecht mit den Grundprinzipien des Strafrechts vereinbar sei, und beantwortete sie in dem Sinne, daß eine Strafe gegen juristische Personen undenkbar ist, soweit echte sozial-ethische Schuld des Täters vorausgesetzt wird." *Heinitz*, Gutachten für den 40. Deutschen Juristentag, S. 75.

[6] So *Heine/Weißer*, in: Schönke/Schröder, StGB, Vor § 25 Rn. 127 mit Verweis unter anderem auf den Beschluss der Justizministerkonferenz v. 9. 11. 2011, die Große Anfrage der SPD-Fraktion BT-Drs. 13/9682 u. die Antwort der Bundesregierung BT-Drs. 13/11425; den Diskussionsentwurf Hessisches Ministerium der Justiz BR-Drs. 690/98, S. 4; den NRW Gesetzesentwurf zur Einführung der strafrechtlichen Verantwortlichkeit von Unternehmen und sonstigen Verbänden 2013 und weiteren Nachweisen in der Literatur.

[7] *Heine/Weißer*, in: Schönke/Schröder, StGB, Vor § 25 Rn. 128.

gesprochen.[8] Dabei stellt sich hauptsächlich die Frage, ob juristische Personen bzw. Personenvereinigungen im weiteren Sinne handlungs-, schuld- und straffähig sind. Es bietet sich vor dem Hintergrund der aktuellen Debatte an, die bisher entwickelten Erkenntnisse auf die Schuldfähigkeit juristischer Personen zu übertragen.[9]

I. Problemaufriss

Insbesondere die Frage nach der Schuldfähigkeit einer juristischen Person ist problematisch[10] und so wird gegen eine Unternehmensstrafe eingewandt, dass sie mit dem Schuldgrundsatz unvereinbar sei.[11] Auf der Ebene der Schuld geht es darum, dass dem Täter ein persönlicher Vorwurf wegen der Tat gemacht werden kann. Die Strafe ist die Vergeltung für das individuell verschuldete Unrecht[12], wie sich aus § 46 StGB ergibt. Da es sich bei Unternehmen jedoch nicht um menschliche Individuen, sondern um bloße Fiktionen handelt, seien diese keine tauglichen Empfänger des Normbefehls.[13] Ihnen könne aufgrund mangelnder Personalität und Menschlichkeit gerade kein Schuldvorwurf gemacht werden. Das Schuldprinzip verbiete es dem Gesetzgeber, ein Verhalten strafrechtlich oder strafrechtsähnlich zu ahnden, wenn dieses keinen normativen Schuldvorwurf rechtfertigt.[14] *Neumann* spricht im Zusammenhang mit der Schuld von Verbänden von einem rechtsphilosophischen Rechtfertigungszwang und in concreto von rechtsphilosophischen Problemen der

---

[8] *Stratenwerth*, FS-Schmitt, S. 301; *Joecks*, in: MüKo StGB, Vor § 25, Rn. 18. *Ostermeyer*, ZRP, S. 76 stellte dazu im Zusammenhang mit dem Contergan Prozess fest, dass die Beweisführung deshalb so schwerfiel, „weil Kollektivschuld vorlag und Individualschuld zu beweisen war" und „diese Zuständigkeit lässt sich verwischen und verschleiern".

[9] *Engisch*, 40. DJT, Bd. II, S. E 7, E 23 f.; *Hartung*, 40. DJT, S. E 43 ff.; *Heinitz*, Gutachten für den 40. Deutschen Juristentag, S. 75, 85 ff.; *Eidam*, Straftäter, S. 253 ff.; *Heine/Weißer*, in: Schönke/Schröder, StGB, Vor § 25 Rn. 121; *Jescheck/Weigend*, Strafrecht AT, S. 225, 227 ff.; *Löffelmann*, JR 14, 188 ff.; *Rudolphi/Jäger*, SK-StGB Vor § 1 Rn. 49 ff.; *Vogel*, StV 2012, 427 f.; *Greco*, GA 15, S. 504 ff.; *Schünemann*, ZIS 14, S. 1; *ders.*, GA 15, S. 279; krit. *Frisch*, in: Wolter-FS, S. 362 ff.

[10] Denn auch eine zivilrechtliche Haftung setzt eine psychische Beziehung des Täters zur Tat voraus, mit der Abkehr von dem (rein) psychologischen Schuldbegriff hin zu einem sozialethischen Unwerturteil scheint eine Übertragung des strafrechtlichen Schuldbegriffes auf juristische Personen jedoch nicht möglich. *Heinitz*, Gutachten für den 40. Deutschen Juristentag, S. 85.

[11] Zu den dogmatischen Problemen anschaulich *Mitsch*, NZWiSt, 2014, 1; *Joecks*, in: MüKo StGB, Vorbemerkung zu § 25 Rn. 17; *Schmitz*, in: Kempf/Lüderssen/Volk (Hrsg.), Unternehmensstrafrecht, 311 (312); *Vogel*, StV 2012, 427 (428); *Kindler*, Das Unternehmen als haftender Täter, S. 275; *Jescheck/Weigend*, Strafrecht AT § 23 VII 1; *Kühl*, in: Lackner/Kühl, § 14 Rn. 1a; *Roxin*, Strafrecht AT I § 8 Rn. 58 ff.

[12] *Kremnitzer/Ghanayim*, ZStW, 113 (2001), S. 540.

[13] *Kremnitzer/Ghanayim*, ZStW, 113 (2001), S. 540.

[14] *Nettesheim*, Verfassungsrecht und Unternehmenshaftung, S. 51.

Verbandsstrafbarkeit.[15] Daher wird eine (auch unschuldige Verbandsmitglieder mit einbeziehende)[16] strafrechtliche Verantwortung von Unternehmen abgelehnt und neben der fehlenden Schuld des Verbandes angeführt, dieser sei als solches nur durch die für ihn agierenden natürlichen Personen handlungs- und demzufolge auch selbst nicht sühnefähig.[17] Nur eine natürliche Person könne die Motivationskraft für normgerechtes Handeln entwickeln.[18] In diesem Zusammenhang spricht auch *Mitsch* von einer der Unternehmensstrafe entgegenstehenden Dogmatik des Rechts und schlussfolgert daraus, dass eine Straftat der juristischen Person nur auf Zurechnungsbasis und nicht auf (selbstständiger) Handlungsbasis konstruiert werden könne.[19] Der vielfach noch anzutreffende Einwand, Korporationen seien weder handlungs-, noch schuld- oder straffähig, geht von einem individualistischen Strafrechtsdenken aus und formuliert Strafbarkeitsvoraussetzungen, die auf natürliche Personen zugeschnitten sind und auf Verbände von vornherein nicht zutreffen können.[20]

II. Juristische Person als Rechtsperson

Der Begriff der natürlichen Person wurde bereits thematisiert[21] und eines der schwierigsten Themen um den rechtswissenschaftlichen Personenbegriff stellt die Frage nach dem Verhältnis von natürlicher zu juristischer Person dar. Die Beantwortung derselben hängt maßgeblich von dem zugrunde gelegten Verhältnis von natürlicher Person und Mensch ab. Nach der hier zugrunde gelegten Ansicht besteht eine Verbindung von natürlicher Person und Menschsein. Die natürliche Person verfügt über ein „rechtsethisches Substrat". Dies wirft die Frage auf, ob dies auch auf juristische Personen übertragen werden, ob eine Gleichstellung von natürlicher und juristischer Person erfolgen kann. Einer solchen Gleichstellung bedürfte es, wollte man juristischen Personen Schuld ebenso wie natürlichen Personen zurechnen, denn

---

[15] *Neumann*, „Strafrechtliche Verantwortlichkeit von Verbänden – rechtstheoretische Prolegomena", in: Kempf/Lüderssen/Volk (Hrsg.), Unternehmensstrafrecht, S. 14, er verweist für das moralphilosophische Problem einer moral-analogen Verantwortlichkeit von Organisationen auf *Lenk/Maring*, Wer soll Verantwortung tragen? Probleme der Verantwortungsverteilung in komplexen Systemen", in: Bayertz (Hrsg.), Verantwortung: Prinzip oder Problem?, S. 241 ff.

[16] Zur Solidarität, welche bei einer Verbandsstrafe vorausgesetzt wird, bei Familienmitgliedern dagegen gar nicht angedacht wird, *Maihold*, Strafe für fremde Schuld, S. 23.

[17] *Meyberg*, in: BeckOK OWiG, § 30 Rn. 3.2.

[18] *Meyberg*, in: BeckOK OWiG, § 30 Rn. 3.2.

[19] *Mitsch*, NZWiSt 2014, 1 (2); *Schmitz*, in: Kempf/Lüderssen/Volk (Hrsg.), Unternehmensstrafrecht, 311 (312); *Vogel*, StV 2012, 427 (428); *Kindler*, Das Unternehmen als haftender Täter, 275; dagegen *Köhler*, FS-Hirsch, 65 (75).

[20] *Rogall*, in: Karlsruher Kommentar zum OWiG, 4. Auflage 2014, Rn. 9.

[21] Vgl. oben C. II. 2.

erst dann wird die juristische Person zu einem gleichwertigen Adressaten der Schuldzuschreibung.

1. Geschichte der juristischen Person

Betrachtet man die Geschichte der juristischen Person kommt man um den sie betreffenden Meinungsstreit im 19. Jahrhundert nicht herum, da dieser das Wesen der juristischen Person und mit ihr die Frage nach ihrer Handlungsfähigkeit betrifft. Dieses Wesen ist Grundlage einer die juristische Person betreffenden Betrachtung. Dabei besteht zu dem Meinungsstreit eine nahezu unübersehbare Literatur, welche zwischen zwei Extremen schwankt: Der Fiktionstheorie, welche die juristische Person als fingiertes Rechtssubjekt begreift und von *Friedrich Carl von Savigny* begründet wurde[22] und der Organtheorie, wonach die juristische Person eine körperschaftliche Verbandsperson darstellt, welche auf den Germanisten *Otto von Gierke*[23] zurückgeht.[24] Es bleibt dabei nicht aus, bereits an dieser Stelle und in diesem Zusammenhang einige Worte zu den Ansichten Savignys und Gierkes zu der Handlungsfähigkeit juristischer Personen bzw. Gesamtheiten zu verlieren, da diese in der historischen Entwicklung mehrfach diskutiert wurden.[25]

Nach *Savigny* ist die juristische Person kein fiktiver Mensch, die Rechtsfähigkeit natürlicher und juristischer Personen sei etwas völlig Unterschiedliches.[26] Denn die „Rechtsfähigkeit juristischer Personen beruhe auf positivrechtlicher Zuweisung und ist dem Staat nicht, wie bei der natürlichen Person, zwingend vorgegeben."[27] Dabei legte *Savigny* den Grundstein dafür, die (juristische) Person als solche anzuerkennen, wenn diese die tatsächliche oder durch die Rechtsordnung gewährte oder anerkannte Fähigkeit hat, Träger eines subjektiven Rechts zu sein.[28] Der in diesem Zusammenhang wohl am häufigsten missverstandene Satz von *Savigny* lautet: „Alles Recht ist vorhanden um der sittlichen, jedem einzelnen Menschen innewohnenden Freyheit willen. Darum muß der ursprüngliche Begriff der Person oder des Rechtssubjekts zusammenfallen mit dem Begriff des Menschen, und diese ursprüngliche Identität beider Begriffe läßt sich in der Formel ausdrücken: Jeder einzelne Mensch, und nur

---

[22] *von Savigny*, System II.

[23] *v. Gierke*, Die Genossenschaftstheorie und deutsche Rspr.; *ders.*, in: Deutsches PrivatR I, § 67 I (S. 518 ff.).

[24] Nur diese beiden Lehren sind Ausgangspunkt der folgenden Betrachtung. Ebenso *Schmidt*, Gesellschaftsrecht, § 8 II, der darauf hinweist, dass nur diese Theorien sich mit der Rechtssubjektivität der juristischen Person beschäftigen, ohne Ersatzkonstruktionen zu ersinnen.

[25] Zum strafrechtlichen Handlungsbegriff und dem aktuellen Diskussionsstand vgl. unten D. III.

[26] *Schmidt*, Gesellschaftsrecht, S. 191.

[27] *Schmidt*, Gesellschaftsrecht, S. 191.

[28] Ähnlich *Bernatzik*, Über den Begriff der juristischen Person, S. 19.

der einzelne Mensch, ist rechtsfähig."[29] Nach *Schmidt* hätte dieser Satz vielmehr enden müssen mit: „... genießt natürliche Rechtsfähigkeit".[30] Denn nach *Savigny* ist nur dem „Menschen [seine Identität] von Natur aus gegeben".[31] Für *Savigny* ist die juristische Person handlungsunfähig.[32] Denn „allen Handlungen" ist „ein denkendes und wollendes Wesen", also „einen einzelnen Menschen" vorausgesetzt, „was eben die juristischen Personen als bloße Fictionen nicht sind."[33] Er begründet seine These durch einen Vergleich mit dem Kriminalrecht und eröffnet daher sogleich die Diskussion, inwieweit eine zivilrechtliche Handlungs(un)fähigkeit auf das Strafrecht übertragbar ist. Während für *Savigny* „das Kriminalrecht ... mit den natürlichen Menschen, als einem denkenden, wollenden, fühlenden Wesen" zu tun hat, handelt es sich bei der juristischen Person um „ein Vermögen habendes Wesen", das mangels einer eigenen Willensfähigkeit „ganz außer dem Bereich des Kriminalrechts" liegt. Diese juristische Person, der es an Willensfähigkeit mangelt, kann sich jedoch mit Hilfe eines natürlichen Menschen, der vollständige Willens- und Handlungsfähigkeit besitzt, durch Vertretung nach außen betätigen.[34]

Die entgegengesetzte Ansicht bejaht eine selbstständige Handlungsfähigkeit juristischer Personen. Grundlage dieser Auffassung ist die auf *v. Gierke*[35] zurückgehende gesellschafts-rechtliche Organtheorie, die den Verband selbst als primären Träger von Rechten und Pflichten betrachtet.[36] Lediglich die Wahrnehmung und Erfüllung dieser Rechte und Pflichten obliegt den Organen und Vertretern des Verbandes.[37] Mithin begreift die Organtheorie die juristische Person nicht nur als rechtsfähig, sondern auch als selbst willens- und handlungsfähig. Die juristische Person wird danach nicht von ihren Organen vertreten, sondern will und handelt

---

[29] *Savigny*, System des heutigen Römischen Rechts II, 1840, § 60, S. 2.

[30] *Schmidt*, Gesellschaftsrecht, 4. Aufl., S. 191 Fn. 52.

[31] *Schmidt*, Gesellschaftsrecht, 4. Aufl., S. 191.

[32] *von Savigny*, System II, S. 283.

[33] *von Savigny*, System II, S. 282.

[34] *von Savigny*, System II, S. 312. Sich dieser Meinung anschließend argumentiert *Wolff*, dass ohne „Fiktion" auch der Begriff der „Person" selbst und somit jede rechtstechnische Betrachtung unmöglich wäre. Er führt dann fort: „In der Tat handelt es sich hier nicht um die Fiktion eines Tatbestandes, z. B. eines Menschen, der offenbar nicht vorliegt (...), sondern um die Konstruktion eines bloß juristischen Gegenstandes, d.h. um eine gedankliche Zusammenfassung von Tatbeständen, Beziehungen und Normen und ihre Subsumtion unter Normen, die zunächst auf andere abgestellt werden." *Wolf*, Organschaft und juristische Person, 1. Bd., S. 208.

[35] *v. Gierke*, Die Genossenschaftstheorie und deutsche Rspr., S. 603 ff. und 620 ff. Ebenso *ders.*, in: Deutsches PrivatR I, § 67 I (S. 518 ff.).

[36] „Die Verbandsperson kommt in den Lebensaktionen ihrer Organe, z. B. in dem Beschluss einer Versammlung oder in den Ausführungshandlungen eines Vorstandes, gleich unmittelbar zur Erscheinung, wie die Einzelperson in der Rede des Mundes oder der Bewegung der Hand", *v. Gierke*, in: Deutsches PrivatR I § 59 II 4 (S. 427).

[37] *Rogall*, Karlsruher Kommentar zum OWiG, § 30 Rn. 8; näher hierzu *Schmidt*, Gesellschaftsrecht, § 8 II m.w.N. auch zur sog Fiktionstheorie bspw. *Beuthien*, NJW 1999, 1142 ff.

selbst körperschaftlich durch diese.[38] Ausweislich der Protokolle der Verfasser des Bürgerlichen Gesetzbuches haben sie die „Entscheidung der Konstruktionsfrage, ob die juristische Person ein handlungsfähiges Wesen sei und durch ihre Organe sich im Verkehre betätige, oder ob sie handlungsunfähig sei und deshalb einer Vertretung bedürfe, der Wissenschaft überlassen"[39]. Die als Körperschaft verfasste juristische Person ist jedoch als solche schon geschäftsfähig.[40] Denn sie kann Halter sein (insb. gem. § 7 StVG), ist deliktsfähig (§ 31 BGB), vermag selbst schuldhaft zu handeln (§ 31 i.V.m. §§ 276 I; 278 S. 1 Fall 2; 831 I BGB).[41] In der Wissenschaft hat sich mehr und mehr die Organtheorie durchgesetzt, sie gilt heute als „herrschende Meinung".[42] Für sie spräche ihre innere Logik: Durch die §§ 1–53 BGB werden privatrechtliche Rechtsverhältnisse natürlichen und juristischen Personen in gleicher Weise zugeordnet. Auch formt die Übertragung des Gedankens des § 31 BGB gar keinen neuen Handlungsbegriff. Wenn die Rechtsordnung juristischen Personen selbst Pflichten auferlegt, könnte ihnen im Fall der Pflichtverletzung ebenso ein Vorwurf gemacht werden. Dabei macht es keinen Unterschied, ob diese Pflicht strafbewehrt ist oder nicht.[43] Auch die als juristische Person verfasste Körperschaft solle im eigenen Namen anstelle ihrer Mitglieder am Rechtsverkehr teilnehmen.[44] Dafür müsse die juristische Person jedoch nicht nur rechts-, sondern auch handlungsfähig sein. Warum die juristische Person mit der Handlungsfähigkeit einer gerade ihrem juristischen Zweck dienenden Fertigkeit eintreten solle und damit als rechtlich minderbemittelt gedacht werden müsse, sei unerfindlich.[45]

Auch der Gesetzgeber hat den Streit zwischen der Organ- und der Vertretertheorie zugunsten der Organtheorie entschieden und mithin juristische Personen selbst zum primären Träger von Rechten und Pflichten gemacht.[46] Doch selbst wenn man an dieser Stelle zu einer anderen Auffassung kommt, ändert dies nichts daran, dass das BGB in § 31 dem „im natürlichen Sinne handlungsunfähigen Verband"[47] eine deliktische Handlungsfähigkeit verleiht. Danach ist nur noch fraglich, ob die grundsätzlich anerkannte eigene Handlungsfähigkeit des Verbandes auch für Kriminal-

---

[38] *Beuthien*, NJW 1999, 1142.

[39] *Mugdan*, Prot. I, S. 609.

[40] So *v. Gierke*, Das Wesen der menschlichen Verbände, S. 29: „Die juristische Person unseres Rechtes ist kein des gesetzlichen Vertreters bedürftiges unmündiges Wesen, sondern ein selbsttätig in die Außenwelt eingreifendes Subjekt. Sie ist geschäftsfähig."

[41] *Beuthien*, NJW 1999, 1143.

[42] *Beuthien*, NJW 1999, 1142. Für die Organtheorie ferner insb. *Reuter*, in: MüKo, § 26, Rdnr. 11, und *Schmidt*, Gesellschaftsrecht, § 10 I 2 (S. 258 ff.) m.w.N.

[43] *von Weber*, GA 1954, S. 237 (240).

[44] So auch *Schöpflin*, in: Bamberger/Roth/Hau/Poseck (Hrsg.), BeckOK BGB § 21 Rn. 16 mit Verweis auf die § 64 BGB, § 4 AktG, § 4 GmbHG, § 3 GenG.

[45] *Beuthien*, NJW 1999, 1143.

[46] *Schöpflin*, in: Bamberger/Roth/Hau/Poseck (Hrsg.), BeckOK BGB § 21 Rn. 16.

[47] So die grundsätzliche Meinung, der Handlungsbegriff des Strafrechts sei ein natürliches, dem Recht vorgegebenes Gebilde (*Engisch*, 40. DJT, E 7, E 24).

straftaten qualitativ ausreichend ist.[48] Dagegen spricht nach der Meinung einiger Vertreter, dass der strafrechtliche Handlungsbegriff ein natürliches, dem Recht vorgegebenes Gebilde sei.[49] Außerdem befürchten die Gegner dieser Überlegung unhaltbare Ergebnisse unter dem Blickwinkel der Finalität.[50] Da juristischen Personen die psychisch-geistige Substanz fehlt, können diese sich nicht selbst äußern.[51] Die Befürworter meinen, eine Übertragung des Rechtsgedankens des § 31 BGB forme keinen neuen Handlungsbegriff. Denn die Rechtsordnung legt juristischen Personen Pflichten auf und zieht sie für deren Nicht-Einhaltung zur Verantwortung. Ob dies strafbewehrt ist oder nicht, könne im Ergebnis keinen Unterschied machen.[52] Aus diesem Grund lassen sich diese Erkenntnisse aus dem Zivilrecht auf das Strafrecht übertragen. Schon unter dem Blickwinkel der Einheit der Rechtsordnung[53] sind Rückschlüsse von dem Zivilrecht auf das Strafrecht möglich.[54] Ebenso sei bedeutsam, dass hier wie dort ein gewisses Maß vernünftigen Willens Voraussetzung ist.[55]

2. Adressat der Erwartungshaltung

Mit dem geschichtlichen Überblick, bei dem bereits die Frage nach der Handlungsfähigkeit der Gesamtheit angesprochen wurde, zeigte sich bereits die wesentliche Erkenntnis über die Normadressateneigenschaft des Verbandes. Grundsätzlich ist der Begriff der Person immer ein juristischer[56], sodass eine Zuschreibung von Erwartungen zunächst auch gegenüber einer Gesamtheit in Betracht kommt. Vor diesem Hintergrund sei es, so *Schröder,* längst soziale und rechtliche Praxis, Unternehmen nicht nur als eigenständige korporative Akteure aufzufassen, sondern die Emergenz einer organisationalen Handlungs- und Verantwortungsfähigkeit anzuerkennen, die auf individuellem Handeln aufbaue, aber darauf nicht zu reduzieren sei.[57] *Schmitt-Leonardy* postuliert mit Verweis auf *Jakobs,* dass ,Person nicht gleich

---

[48] *Hirsch,* ZStW 107 (1995), S. 285, 289.

[49] Beispielsweise *Engisch,* 40. DJT, E 7, E 24.

[50] *Maurach/Zipf,* Strafrecht AT/1, § 15 Rn. 1.

[51] *Roxin,* Strafrecht AT I, § 8 Rn. 58.

[52] So ebenfalls *von Weber,* GA 1954, S. 237, 240; ebenso auch *Eidam,* Straftäter Unternehmen, S. 105, der im Ergebnis aber auf eine Handlungszurechnung verzichtet.

[53] So *Schroth,* Unternehmen als Normadressaten und Sanktionsobjekte, S. 186.

[54] *Kremnitzer/Ghanayim,* ZStW, 113 (2001), S. 541. Sie weisen darauf hin, dass im anglo-amerikanischen Recht ein Grund für die Entwicklung der Unternehmensstrafbarkeit darin liegen dürfte, dass dort derselbe Richter über Straf- und Zivilsachen entscheidet und es daher naheliegt, dass der Richter zivilrechtliche Theorien auch bei der Lösung strafrechtlicher Fälle anwendet.

[55] *Ackermann,* Die Strafbarkeit juristischer Personen im deutschen Recht und in ausländischen Rechtsordnungen, S. 207.

[56] Zum Personenbegriff vgl. nur oben C. II. 2.

[57] *Schröder,* NZWiSt 2016, 452 (457).

Person ist'[58] und dass das Strafrecht eben nicht die natürliche Person als individuelle Persönlichkeit bzw. Mensch aus Fleisch und Blut bestraft, sondern als (Rechts-) Person.[59] „Der Mensch wird, insofern er gewisse Rechte in der bürgerlichen Gesellschaft genießt, eine Person genannt."[60] Diese Zuschreibung könnte nun genauso an eine juristische Person erfolgen.[61] Der „Systembegriff der juristischen Person [kann] nicht allein als Systembegriff der Rechtsordnung definiert werden, [er muss] die juristische Person vielmehr als rechtlich gestaltete soziale Wirklichkeit erfassen."[62] Diese sozialen Gebilde weisen damit eine „vorrechtliche Natur" auf, sie sind kein Geschöpf des Rechts, sondern der sozialen Wirklichkeit.[63] „Die physische oder juristische Person, die Rechtspflichten und subjektive Rechte – als deren Träger – ,hat', ist diese Rechtspflichten und subjektive Rechte. Die Person ist nur die Personifikation dieser Einheit."[64] Nach *Teubner*, ebenfalls mit Rückgriff auf *Luhmann*, stabilisiert das Recht „soziale Erwartungen gegenüber Kollektivakteuren, indem es sie als juristische Personen konstruiert, ihnen Rechte zugesteht und ihnen Handlungspflichten sowie Haftungsverantwortlichkeiten auferlegt und reguliert damit deren Risiken als genuine Entscheidungsrisiken."[65] Juristische Personen seien daher „Zurechnungspunkte innerhalb des Sozialsystems", wobei er ihre Existenz nicht nur aufgrund einer normativen Zurechnung sondern kommunikationsbezogen versteht:[66] „Durch die Maske ihrer ,Personen' verschaffen sich Sozialsysteme einen effektiven, wenngleich indirekten, Kontakt zu Menschen und Nicht-Menschen ,draussen im Lande'. All dies führt zu dem Ergebnis, dass auch Nicht-Menschen realen Zugang zur sozialen Kommunikation haben, wenn auch auf eine sehr indirekte Weise."[67] Die Anerkennung dieser Realität sei ebenso sozialitätsnotwendig wie die individuellen Akteure unabhängig von den Befunden der neurobiologischen Forschung Schuld voneinander erwarteten und für das Bestehen einer Gesellschaft erwarten müssten. Soweit man für einen normativen und von der Menschenwürde gelösten Schuldbegriff plädiere, seien Unternehmen sogar als besonders geeignete Adressaten der Zurechnung anzusehen, da sie – im Gegensatz zu Individuen – über weite Ressourcen für Entscheidungen und ein „Anders-Handeln-Können" verfügten, sowie die Mo-

---

[58] *Schmitt-Leonardy*, Unternehmenskriminalität und Strafrecht, S. 382 mit Verweis auf *Jakobs*, FS-Lüdersen, S. 559 (561). Sie weist insbesondere darauf hin, dass Person eben nicht gleich Person ist, denn „das Kind im Sinne des § 1 BGB ist weder eine wahlberechtigte Person noch eine delinquierende Person (§ 19 StGB)." Ein „vollständiger Schuldtransfer" wäre daher zu kurz gedacht.

[59] *Schmitt-Leonardy*, Unternehmenskriminalität und Strafrecht, S. 382.

[60] § 1, I, 1 ALR, außerdem *Jakobs*, FS-Lüderssen, S. 559 (560).

[61] Nach *Raiser* widersprechen „Differenzierungen im Umfang der Rechtsfähigkeit (...) daher dem Sinn der Rechtsfigur juristische Person", *Raiser*, AcP 199 (1999), 104 (134).

[62] *Damm*, AcP 202 (2002), S. 841 (865); *Raiser*, AcP 199 (1999), 104 (136).

[63] *Damm*, AcP 202 (2002), S. 841 (865); *Raiser*, AcP 199 (1999), 104 (132).

[64] *Kelsen*, Reine Rechtslehre, S. 176 f.

[65] *Teubner*, Elektronische Agenten und grosse Menschenaffen, S. 1 (7 f.).

[66] *Teubner*, Elektronische Agenten und grosse Menschenaffen, S. 1 (15).

[67] *Teubner*, Elektronische Agenten und grosse Menschenaffen, S. 1 (16).

tivation ihrer Mitglieder durch Anreize oder durch Etablierung einer geeigneten Organisationskultur selbst steuern und stabilisieren könnten.[68] Gesamtheiten gelten als Adressaten innerhalb des Rechtssystems. Gleichzeitig klingt hier ebenfalls an, dass ihr Fundament aus der sozialen Welt stammt.

3. Anthropozentrik des Grundgesetzes

Auch die juristische Person wurde personifiziert.[69] Doch während die natürliche Person ein rechtsethisches Fundament besitzt,[70] ist die juristische „Person eine Person in einem analogen Sinne"[71], ihr wird die Rechtsfähigkeit ohne ethisch fundiertes Substrat zuerkannt.[72] Wie eben bereits festgestellt wurde, kann auch die juristische Person unproblematisch Adressat von Rechten und Pflichten sein, jedoch ohne ethisches Substrat, ohne „ethisch-rechtliche Notwendigkeit".[73] Die Konstitutionalisierung der juristischen Person vollzieht sich nicht über Art. 1 I, 2 I GG wie für die natürliche oder besser: menschliche Person, sondern insbesondere über Art. 19 III GG.[74] Dieser unterschiedliche verfassungsrechtliche Bezug zeugt davon, dass Menschen und juristische Personen nicht als gleichwertig betrachtet werden dürfen.[75] Die Gesellschaft kann verschiedenen Entitäten Pflichten und Rechte zuzuschreiben. Dies ist bereits bei juristischen Personen oder Tieren geschehen, wie sich aus Art. 19 Abs. 3, 20a GG ergibt. Bei der Debatte um den Personenstatus von künstlichen Intelligenzen, Tieren und auch juristischen Personen wird darauf hin-

---

[68] *Schröder*, NZWiSt 2016, 452 (457).

[69] *Kirste*, „Die beiden Seiten der Maske", in: Gröschner/Kirste/Lembcke, Person und Rechtsperson, S. 346. Nach *Nass* ist die Personifikation ein „Mittel der sprachlichen, literarischen oder dialektischen Gestaltung. Sie stattet einen Gegenstand mit den Eigenschaften einer Person aus, um diesen Gegenstand zu anderen Gegenständen oder Personen in ein anderes als nur materielles Verhältnis treten zu lassen. (…) Die Personifikation erzeugt ein Scheinbares, außerhalb der Wirklichkeit Stehendes, eine Scheinwelt." *Nass*, Person, Persönlichkeit und juristische Person, S. 51.

[70] *Windel*, in: FS-Schapp, 2010, 537 (547); so auch oben die Ausführungen zum Personenbegriff und zur Menschenwürde, vgl. C. II. 2.; C. III. 2.

[71] *Kaufmann*, Rechtsphilosophie, 2. Auflage, 7. Kap. III 5. b; hier soeben D. II.

[72] *Windel*, in: FS-Schapp, 2010, 537 (547).

[73] *Kirste*, „Die beiden Seiten der Maske", in: Gröschner/Kirste/Lembcke, Person und Rechtsperson, S. 373. Dieses Ergebnis spiegelt sich auch in den Entscheidungen des BVerfG wieder, welche der juristischen Person zwar eine beschränkte Grundrechtsfähigkeit zugestehen, sie jedoch nicht als Adressaten von Art. 1 I GG sehen, vgl. bspw. BVerfGE 106, 28 (42); bereits BVerfGE 95, 220, (245), außerdem BVerfGE 118, 168 (203), dort ausdrücklich: „Knüpft der Grundrechtsschutz an Eigenschaften, Äußerungsformen oder Beziehungen an, die nur natürlichen Personen wesenseigen sind, kommt eine Erstreckung auf juristische Personen als bloße Zweckgebilde der Rechtsordnung nicht in Betracht. Die Anwendung auf juristische Personen scheidet daher aus, soweit der Schutz im Interesse der Menschenwürde (Art. 1 Abs. 1 GG) gewährt wird, die nur natürliche Personen für sich in Anspruch nehmen können."; insgesamt dazu bereits oben C. II. 2.

[74] So auch BVerfGE 20, 323; BVerfGE 10, 89 (99), vgl. bereits oben D. II. 3.

[75] *Kübler*, Gesellschaftsrecht, S. 31.

gewiesen, dass die anthropozentrische Ausrichtung des Grundgesetzes zu beachten ist.[76] „Anthropozentrik bedeutet, daß der Mensch in seiner Rechtssubjektivität auch ausschließlicher Bezugs- und Zuordnungspunkt für jede verfassungsrechtliche Gewährleistung ist und bleibt. [...] Damit scheidet jede Form der Rechtssubjektivierung oder Personalisierung von Sachen, von Bestandteilen der Natur oder der sonstig realgegenständlichen Welt definitiv aus. Die Anthropozentrik des Grundgesetzes steht einer Zuschreibung des vollen, also mit einer natürlichen Person gleichgestellten Personenstatus entgegen. Das Grundgesetzt schreibt juristischen Personen Grundrechtsschutz lediglich dahingehend zu, dass die Erstreckung des Grundrechts auf juristische Personen als bloße Zweckgebilde der Rechtsordnung dann nicht stattfinden kann, wenn der Grundrechtsschutz an „Eigenschaften, Äußerungsformen oder Beziehungen anknüpft, die nur natürlichen Personen wesenseigen sind".[77] So sind juristische Personen nicht Träger der Menschenwürde, weil diese nur Menschen als natürlichen Personen zukommt.[78] Die Erstreckung der Grundrechtsgeltung auf Organisationen durch Art. 19 Abs. 3 GG zielt darauf ab, durch die Zuerkennung der Grundrechtsfähigkeit an eine Organisation, in der oder mit der natürliche Personen ihre grundrechtliche Freiheit ausüben, deren individuelle Freiheit zu stärken.[79] Zusammenfassend: „Hinter der Maske der juristischen Person muß dann kein ‚natürliches Dasein' verborgen sein, sondern können auch Zweckschöpfungen stecken."[80] Die juristische Person ist im Gegensatz zur natürlichen Person nicht an die Menschenwürde gekoppelt und besitzt kein ethisches Substrat. Sie gewinnt ihre Existenz aus Art. 19 III GG und ihrer Erschaffung als Adressat im Rechtssystem. Dabei ist diese nicht zwingend vorgeschrieben, dem Gesetzgeber aber möglich.

III. Das Unternehmen als handelndes Subjekt?

Neben einer Bestrafung der natürlichen Personen stellt sich die Frage, ob Unternehmen selbst, trotz fehlender natürlicher Handlungsfähigkeit, für Normverletzungen durch ihre Mitarbeiter bzw. Vertreter bestraft werden sollen; das Handeln der

---

[76] *Beck*, „Brauchen wir ein Roboterrecht? Ausgewählte juristische Fragen zum Zusammenleben von Menschen und Robotern", in: Japanisch-Deutsches Zentrum (Hrsg.), Mensch-Roboter-Interaktionen aus interkultureller Perspektive. Japan und Deutschland im Vergleich, S. 124 (135).

[77] BVerfGE 106, 28 (42); bereits BVerfGE 95, 220, (242).

[78] Exemplarisch *Hillgruber*, in: BeckOK GG, Art. 1 Rn. 6: „Juristische Personen können als solche keine Würde haben; die ‚Menschenwürde' ist ihrem Wesen nach nicht auf Kapitalgesellschaften, Vereine, Personengesellschaften etc. anwendbar, Art. 19 Abs. 3 GG"; außerdem BVerfG, BeckRS 2018, 18810 Rn. 93.

[79] *Remmert*, in: Maunz/Dürig (Hrsg.), GG-Kommentar, Art. 19 Abs. 3 Rn. 37; außerdem BVerfGE 21, 362 (369).

[80] *Kirste*, „Die beiden Seiten der Maske", in: Gröschner/Kirste/Lembcke, Person und Rechtsperson, S. 375, wobei er mit dem „natürlichen Dasein" wohl nicht die tatsächliche Existenz der juristischen Person in Abrede stellen will, sondern lediglich deren ethisches Substrat.

natürlichen Personen also der juristischen Person zugerechnet werden kann und soll, oder ob die juristische Person selbst gehandelt hat. Die Handlungsfähigkeit ist eine logisch notwendige Prämisse für die Verhängung einer Strafe. Denn ohne eine Handlung kann keine Normverletzung vorliegen[81], da nach überwiegender Ansicht Ausgangspunkt jeder strafrechtlichen Beurteilung ein Verstoß gegen ein bestimmtes Gebot oder Verbot ist.[82] Nach dem Verständnis sowohl der kausalen, der finalen, als auch der sozialen Handlungslehre setzt sich der Handlungsbegriff des Strafrechts aus zwei Komponenten zusammen: einem Willen und einem – irgendwie gearteten[83] – Verhalten.[84] An der Beurteilung dieser Komponenten bei der Verletzung strafbewehrter Pflichten durch Unternehmen entbrennt der Streit um die Handlungsfähigkeit juristischer Personen. Die Gegner[85] der Handlungsfähigkeit juristischer Personen meinen, eine strafrechtliche Handlung setze eine Handlung in einem natürlichen, ontologischen Sinn voraus und meinen damit ein menschliches Verhalten. Die Befürworter gründen ihre Meinung zum einen darauf, dass das Verhalten der hinter den juristischen Personen stehenden natürlichen Personen der juristischen Person zugerechnet wird (Zurechnungsmodelle).[86] Ein anderer Teil der Lehre be-

---

[81] *Hirsch*, ZStW 93 (1981), S. 831, 846.

[82] *Schlüter* legt das Verständnis der herrschenden Meinung zur Handlung im strafrechtlichen Sinn zugrunde, da eine Auseinandersetzung mit den Gegnern der Handlungsfähigkeit von Unternehmen auf der Ebene des Handlungsbegriffes im Rahmen einer Untersuchung der Probleme der Strafbarkeit von Unternehmen jedoch wenig überzeugend sei. Zur Gegenauffassung verweist sie auf *Hoyer*, welcher die Auffassung vertritt, mit dem Handlungsbegriff sei nur die Tatsache umschrieben „dass ein strafbar gestellter Sachverhalt vorliegt". *Schlüter*, Die Strafbarkeit von Unternehmen in einer prozessualen Betrachtung, S. 210.

[83] *Ehrhardt*, Unternehmensdelinquenz und Unternehmensstrafe, S. 42. Sie verweist auf die unterschiedlichen Ansichten der kausalen, finalen und sozialen Handlungslehre und dazu zusammenfassend auf *Hirsch*, ZStW Bd. 93 (1981), S. 831 ff. und ZStW Bd. 94 (1982), S. 239 ff.

[84] Zum Handlungsbegriff *Roxin*, AT I, § 8.

[85] *Busch*, Unternehmen und Umweltstrafrecht, S. 442; *Cramer*, in: Schönke-Schröder, Vor § 25, Rn. 119; *Engisch*, 40. DJT, Bd. II, S. E 7, E 23 f.; *Hartung*, 40. DJT, S. E 43 ff.; *Jescheck/ Weigend*, StrafR AT, § 23 S. 227; *Maurach/Zipf*, Strafrecht AT, Teilbd. 1, § 15 Rn. 8; *Roxin*, Strafrecht AT Bd. I, § 8 Rn. 58 ff.; *Schlüter*, Die Strafbarkeit von Unternehmen in einer prozessualen Betrachtung, S. 49; *Zieschang*, Sanktionensystem, S. 383.

[86] Aufgrund der mangelnden eigenen Handlungsfähigkeit kann die juristische Person also wiederum nur über eine Zurechnung des Handelns von „Entscheidungsträgern" operieren. Ansätze für eine Verantwortlichkeit für fremde Handlungen finden sich in § 31 BGB, § 30 OWiG und auch im Kernstrafrecht in den §§ 25 ff. StGB. Aufgrund dieser bestehenden Zurechnungstatbeständen soll eine entsprechende Regelung im Rahmen eines Unternehmensstraftatbestandes kein Fremdkörper im Hinblick auf den strafrechtlichen Handlungsbegriff sein, vgl. nur *Schlüter*, Die Strafbarkeit von Unternehmen in einer prozessualen Betrachtung, S. 50. Auch § 30 OWiG will Verbände in Bezug auf die aus einer Straftat oder Ordnungswidrigkeit resultierenden Sanktionen mit natürlichen Personen gleichstellen, wobei der juristischen Person das Handeln einer natürlichen Person zugerechnet wird, vgl. *Meyberg*, in: BeckOK OWiG § 30 Rn. 8, 14; BT-Drs. 5/1269, 57 ff.; für eine Beibehaltung des OWi-Systems nun auch *Rogall*, GA 2015, 260; zum Verhältnis von Straf- und Ordnungswidrigkeitenrecht vgl. *Nettesheim*, Verfassungsrecht und Unternehmenshaftung, S. 9 f. In diesem Zusammenhang auch *Lagodny* „Wer das Recht verletzt und sanktioniert wird, handelt nicht ethisch neutral oder

fürwortet eine funktionelle Handlungsfähigkeit, welche von einer Handlung der juristischen Person selbst ausgeht (funktionelle Handlungsfähigkeit)[87].

IV. Schuld(un)fähigkeit?

Die Frage nach der Schuldfähigkeit von Unternehmen stellt, „das dogmatische Hauptproblem ihrer Strafbarkeit"[88] oder „die höchste Hürde"[89] dar. Dabei kommen die Ablehner einer Unternehmensstrafe wohl eher aus den Reihen der Rechtsdogmatiker, die Befürworter aus den Reihen der Praktiker.[90] Erstere führen gegen die Einführung einer Unternehmensstrafe primär die ihr entgegenstehende Schuldfähigkeit an[91] und ziehen damit ein dogmatisches Grundlagenproblem heran.[92] Das Wesen der Schuld liegt dabei in der Vorwerfbarkeit des rechtswidrigen Verhaltens.[93] Nach dem Urteil des BGH aus dem Jahr 1952 liegt der innere Grund des Schuldvorwurfs darin, „dass der Mensch auf freie, verantwortliche, sittliche Selbstbestimmung angelegt sei und deshalb befähigt sei, sich für das Recht und gegen das Unrecht zu entscheiden".[94] Vor dem Hintergrund dieser Definition stellt sich die

---

gar gut"; *Lagodny*, Strafrecht vor den Schranken der Grundrechte, S. 125 ff. Für Zurechnungsmodelle aus dem Kernstrafrecht relevant wird der Sonderfall der sogenannten „Organisationsherrschaft" innerhalb streng hierarchisch organisierter Machtapparate, *Roxin*, GA 1963, S. 193 ff.; außerdem BGHSt 40, 218; zum „beliebig austauschbaren Rädchen im Getriebe", *Kudlich*, BeckOK StGB § 25 Rn. 33 mit Verweis auf *Kühl*, § 20 Rn. 73; *Roxin*, AT/II § 25 Rn. 107 („Fungibilität"); zur mittelbaren Täterschaft kraft Organisationsherrschaft auch *Fischer*, StGB, § 25 Rn. 11; *Heine/Weißer*, in: Schönke/Schröder (Hrsg.), Kommentar StGB, § 25 Rn. 27; *Joecks*, in: MüKo StGB, § 25 Rn. 135 ff.

[87] Diese sog. funktionelle Handlungsfähigkeit geht auf *Heine* und *Lampe* zurück, welche in „verfassten Systemen", zu denen auch juristische Personen gehören, das Vorliegen eines systemischen Unrechts bejahen. *Heine*, Die strafrechtliche Verantwortlichkeit von Unternehmen, S. 243; *Lampe*, ZStW 106 (1994), 683, 722. Für die Anerkennung des Unternehmens als eigenständiges Subjekt der sozialen Realität *Hirsch*, ZStW 1995, 288 f.; *Rogall*, Karlsruher Kommentar zum OWiG, 4. Auflage 2014 Rn. 10; *Bottke*, wistra 1997, 241, 248 f.; *Dannecker*, GA 2001, 108 ff. Zur soziologischen Systemtheorie vgl. etwa *Krieger*, Einführung in die allgemeine Systemtheorie, 1996; *Willke*, Systemtheorie I, 1996; *Fuchs*, Niklas Luhmann – beobachtet. Eine Einführung in die Systemtheorie, 1993; *Gripp-Hagelstange*, Niklas Luhmann – Eine erkenntnistheoretische Einführung, 1995.

[88] *Schroth*, Unternehmen als Normadressaten und Sanktionssubjekte, S. 192 f.

[89] *Kirch-Heim*, Sanktionen gegen Unternehmen, S. 154.

[90] So *Beckemper*, „Unternehmensstrafrecht – auch in Deutschland?", in: Kempf/Lüderssen/ Volk (Hrsg.), Unternehmensstrafrecht, S. 277. Gewichtige Stimmen gegen die Einführung einer Unternehmensstrafe finden sich auch auf Seiten der Verteidigung, vgl. BRAK Stellungnahme Nr. 9/2013 Mai 2013.

[91] *v. Freier*, GA 2009, 98 ff.

[92] Bereits *Kohlrausch* hat die Antithese „Wissenschaft – praktisches Bedürfnis" als Fehler abgetan und den Zweck der Wissenschaft in der Förderung eines praktikablen Rechtssystems gesehen; *Kohlrausch*, FS-Güterbock, S. 7.

[93] Siehe oben A. I.

[94] BGHSt (GrS) 2, 194 (200).

Frage, ob juristische Personen nicht auch als schuldfähig erachtet werden können. Dabei konstatiert die wohl herrschende Meinung, der Gesetzgeber sei jedenfalls befugt, eine Unternehmensstrafe einzuführen, so er dies denn wolle.[95] Die grundsätzliche Frage nach der Zulässigkeit einer Unternehmensstrafe habe „eher wenig mit Dogmatik und eher viel mit Kriminalpolitik zu tun [...]."[96]

1. Ablehnung der Schuldfähigkeit

Den Gegnern der Schuldfähigkeit von Unternehmen[97] zufolge, soll der Ausdruck „societas delinquere non potest" Ausdruck des verfassungsrechtlichen Prinzips „nulla poena sine culpa" sein.[98] Die Schuld ist die Grenze der Strafe.[99] Das Strafrecht beruht auf dem Schuldgrundsatz, welcher primär in der Menschenwürdegarantie und dem Rechtsstaatsprinzip verankert sei und daher juristische Personen nicht erfasst.[100] Nur der Mensch besitze eine „existenzielle Freiheit", aus der eine Verantwortlichkeit für sich selbst erwachse.[101] Der Schuldgrundsatz ist ein „Ausdruck der Menschenwürde, durch die dem Menschen die Fähigkeit zugesprochen wird, geistige Entwürfe zur Lebensgestaltung zu entwickeln"[102]. Ein Unternehmen könne aber keinen eigenen, fehlerhaften Willen bilden.[103] Aus diesem Grund stehe das Schuldprinzip der Unternehmensstrafe entgegen. Eng mit der Ablehnung des Schuldprinzips aufgrund fehlender Willensfreiheit des Unternehmens verknüpft ist das Argument der anthropozentrischen Ausrichtung des Grundgesetzes. Der Mensch ist und bleibt einziger Bezugs- und Zuordnungspunkt für jede verfassungsrechtliche Gewährleistung. Damit kann Rechtssubjektivität nur dem Menschen zuerkannt werden.[104] Gerade die enge Beziehung zwischen Schuldbegriff und Menschenwürde führt dazu, dass strafrechtliche Schuld auch nur einem Menschen zugeschrieben werden kann.[105]

---

[95] *Schmitt-Leonardy*, Unternehmenskriminalität ohne Strafrecht, S. 421; *Vogel*, StV 2012, 427.

[96] *Vogel*, StV 2012, 427.

[97] *Busch*, Unternehmen und Umweltstrafrecht, S. 444; *Engisch*, 40. DJT, E 7, 24 f.; *Hartung*, 40. DJT, E 43; *Heinitz*, 40. DJT, S. 67, 85; *Jescheck*, ZStW 65 (1953), S. 210, 212 f.; *Jescheck/Weigend*, Strafrecht AT I, § 23 VII, 1, S. 227; *Köhler*, Strafrecht AT, S. 561 f.; *Otto*, Die Strafbarkeit von Unternehmen und Verbänden, S. 15 ff.; *Schünemann*, Unternehmenskriminalität, S. 234; *Stratenwerth*, in: FS-Schmitt, S. 295 (302).

[98] *Lange*, JZ 1952, S. 261, 263.

[99] *Jescheck/Weigend*, Strafrecht AT, S. 23.

[100] BVerfGE 123, 267 (413).

[101] *Kaufmann*, Das Schuldprinzip, S. 118.

[102] *Dannecker*, GA 2001, 101, 113.

[103] *Laue*, JURA 2010, 339 (340); *Schmitz*, in: Kempf/Lüderssen/Volk, Unternehmensstrafrecht, S. 313.

[104] Zur Anthropozentrik: *Scholz*, in: Maunz/Dürig, GG, Art. 20a Rn. 75.

[105] *Dannecker*, GA 2001, 101, 113 f.

2. Schuld durch Zurechnung

Andere Stimmen bejahen eine eigene Schuld des Unternehmens und gründen diese auf eine Zurechnung des menschlichen Verhaltens an das Unternehmen. Ursprünglich ermöglichte das BVerfG in seinem „Bertelsmann-Lesering"-Beschluss[106] die Zurechnung von Handlung und Schuld natürlicher Personen[107] an das Unternehmen als eigene.[108] Nach dem „schlichten Zurechnungsmodell" werden Organhandeln und Organverschulden direkt der Körperschaft zugerechnet.[109] Zurechnungsmodelle werden damit begründet, dass die juristische Person eben selbst keine Handlung begehen und sich damit auch nicht tatbeständsmäßig verhalten kann.[110] Kritisiert wird daran, dass eine fremde Handlung keine eigene Handlung sei und die Zurechnung fremder Schuld keine an sich fehlende strafrechtliche Schuldvoraussetzung schaffen könne.[111] Zur Begründung dieses Modells herrschen verschiedene Ansätze. Als Grundlage für die Begründung der Schuldfähigkeit wird von einigen Vertretern § 30 OWiG herangezogen. Denn mit dessen Einführung habe der Gesetzgeber die Fähigkeit zur Verantwortlichkeit von Verbänden anerkannt.[112] Diese Verbandsschuld sei aber nicht mit einer individuellen Schuld gleichzusetzen, sondern vielmehr werde die funktionale Organschuld bzw. das schuldhafte Verhalten

---

[106] BVerfGE 20, 323 ff.

[107] Das Gericht lässt offen, ob der Kreis der die Unternehmensverantwortlichkeit auslösenden Personen auf die Organe beschränkt werden muss, BVerfGE 20, 323, 336.

[108] „Die juristische Person ist als solche nicht handlungsfähig. Wird sie jedoch für schuldhaftes Handeln im strafrechtlichen Sinne in Anspruch genommen, so kann nur die Schuld der für sie verantwortlich handelnden Personen maßgeblich sein", BVerfGE 20, 323, 336.

[109] So etwa *Ackermann*, Strafbarkeit juristischer Personen, S. 211 ff.; *Ehrhardt*, Unternehmensdelinquenz, S. 177 ff.; *Heinitz*, 40. DJT Bd. I, S. 65, 84 f.; *Hirsch*, ZStW 1995, 288 ff.; *Schroth*, Unternehmen als Normadressaten und Sanktionssubjekte, S. 188.

[110] *Mitsch*, NZWiSt 2014, 1. Diesen Weg verfolgt auch der „Entwurf eines Gesetzes zur Einführung der strafrechtlichen Verantwortlichkeit von Unternehmen und sonstigen Verbänden", Gesetzesantrag des Landes NRW: „Gesetz zur Einführung der strafrechtlichen Verantwortlichkeit von Unternehmen und sonstigen Verbänden." Dieser wurde von der 84. Konferenz der Justizministerinnen und Justizminister als Diskussionsgrundlage begrüßt, vgl. Beschluss der 84. Konferenz der Justizministerinnen und Justizminister 2013, Beschluss TOP II.5: Unternehmensstrafrecht.

[111] *Schünemann*, in: LK, Vor § 25 Rdnr. 23; *ders.*, in: FS-Tiedemann, S. 431 ff.; *Roxin*, Strafrecht AT I 4. Aufl. 2006, § 8 Rdnr. 63.

[112] *Neumann*, in: Kempf/Lüderssen/Volk, Unternehmensstrafrecht, S. 18, siehe auch BT-Drs. 5/1269, 57 ff. Vergleiche zu der Handlungsfähigkeit über § 30 OWiG auch bereits oben unter D. II. 2. Im Hinblick auf das Verhältnis zwischen Straf- und Ordnungswidrigkeitenrecht sieht das BVerfG keine qualitative Differenz, sondern betrachtet beide als zwei unterschiedliche Ausprägungen strafrechtlicher Sanktionierung, in denen sich ein quantitativ abgestufter Wille zur Reaktion auf Rechtsverstöße ausdrückt; BVerfGE 27, 18 (28 f.); 51, 60 (74). *Nettesheim* weist in seiner Abhandlung zur 9. GWB-Novelle in diesem Zusammenhang darauf hin, dass sich die Ansicht des BVerfG auch mit dem EGMR decke, welcher in ständiger Rechtsprechung davon ausgeht, dass ordnungswidrigkeitenrechtliche Sanktionen auch von Art. 6 EMRK erfasst werden. Vgl. *Nettesheim*, Verfassungsrecht und Unternehmenshaftung, S. 9.

eines funktional tätigen Repräsentanten als Eigene zugerechnet.[113] Als alternative Erklärung verweisen andere Vertreter erneut auf § 31 BGB.[114] So werde nach der herrschenden Organtheorie[115] aus § 31 BGB eine Zurechnung einer schuldhaft begangenen Organhandlung abgeleitet, wonach Vereine für das Verschulden der für sie handelnden natürlichen Personen einzustehen haben.[116] Dieser Grundsatz habe allgemeine Geltung und komme damit ebenfalls im Straf- und Ordnungswidrigkeitenrecht zur Anwendung.[117]

3. Originäre Schuldfähigkeit von Unternehmen

Über die Zeit der Diskussion um die Frage nach der Einführung einer Unternehmensstrafe haben sich verschiedene Modelle herausgebildet, welche eine originäre Schuldfähigkeit des Unternehmens bejahen. So geht das „Schuldanalogiemodell" davon aus, dass den Verband eine eigene Schuld in Form eines Organisationsverschuldens treffe und diese als Grundlage der Bestrafung dienen könne.[118] Ein „systemtheoretisches Modell"[119] versucht eine funktionale Äquivalenz zwischen Individual- und Unternehmensschuld zu begründen, indem die Unternehmensschuld „als ein durch die Unternehmenskultur zum Ausdruck gebrachtes Manko an Rechtstreue"[120] betrachtet wird. Die kriminogene Unternehmenskultur kann sich äußern in einer Unternehmensphilosophie oder einer Organisationsstruktur, die Straftaten von Unternehmensangehörigen begünstigen.[121] *Eidam* wendet einen weiten Schuldbegriff an, wenn er meint, dass die kriminelle Korporation für das in den eigenen Reihen entwickelte Unrecht verantwortlich sein müsse. Denn das Unrecht sei erst durch das Zurverfügungstellen des Machtapparates und der besonderen Strukturen ermöglicht worden.[122] Verwirklicht der Verband in normwidriger Weise eigenen Sinn und handelt er entsprechend, so kann er auch eigene „Schuld" auf sich laden.[123] Vertreter dieser Ansicht sehen in der strafrechtlichen Schuld eine Miss-

---

[113] *Hoven*, ZiS 2014, 19 (22).

[114] *Weber*, ZStW 1984, 376 (411 f.); *Hoven*, ZIS 2014, 19, (22).

[115] Bereits oben D. II. 1.

[116] *Hoven*, ZIS 2014, 19 (22); *Klesczewski*, in: FS-Seebode, S. 185.

[117] *Weber*, ZStW 1984, 376 (411 f.).

[118] *Tiedemann*, NJW 1988, S. 1171 f.

[119] Für das deutsche Recht im Rahmen des umfassenden Konzepts des „Systemunrechts" begründet von *Lampe*, ZStW 1994, 683 ff.

[120] LK-*Schünemann*, Vor § 25 Rdnr. 25.

[121] *Dannecker*, GA 2001, 112; *Lampe*, ZStW 1994, 728 ff., 734 f.; *Lampe* bezeichnet Unternehmen dort auch nicht mehr als kriminell oder als auf Kriminalität ausgerichtet, sondern als „kriminell anfällig"; *ders.*, ebd. S. 707. Dazu weist *Schmitt-Leonardy* darauf hin, dass das Unternehmen grundsätzlich legale und auf Rechtstreue ausgerichtete Institutionen sind; *Schmitt-Leonardy*, Unternehmenskriminalität ohne Strafrecht?, S. 129 f.

[122] *Eidam*, Straftäter Unternehmen, S. 117.

[123] *Rogall*, Karlsruher Kommentar zum OWiG, § 30 Rn. 11.

achtung des in der Norm „eingefrorenen" gesellschaftlichen Sinns und damit in der demonstrierten Rechtsuntreue.[124] Die „Sinnkonstituierung" muss dabei durch die Handlung auch eine kollektive sein und nicht lediglich die individuelle des handelnden Verbandsangehörigen.[125] „Der Täter haftet ja – soweit er die Handlung und die Schuld des Verbandes konstituiert – in seiner Eigenschaft als Rollenträger (bzw. ‚alter ego' des Verbandes) und insoweit gerade nicht als Individuum."[126] Einige Vertreter der originären Unternehmensverantwortlichkeit gehen davon aus, dass ein Unternehmen, ähnlich wie bei dem Modell der originären Handlungsfähigkeit, ein Sonderbewusstsein habe.[127] Durch Organbeschlüsse entstehe eine eigene Bewusstseinsorganisation, welche allein vom Unternehmen getragen werde und allein diesem zuzurechnen sei. Mit diesem Bewusstsein ausgestattet sei der Verband fähig, selbst zwischen Recht und Unrecht zu wählen.[128] Es lässt sich so ein „freier Wille" des Unternehmens selbst konstruieren, welcher darin besteht, unorganisiert und unverantwortlich am Wirtschaftsleben teilzunehmen.[129] *Rotberg* zieht Parallelen zum Vertragsrecht.[130] Denn auch eine Vertragsverletzung könne einen sittlichen Vorwurf gegen den Vertragsbrüchigen begründen, insbesondere, wenn der Vertragsbruch zugleich eine strafbare Handlung darstellt.[131] Den strafrechtlichen Schuldbegriff unterscheide vom zivilrechtlichen Verschulden gerade nicht das Kriterium der sozialethischen Vorwerfbarkeit.[132] Dem wird entgegen gehalten, dass darin eine „Überstülpung zivilrechtlicher Zurechnungsmodelle auf das Strafrecht" liege[133] und auch *von Savigny* sagte bereits 1840, dass das reale Dasein der juristischen Person auf dem vertretenden Willen bestimmter einzelner Menschen beruhe, der ihr, in Folge einer „Fiction", als ihr eigener Wille angerechnet werde. Eine solche

---

[124] *Rogall*, Karlsruher Kommentar zum OWiG, § 30 Rn. 11 mit Verweis auf *Kindhäuser*, ZStW 107 [1995], 701 ff.

[125] *Rogall*, Karlsruher Kommentar zum OWiG, § 30 Rn. 11 mit Verweis auf die Vorstellung eines „normativen Verbandsgeistes", den bereits *Busch* skizzierte. *Busch*, Unternehmen und Umweltstrafrecht, S. 113.

[126] So ebenfalls *Rogall*, Karlsruher Kommentar zum OWiG, § 30 Rn. 11.

[127] Wohl ursprünglich vertreten von *Tiedemann*, NJW 1988, 1169, 1171 ff.; ebenso *Dannecker*, GA 2001, 101, 112 f. Auch der Entwurf zum Verbandsstrafgesetz (VerbStrG-E) greift zur Überwindung der mangelnden Schuldfähigkeit auf die Konstituierung einer „originären Verbandsschuld" zurück. Im „Rahmen seiner durch ihn selbst gewählten und ausgestalteten Organisation [hafte der Verband] für Fehlentwicklungen, die Folge dieser fehlerhaften Organisation" seien. Ebenso *Lohbeck*, JSE 2014, 5, 15; *Hettinger*, Reform des Sanktionenrechts Bd. 3, S. 16 ff.

[128] *Hafter*, Die Delikts- und Straffähigkeit der Personenverbände, S. 95. Er spricht dort von einer „Sonderintelligenz, einer Sonderenergie, ein Sonderbewusstsein".

[129] *Beckemper*, Unternehmensstrafrecht – auch in Deutschland?, in: Kempf/Lüderssen/Volk (Hrsg.), Unternehmensstrafrecht, S. 279.

[130] *Rotberg*, DJT-Festschrift, S. 193 (200).

[131] *Rotberg*, DJT-Festschrift, S. 193 (200).

[132] *Rotberg*, DJT-Festschrift, S. 193 (200).

[133] *Schünemann*, Plädoyer zur Einführung einer Unternehmenskuratel, in: ders. (Hrsg.), Deutsche Wiedervereinigung, Bd. 3, Unternehmenskriminalität, 1996, S. 129 (S. 139).

Vertretung aber, ohne eigenes Wollen, könne überall nur im „Civilrecht", nie im „Criminalrecht", beachtet werden.[134]

In jüngerer Zeit wird vereinzelt der Versuch unternommen, die originäre Schuldfähigkeit von Unternehmen mit einer Reformierung des traditionellen Schuldbegriffs zu begründen. Es sei schließlich entscheidend, „daß das deutsche Ordnungswidrigkeitengesetz das kriminalstrafrechtliche Schulderfordernis gezielt senkt und zu einer stärker an rechtlichen Bezügen ausgerichteten ‚Verantwortlichkeit' abstuft."[135] Dadurch könne das klassische, von persönlicher sittlicher Vorwerfbarkeit geprägte Schuldverständnis von einem Schuldbegriff abgelöst werden, der den Aspekt der sozialen Verantwortlichkeit in den Vordergrund stelle.[136] Wenn die Ethik Korporationen in den Blick nehme, handele es sich um Sozialethik und im Rahmen dieser kann auch das Verhalten eines Verbandes sozialethisch missbilligt werden.[137] Eine solche soziale Verantwortlichkeit trage auch ein Unternehmen im Falle eines Unterlassens von innerbetrieblichen Kontrollen, die erforderlich gewesen wären, um einen rechtmäßigen Geschäftsbetrieb zu garantieren.[138] Bei einer Schuld von (Personen-)Gesamtheiten beinhaltet die Sanktion einen sozialethischen Tadel dergestalt, dass dem Unternehmen der Vorwurf mangelnder Richtigkeit im Sinne einer unzulänglichen Unternehmensphilosophie oder einer defizitären Organisationsstruktur gemacht wird.[139] Dem Unternehmen werde so nicht die Schuld des handelnden Mitglieds zugerechnet, sondern es haftet selbst für die Verletzung der Pflicht, Vorsorgemaßnahmen zu treffen.[140] Dieses Ungenügen lasse ihnen gegenüber einen entsprechenden Vorwurf eines „Organisationsverschuldens" zu.[141]

V. Ergebnis

Eine Schuldfähigkeit juristischer Personen und Personenvereinigungen ist mit den Grundprinzipien des deutschen Schuldstrafrechts unvereinbar. Einleitend wurde

---

[134] *v. Savigny*, System des heutigen Römischen Rechts, Bd. 2, S. 312.

[135] *Tiedemann*, NJW 1988, 1169, 1172. *Beckemper* weist darauf hin, dass die dogmatischen Bedenken des Schuldprinzips im Hinblick auf eine ordnungswidrigkeitenrechtliche Sanktionierung weniger schwer wiegen, da es sich bei der Geldbuße weniger um eine strafrechtliche Sanktion und damit Ahndung von Schuld handelt. *Beckemper*, „Unternehmensstrafrecht – auch in Deutschland?", in: Kempf/Lüderssen/Volk (Hrsg.), Unternehmensstrafrecht, S. 280.

[136] *Hoven*, ZiS 2014, 19 (21); *Tiedemann*, NJW 1988, 1169, 1172; *Neumann*, „Strafrechtliche Verantwortlichkeit von Verbänden – rechtstheoretische Prolegomena", in: Kempf/Lüderssen/Volk, Unternehmensstrafrecht, S. 18 f.

[137] *Dannecker*, GA 2011, 101, 113.

[138] Ebenso *Eidam*, Straftäter Unternehmen, S. 110 f.; *Quante*, Sanktionsmöglichkeiten, S. 147.

[139] *Dannecker*, GA 2011, 101, 113.

[140] *Schünemann*, ZiS 2014, 1, 4: *Tiedemann*, NJW 1988, 1169 (1172).

[141] *Klesczewski*, in: FS-Seebode, S. 187; *Jäger*, in: FS-Imme Roxin, S. 50; *Tiedemann*, NJW 1988, 1169, 1172.

die Frage gestellt, ob juristische Personen überhaupt und wenn ja, schuldhaft handeln können. Zu der Handlungs- und Schuldfähigkeit von juristischen Personen und Personenvereinigungen wurde bereits viel geschrieben und die Vielfalt der unterschiedlichen Argumente konnte hier nur im Ansatz dargestellt werden.

Ein unterschätztes Argument im Hinblick auf die Frage nach der Schuldfähigkeit von Personenvereinigungen ist dabei das des Personenbegriffes: Im Gegensatz zu einer natürlichen Person verfügt die juristische Person über kein ethisches Substrat. In Ermangelung eben jenes Substrates stellt der Begriff der juristischen Person lediglich eine abstrakte Schöpfung des Rechts dar. Diese Rechtsfigur ist ein soziales Gebilde, dessen vorrechtliche Natur im Gegensatz zum Menschen nicht von vorrechtlicher, sondern (rein) empirischer Qualität ist. Auch der unterschiedliche verfassungsrechtliche Bezug spricht dafür, dass man juristische und natürliche Personen nicht gleichsetzen und in der Folge juristischen Personen keine menschlichen Eigenschaften aufbürden kann. Die Diskussion, um die Schuldfähigkeit von Unternehmen an einem potenziellen Anders-Handeln-Können der juristischen Person oder Personenvereinigung anzuknüpfen, führt dazu, dass die Probleme der Willensfreiheitsdebatte in diese Diskussion einbezogen werden und damit die Diskussion verwässern, was sich exemplarisch an folgenden, in der Debatte wiederkehrenden Argumenten darstellen lässt:

1. „Anders-Handeln-Können" der juristischen Person?

Auch ob der (natürliche) Täter die Kraft für eine andere Entscheidung tatsächlich hätte aufbringen können, bleibt letztendlich offen.[142] Das Recht behandelt ihn lediglich so, als hätte er die Möglichkeit gehabt, eine andere Entscheidung zu treffen. Der dann (verbleibende) Vorwurf, dass ein anderes Rechtssubjekt unter den konkreten Umständen die Tat hätte vermeiden können, wird auch gegenüber Unternehmen erhoben. Diese hätten gerade die Möglichkeit eines Anders-Handeln-Könnens, welcher sie nicht nachgekommen wären.[143]

Dies spricht jedoch nicht für eine Schuldfähigkeit von Unternehmen. Denn wenn die maßgeblichen Stimmen in der Literatur auf einen „Durchschnittsmenschen" als Bezugspunkt zur Bestimmung der Schuldfähigkeit abstellen, stellt sich die hier aufgeworfene Frage, wie der Begriff des Durchschnittsmenschen ausgefüllt werden muss. Dabei lautet die entscheidende These, dass das Recht mit dem Begriff der Durchschnittsperson Bezug auf die Moral, mithin auf die Menschenwürde des Grundgesetzes und nicht auf die Realität nimmt. So ist die Durchschnittsperson im Rahmen des strafrechtlichen Schuldbegriffes unter Bezugnahme auf den Menschen und damit auf die Moral zu betrachten. Es handelt sich bei dem Begriff des Durchschnittsmenschen um einen Idealtyp menschlichen Verhaltens. Dieser Idealtyp

---

[142] *Heine*, Die strafrechtliche Verantwortlichkeit von Unternehmen, S. 263; *Schroth*, Unternehmen als Normadressaten und Sanktionssubjekte, S. 200.

[143] *Schroth*, Unternehmen als Normadressaten und Sanktionssubjekte, S. 200.

ist nicht nur im Stande sich überhaupt zu verhalten und bewusste Entscheidungen zu treffen, sondern kann (auch) moralische Entscheidungen treffen. Diese These muss auf juristische Personen als Sanktionsobjekte übertragen werden: Dass eine andere Person unter den konkreten Umständen die Tat hätte vermeiden können, ist damit zwar ein, jedoch nicht der ausschließliche, Teil des Schuldbegriffes. In der sozialen Realität kann daher zwar problemlos von einer Verantwortlichkeit des Unternehmens gesprochen werden, wenn dieses selbstständig eine Handlung ausführt. Eine strafrechtliche Schuld, ein sozial-ethisches Unwerturteil, kann das Unternehmen jedoch nicht auf sich geladen haben. Auch wenn es die Fähigkeit hat, Entscheidungen zu treffen und damit zum Bezugspunkt einer Schuldfeststellung zu werden, reicht eine solche nicht für eine Schuldfeststellung aus.[144] Diese autonomen Entscheidungen können über Art. 1 GG – als Einfallstor der Moral in das System der Rechtswissenschaft – nur von einem Menschen getroffen werden.[145]

2. Juristische Personen – Träger einer Ehre und Adressaten einer sittlichen Pflicht?

Teilweise wird eingewandt, das Recht bestimme selbst, wer Zurechnungsendpunkt strafrechtlich relevanten Verhaltens sei. Nach Ansicht strenger Rechtspositivisten kann das Recht strafrechtliche Schuld für Unternehmen zuschreiben, wobei gleichzeitig eingewandt wird, dass dabei der Charakter strafrechtlicher Schuld nicht verschwinden dürfe.[146] Nachdem der juristischen Person die Rechts-[147] und Beleidigungsfähigkeit[148] zugesprochen wurde, wäre dies bei der Adressierung strafrechtlicher Sanktionen an Verbände nicht der Fall. Denn als Träger einer Ehre nähmen juristische Personen einen sozialethischen Wert in Anspruch.[149] Mit diesem sozialethischen Wert bestünde eine ausreichende Grundlage für eine Schuldzuschreibung, da das Unternehmen selbst nicht mehr nur eine Korporation ohne ethisches Fundament sei, sondern selbstständig Bezug auf die Moral nehme.[150]

In Anlehnung daran wird eingewandt, juristische Personen seien durch die Verleihung der Rechtsfähigkeit als Träger von Rechtspflichten auch Adressaten sittli-

---

[144] Vgl. zu dem Unternehmen als Adressat oben, D. II. 3.

[145] Ebenfalls anders: *Hirsch*, Straffähigkeit von Personenverbänden, S. 13.

[146] *Ehrhardt*, Unternehmensdelinquenz und Unternehmensstrafen, S. 187; *Ackermann*, Die Strafbarkeit juristischer Personen im deutschen Recht und in ausländischen Rechtsordnungen, S. 230.

[147] *Ackermann*, Die Strafbarkeit juristischer Personen im deutschen Recht und in ausländischen Rechtsordnungen, S. 231.

[148] *Rotberg*, DJT-Festschrift, S. 193 (201) mit Verweis auf BGHSt 6, 186; *Ehrhardt*, Unternehmensdelinquenz und Unternehmensstrafe, S. 190; *Hirsch*, ZStW 107 (1995), S. 285 (292).

[149] *Rotberg*, DJT-Festschrift, S. 193 (201).

[150] Ebd.

cher Pflichten.[151] In der sozialen Wirklichkeit werde Schuld auch Korporationen zugesprochen, man spricht auch von einer Ehre derselben, wobei ethische Maßstäbe angelegt werden.[152] Daher wird vertreten, ihr rechtliches Versagen sei zugleich ein sittliches Versagen, so dass sich durchaus Parallelen zur Schuld natürlicher Personen ziehen lassen.[153] Nach Art. 19 Abs. 3 GG sind die Grundrechte auch auf juristische Personen anwendbar, sofern das geltend gemachte Grundrecht seinem Wesen nach auf eine juristische Person anwendbar ist. Im Rahmen dieser Anforderung wird die allgemeine Handlungsfreiheit des Art. 2 Abs. 1 GG auch juristischen Personen als Recht garantiert, welche ein Interesse an äußerlich ungehinderter und möglichst freier Entfaltung und Verfolgung eigener Zwecke haben und sich dabei nicht von natürlichen Personen unterscheiden.[154] Die juristische Person kann sich allerdings nicht auf das allgemeine Persönlichkeitsrecht aus Art. 2 Abs. 1 i.V.m. Art. 1 Abs. 1 GG berufen, denn „dessen Aufgabe ist es, im Sinne des obersten Konstitutionsprinzips der Menschenwürde den Schutz der engeren, ‚inneren' Voraussetzungen der äußeren Persönlichkeitsentfaltung zu bewirken [...] indem es die in besonderem Maße persönlichkeitskonstituierenden Elemente der individuellen Entfaltung in seinen Tatbestand aufnimmt, das heißt ‚die engere persönliche Lebenssphäre und die Erhaltung ihrer Grundbedingungen' gewährleistet."[155] Jedoch ist eine Berufung auf all jene Grundrechte ausgeschlossen, „die die natürlichen oder auch die moralisch-sittlichen Bedingungen oder Ausprägungen freier und gleicher Entfaltung der Menschen schützen"; daher an das Menschsein anknüpfen.[156] Juristische Personen sind daher nicht Träger der Menschenwürde aus Art. 1 Abs. 1 GG, vielmehr bildet Art. 19 Abs. 3 GG das Gegenstück zu Art. 1 Abs. 1 GG.[157] Denn Art. 1 Abs. 1 GG formuliert ein „Recht auf Rechte" womit die Grundrechte des Grundgesetzes dem Menschen kraft seiner Rechtsfähigkeit als natürlichen Person zustehen, während juristischen Personen in der Entsprechung zur natürlichen Person Rechte und Pflichten zugeordnet werden.[158] Damit mag auch die juristische Person über ein ethisches Substrat verfügen – ausreichend für eine Gleichstellung mit dem Menschen ist dieses aufgrund des unterschiedlichen Grundrechtsbezuges jedoch nicht.[159]

---

[151] *Ehrhardt*, Unternehmensdelinquenz und Unternehmensstrafe, S. 235.

[152] *Hirsch*, ZStW 107, (1995), S. 285, 292.

[153] *Hirsch*, ZStW 107, (1995), S. 285, 292.

[154] BVerfGE 10, 89 (99); BVerfGE 19, 206 (215). *Enders*, in: BeckOK GG, 3. Ed. 1. 2. 2009, GG Art. 19 Rn. 40; BVerfGE 54, 148 (153); z. B. auch BVerfGE 95, 220 (241); BVerfGE 101, 361 (380); BVerfGE 106, 28 (39).

[155] Ebd.

[156] *Enders*, in: BeckOK GG, Art. 19 Rn. 39.

[157] *Enders*, in: BeckOK GG, Art. 19 Rn. 34.

[158] *Enders*, in: BeckOK GG, Art. 19 Rn. 34 mit Verweis auf *Heinrichs*, in: Palandt, BGB Einf. vor § 21 Rn. 1.

[159] Vgl. dazu auch ausführlich D. II.

3. Anerkennung eines Persönlichkeitsrechts?

Mit der auf Art. 2 I GG beschränkten Anerkennung eines Persönlichkeitsrechts juristischer Personen ist nach der Rechtsprechung des BVerfG auch eine juristische Person vor einer Strafsanktion ohne Schuldvorwurf geschützt.[160] In dem dazu ergangenen Urteil des BVerfG vom 25. Oktober 1966[161] stellt das Gericht wiederholt fest, dass dem Grundsatz des nulla poena sine culpa, wonach für jede Strafe oder strafähnliche Sanktion Schuld vorausgesetzt würde, verfassungsrechtlicher Rang zukommt. Denn dieser Grundsatz ist im Rechtsstaatsprinzip begründet.[162] „Mit der Strafe wird dem Täter ein Rechtsverstoß vorgehalten und zum Vorwurf gemacht. Ein solcher strafrechtlicher Vorwurf aber setzt Vorwerfbarkeit im Sinne einer strafrechtlichen Schuld voraus, eine strafrechtsähnliche Ahndung der Tat ohne Schuld des Täters sei demnach rechtsstaatswidrig und verletze den Betroffenen in seinem Grundrecht aus Art. 2 Abs. 1 GG."[163] Die juristische Person ist nach Ansicht des Gerichts rechtsfähig und dahingehend den natürlichen Personen gleichgestellt.[164] Die juristische Person als solche sei jedoch selbst nicht handlungsfähig. Nur die Schuld der für sie verantwortlich handelnden Personen kann für eine Inanspruchnahme maßgebend sein.[165] Mangels einer der Beschwerdeführerin zurechenbaren Handlung läge auch keine schuldhafte Handlung der betroffenen juristischen Person vor, eine Bestrafung widerspreche daher dem Grundsatz des nulla poena sine culpa.[166] Ohne Handlungsfähigkeit der Personengesamtheit selbst kann auch keine schuldhafte Handlung vorliegen.

4. Schuldfähigkeit durch die Herausbildung normativ-sozialer Konventionen?

Nach *Heine* liegt das Problem nicht in der Frage, ob juristische Personen schuldfähig sein könnten, sondern in der Herausbildung entsprechender normativ-sozialer Konventionen.[167] Denn die Entität des Unternehmens könne auch im Strafrecht ein gleichwertiger Normadressat sein, wie es im Zivil- und Verwal-

---

[160] Zur Anerkennung des Persönlichkeitsrechts aus Art. 2 Abs. 1 GG von Handelsgesellschaften, auch wenn sie keine juristischen Personen sind, BVerfGE 10, 89 (99).

[161] BVerfGE 20, 323.

[162] BVerfGE 20, 323 (331).

[163] BVerfGE 20, 323 (331) mit Verweis auf BVerfGE 6, 389 (439); 7, 305 (319); 9, 167 (169); BayVerfGHE 3, 109 (114); *Dürig*, in: Maunz-Dürig, GG Art. 1 Rn. 32; *Nipperdey*, Die Grundrechte, Bd. II, S. 32; *Wintrich*, Zur Problematik der Grundrechte, 1957, S. 18; *Schlosser*, JZ 1958, 526 (529).

[164] BVerfGE 20, 323, 331 f. Rn. 46.

[165] BVerfGE 20, 323, (331 f.).

[166] BVerfGE 20, 323 (331), wonach „die strafrechtliche Ahndung einer Tat ohne Schuld des Täters […] rechtsstaatswidrig" ist.

[167] *Heine*, Die strafrechtliche Verantwortlichkeit von Unternehmen, S. 264.

tungsrecht bereits der Fall ist.[168] So handele es sich bei dem Begriff der Schuld vielmehr um eine Systemkategorie und daher könne die Prämisse des „Schuldig-seins" auch auf Unternehmen Anwendung finden.[169] Dabei verkennt diese Ansicht, dass sich die Frage nach der Schuldfähigkeit von Personen und Personenverbänden nicht nur an der Frage eines Anders-Handeln-Könnens entscheidet, sondern maß-gebliches Kriterium auch ist, wer denn anders handeln kann. Hier kommt über den Begriff der Durchschnittsperson das ethische Substrat des Schuldbegriffes zum Tragen, welcher sich nicht nur an seiner Zweckmäßigkeit und gesellschaftlichen Bedürfnissen orientiert, sondern gerade auch an dem Menschen, der nach wie vor schuldig ist und dies auch alleinig sein kann. Die Menschenwürde aus Art. 1 Abs. 1 GG findet keine Anwendung auf juristische Personen oder Personengesamtheiten und damit fehlt es derselben an dem notwendigen ethischen Substrat.

---

[168] Zur Adressatenstellung des Unternehmens vgl. oben D. II.

[169] *Heine*, Die strafrechtliche Verantwortlichkeit von Unternehmen, S. 264.

E. Zusammenfassung der wesentlichen Erkenntnisse

Die Arbeit hat folgende wesentliche Erkenntnisse über das Schuldprinzip zutage gefördert:

Teil 1

Die Arbeit begann einleitend mit der Darstellung des Schuldbegriffes mit seinen historischen und philosophischen Bezügen. Da die Schuld herkömmlicherweise an ein ‚Anders-Handeln-Können' des Täters angeknüpft wird[1], spielt bei der Frage nach der Schuldfähigkeit die Frage nach der Willensfreiheit eine entscheidende Bedeutung[2]. Eine umfassende Aufarbeitung und Auseinandersetzung, sowohl der Rechtswissenschaft als auch der Philosophie, spiegelt die Komplexität der Frage nach der Willensfreiheit wieder.[3] In der Rechtswissenschaft gehen nun einige Stimmen nicht mehr von einer tatsächlichen Fähigkeit zu einem Anders-Handeln-Können aus, sie setzen diese Fähigkeit vielmehr voraus: Es handele sich um eine normative Setzung, eine soziale Spielregel, die unabhängig von der Realität sei.[4] Dabei geht es auch nicht mehr um die Frage des Anders-Handeln-Könnens eines realen Menschen, sondern um das Anders-Handeln-Können eines Durchschnittsmenschen bzw. einer Durchschnittsperson, eines Homunkulus, einer Maßfigur, einer fiktiven Person.[5]

Teil 2

So erschöpft sich die Diskussion um den strafrechtlichen Schuldbegriff nicht in der Frage, ob eine Person Anders-Handeln-Konnte. Vielmehr ergeben sich aus der Feststellung, Schuld sei die normative Setzung eines Anders-Handeln-Könnens einer durchschnittlichen Person, die Frage, wer denn – wie auch immer – anders handeln kann oder können soll und wie diese „Durchschnittsperson" zu bestimmen ist.[6] Das Recht kann auf außerrechtliche Wertungen Bezug nehmen[7] und tut dies an verschiedenen Stellen[8]. Dabei kommt, vereinfacht ausgedrückt, grundsätzlich eine

---

[1] Einleitend unter B.

[2] Zur Willensfreiheit in der Rechtswissenschaft B. III. 2.

[3] B. III. 1.

[4] B. III. 2. c) dd).

[5] Ebd.

[6] Einleitend unter C.

[7] C. I. 2. g).

[8] C. III.

Bezugnahme auf die Empirie[9] oder auf moralische Prinzipien[10] in Betracht. Prinzipien sind ein Bestandteil der Rechtsordnung und zeichnen sich durch ihre Funktion als Leitbild aus.[11] Auch die Menschenwürde ist ein Rechtsprinzip und über dieses wird das Menschenbild des Grundgesetzes, welches den Menschen als freies und selbstbestimmtes Wesen anerkennt,[12] Ausfüllungsgegenstand des Durchschnittsmenschen. An dieser Kunstfigur messen sich die zu erfüllenden Erwartungshaltungen. Zu der normativen Setzung dieser Erwartungshaltung durchschnittlicher Menschen ist das Recht befugt und damit bleibt die Willensfreiheit eine „soziale Spielregel", welche über den Schuldbegriff im Recht ihre Grundlage findet.

Teil 3

Im letzten Teil dieser Arbeit wurde der Frage nachgegangen, inwieweit und mit welcher Begründung eine Schuldfähigkeit von Personengesamtheiten bzw. juristischen Personen bejaht oder verneint werden kann.[13] Wenn der Durchschnittsmensch so behandelt wird, als hätte er Anders-Handeln-Können und dies Bezugspunkt für eine Schuldzurechnung ist könnte Selbiges auch für juristische Personen oder Personenvereinigungen gelten; und wäre eine juristische mit einer natürlichen Person gleichzusetzen, spräche wenig gegen eine Annahme einer Schuldfähigkeit von juristischen Personen.[14] An dieser Stelle kommt der Personenbegriff des Rechts[15] zum Tragen und die Unterscheidung von juristischen und natürlichen Personen: Während Letzteren der Mensch und damit die Menschenwürde des Art. 1 I GG zugrunde liegt, sind Erstere eine reine Fiktion der Rechtsordnung. Sie entbehren des ethischen Substrates und können daher kein Zurechnungssubjekt der Schuld sein.[16]

---

[9] C. IV. 1.

[10] C. IV. 2.

[11] C. IV. 2.

[12] C. IV. 2. c), d).

[13] Teil D.

[14] So einleitend D. I.

[15] Zur juristischen Person als Rechtsperson, D. II.

[16] D. V.

Literaturverzeichnis

Achenbach, Hans, Historische und dogmatische Grundlagen der strafrechtssystematischen Schuldlehre, 1. Auflage Berlin 1974

Ackermann, Bruni, Die Strafbarkeit juristischer Personen im deutschen Recht und in ausländischen Rechtsordnungen, 1. Auflage Berlin 1984

Albrecht, Peter-Alexis, „Unsicherheitszonen des Schuldstrafrechts. ‚Bewußtseinsstörung' und ‚Abartigkeit' zwischen normativen Setzungen und empirischer Psychologie", in: GA 1983, 193–217

Alexy, Robert, „Rechtsregeln und Rechtsprinzipien", in: Archiv für Rechts- und Sozialphilosophie, Beiheft 25 (1985) S. 13–29

Alexy, Robert, Theorie der Grundrechte, Baden-Baden 1985; Neudr. Frankfurt am Main 1986, 7. Aufl., Frankfurt am Main 2015

Alexy, Robert, „Rechtssystem und praktische Vernunft", in: Alexy (Hrsg.), Recht, Vernunft Diskurs – Studien zur Rechtsphilosophie, 1. Auflage Frankfurt am Main 1995

Alexy, Robert, Theorie der juristischen Argumentation, 3. Auflage Frankfurt am Main 1996

Alexy, Robert, „Zur Struktur von Rechtsprinzipien", in: Schilcher, Bernd/Koller, Peter/Funk, Bernd-Christian (Hrsg.), Regeln, Prinzipien und Elemente im System des Rechts, 1. Auflage Wien 2000

Alexy, Robert, „Menschrechte ohne Metaphysik?", in: Deutsche Zeitschrift für Philosophie 52 (1):15 (2004)

Alexy, Robert, Begriff und Geltung des Rechts, 3. Auflage Freiburg im Breisgau 2011

Alexy, Robert, „Die Doppelnatur des Rechts", in: Der Staat, Heft 03/2011, S. 389

Alexy, Robert, „Grundrechte und Verhältnismäßigkeit", in: Schliesky, Utz/Ernst, Christian/ Schulz, Sönke E. (Hrsg.), Die Freiheit des Menschen in Kommune, Staat und Europa. Festschrift für Edzard Schmidt-Jortzig, 1. Auflage Heidelberg 2011

Alexy, Robert, „Ein nichtpositivistischer Grundrechtsbegriff. Zum Verhältnis von Prinzipientheorie, Grundrechten und Moral", abzurufen unter http://www.fundacionmgimenezabad.es/ sites/default/files/Publicar/images/Documentos/2015/20150324_epp_alexy_r_de_o.pdf

Alschuler, Albert W., „Two Ways to Think about the Punishment of Corporations", in: American Criminal Law Review 2009, 1359–1392

Amelang, Manfred, Sozial abweichendes Verhalten, 1. Auflage Berlin 1986

Ancel, Marc, „Die neue Sozialverteidigung", 1. Auflage Stuttgart 1970

Augsberg, Steffen, „Der Anthropozentrismus des juristischen Personenbegriffs – Ausdruck überkommener (religiöser) Traditionen, speziesistischer Engführung oder funktionaler Notwendigkeiten?", in: RW Jahrgang 7 (2016), Heft 3, S. 338–362

Ávila, Humberto Bergmann, Theorie der Rechtsprinzipien, 1. Auflage Berlin 2006

Bamberger, Georg/*Roth*, Herbert/*Hau*, Wolfgang/*Poseck*, Roman (Hrsg.), BeckOK BGB 53. Edition Stand: 01.02.2020, München

Bauer, Fritz, „Das Verbrechen und die Gesellschaft", 1. Auflage München/Basel 1957

Baumann, Jürgen/*Weber*, Ulrich/*Mitsch*, Wolfgang/*Eisele*, Jörg, Strafrecht allgemeiner Teil, Lehrbuch, 11. Auflage München 2003

Beck, Susanne, „Brauchen wir ein Roboterrecht? Ausgewählte juristische Fragen zum Zusammenleben von Menschen und Robotern", in: Japanisch-Deutsches Zentrum (Hrsg.): Mensch-Roboter-Interaktionen aus interkultureller Perspektive. Japan und Deutschland im Vergleich, 1. Auflage Berlin 2012

Beckermann, Ansgar, Willensfreiheit – ein Überblick aus kompatibilistischer Sicht 2007; abzurufen unter https://pub.uni-bielefeld.de/record/2306223.

Bekker, Ernst Immanuel, Ernst und Scherz über unsere Wissenschaft: Festgabe an Rudolf v. Jhering z. Doctorjubiläum, 1. Auflage Leipzig 1892

Beling, Ernst von, Die Lehre vom Verbrechen, 1. Auflage Tübingen 1906 (Neudruck 1964)

Bentham, Jeremy, Introduction to the Principles of Morals and Legislation, 1. Auflage Oxford 1907, abzurufen unter: https://link.springer.com/chapter/10.1007/978-3-531-93439-6_5

Bernatzik, Edmund, Über den Begriff der juristischen Person, 1. Auflage Wien 1996

Betzler, Monika/*Gucke*, Barbara (Hrsg.), Harry G. Frankfurt, Freiheit und Selbstbestimmung, Reprint 1. Auflage Berlin 2014

Beulke, Werner/*Bachmann*, Gregor, „Die ‚Lederspray-Entscheidung' – BGHSt 37, 106", in: JuS 1992, 737–744

Beuthien, Volker, „Gibt es eine organschaftliche Stellvertretung?", in: NJW 1999, 1142–146

Bieri, Peter, Analytische Philosophie des Geistes, 4. Auflage Weinheim und Basel 2007

Bieri, Peter, Das Handwerk der Freiheit. Über die Entdeckung des eigenen Willens, 10. Auflage Frankfurt am Main 2011

Binding, Karl, Die Normen und ihre Übertretung: eine Untersuchung über die rechtmäßige Handlung und die Arten des Delikts, Band I, Aalen 1918, Neudruck der Ausgabe Leipzig 1918

Binding, Karl, Die Normen und ihre Übertretung: eine Untersuchung über die rechtmäßige Handlung und die Arten des Delikts, Band IV, Aalen 1918, Neudruck der Ausgabe Leipzig 1918

Bischöfe Deutschlands, Österreichs, der Schweiz u. a. (Hrsg.), Die Bibel: Einheitsübersetzung der Heiligen Schrift, 1. Auflage Freiburg 2017

Bock, Dennis, „Zur Strafbarkeit des Tragens von (modifizierten) Kutten durch Mitglieder verbotener Motorradclubs", in: HRRS Heft 2, 2012, Seiten 83–89

Bock, Michael, „Ideen und Schimären im Strafrecht: Rechtssoziologische Anmerkungen zur Dogmatik der positiven Generalprävention", ZStW 103 (1991), S. 636–656

Bockelmann, Paul, „Willensfreiheit und Zurechnungsfähigkeit", in: ZStW 75 (1963), S. 372–392.

Bockelmann, Paul, „Bemerkungen über das Verhältnis des Strafrechts zur Moral und zur Psychologie", in: Kaufmann, Arthur u. a. (Hrsg.), Gedächtnisschrift für Gustav Radbruch, 1968, S. 252–259.

Bockelmann, Paul/*Volk*, Klaus, Strafrecht Allgemeiner Teil, 4. Auflage München 1987

Boetticher, Axel, „‚Raus aus dem Richterstaat, rein in den Neuro-Staat!' Der Angriff der Neurowissenschaften auf das Schuldstrafrecht", in: Stompe, Thomas/Schanda, Hans (Hrsg.), Der freie Wille und die Schuldfähigkeit in Recht, Psychiatrie und Neurowissenschaften, 1. Auflage Berlin 2010

Börchers, Katrin, Schuldbegriff und Fahrlässigkeit, 2010, abzurufen unter https://doi.org/10.22 028/D291–25664

Börner, René Dr., „Einführung in die Normentheorie", in: Jura 2014 Band 36, Heft 12 Seiten 1258–1262; abzurufen unter https://doi.org/10.1515/jura-2014–0144

Bottke, Wilfried, „Standortvorteil Wirtschaftskriminalrecht – Müssen Unternehmen ‚strafmündig' werden?", in: wistra 1997, 241–253

Breuer, Stefan, Max Webers Herrschaftssoziologie, 1. Auflage Frankfurt am Main 1991

Bröckers, Boris, Strafrechtliche Verantwortung ohne Willensfreiheit, 1. Auflage Baden-Baden 2015

Bruder, Benedikt, Versprochene Freiheit: Der Freiheitsbegriff der theologischen Anthropologie in interdisziplinären Kontext, 1. Auflage Berlin 2013

Brugger, Walter, Philosophisches Wörterbuch, 1. Auflage Freiburg 2009

Buchheim, Thomas, Libertarischer Kompatibilismus. Drei alternative Thesen auf dem Weg zu einem qualitativen Verständnis der menschlichen Freiheit, in: Hermanni, Friedrich /Koslowski, Peter (Hrsg.): Der freie und der unfreie Wille, 1. Auflage Paderborn 2004

Büchner, Georg, Dantons Tod, 1. Neuauflage Köln 2005

Bung, Jochen, Wissen und Wollen im Strafrecht: zur Theorie und Dogmatik des subjektiven Tatbestands, 1. Auflage Frankfurt am Main 2009

Burgstaller, Manfred, Das Fahrlässigkeitsdelikt im Strafrecht: unter besonderer Berücksichtigung der Praxis in Verkehrssachen, 1. Auflage Wien 1974

Burkhardt, Björn, „Freiheitsbewußtsein und strafrechtliche Schuld", in: Albin Eser (Hrsg.), Festschrift für Theodor Lenckner zum 70. Geburtstag, 1. Auflage München 1998, S. 1–24

Burkhardt, Björn, „Wie ist es, ein Mensch zu sein?", in: Arnold, Jörg (Hrsg.), Menschengerechtes Strafrecht. Festschrift für Albin Eser zum 70. Geburtstag, 1. Auflage München 2005, S. 77–100

Burkhardt, Björn, „Gedanken zu einem individual- und sozialpsychologisch fundierten Schuldbegriff", in: Bloy, René/Böse, Martin/Hillenkamp, Thomas/Momsen, Carsten/Rackow, Peter, Gerechte Strafe und legitimes Strafrecht: Festschrift für Manfred Maiwald zum 75. Geburtstag, 1. Auflage Berlin 2010, S. 79–102

Busch, Ralf, Unternehmen und Umweltstrafrecht, 1. Auflage Osnabrück 1997

Canaris, Claus-Wilhelm, Systemdenken und Systembegriff in der Jurisprudenz entwickelt am Beispiel des deutschen Privatrechts, 2., überarbeitete Auflage, Berlin, 1983

Claß, Wilhelm, Grenzen des Tatbestandes: Versuch eines Abrisses der Tatbestandstheorie, 1. (einziger) Teil: Die Lehre vom Tatbestand, 1. Auflage Berlin 1933

Cohen, Albert K., Abweichung und Kontrolle, 3. Auflage München 1972

Coleman, Howard, „Toward an Integrated Theory of White Collar Crime", in: The American Journal of Soziologie 1987, 406 (407)

Dannecker, Gerhard, „Zur Notwendigkeit der Einführung kriminalrechtlicher Sanktionen gegen Verbände. Überlegungen zu den Anforderungen und zur Ausgestaltung eines Verbandsstrafrechts", in: GA 2001, 101–130

Danner, Manfred, Gibt es einen freien Willen?, 1. Auflage Hamburg 1967

Damm, Reinhard, „Personenrecht. Klassik und Moderne der Rechtsperson", in: AcP 202 (2002), 841–877

Dennett, Daniel C., Ellenbogenfreiheit. Die erstrebenswerten Formen freien Willens, 1. Auflage Frankfurt: Hain bei Athenäum 1994

Dennett, Daniel C., Freedom evolves, Viking Press, 1. Auflage New York 2004

Deruyck, Filiep, Probleme der Verfolgung und Ahndung von Verbandskriminalität im deutschen und belgischen Recht, in: ZStW 103 (1981) S. 705–731

Detlefsen, Grischa, Grenzen der Freiheit – Bedingungen des Handelns – Perspektiven des Schuldprinzips. Konsequenzen neurowissenschaftlicher Forschung für das Strafrecht, 1. Auflage Berlin 2006

Dinzelbacher, Peter, Das fremde Mittelalter: Gottesurteil und Tierprozess, 1. Auflage Essen 2006

Dohna, Alexander Graf zu, Die Elemente des Schuldbegriffs. Antrittsvorlesung, gehalten in der Aula der Universität Halle a.S. am 24. Oktober 1904, in: Der Gerichtssaal 65 (1905), S. 304–324

Dohna, Alexander Graf zu, Ein unausrottbares Mißverständnis, ZStW 66 (1954), 505–514

Dostojewski, Fjodor Michailowitsch (Hrsg.), Werner Creutzinger (Übers.), Die Brüder Karamasow, in: ders., Gesammelte Werke, Bd. I Berlin 1981

Dreier, Horst, Rechtslehre, Staatssoziologie und Demokratietheorie bei Hans Kelsen, 2. Auflage Baden-Baden 1990

Dreier, Horst (Hrsg.), Grundgesetz. Kommentar. Band 1, 3. Auflage Tübingen 2013

Dreier, Ralf, Zum Begriff der „Natur der Sache", 1. Auflage Berlin 1956

Dreier, Ralf/*Paulson*, Stanley L., Einführung in die Rechtsphilosophie Radbruchs, in: ders. (Hrsg.), G. Radbruch, Rechtsphilosophie, 2. Auflage München 2011

Drewermann, Eugen, Wendepunkte oder: Was eigentlich besagt das Christentum?, 1. Auflage Ostfildern 2014

Duttge, Gunnar, Das Ich und sein Gehirn, 1. Auflage Göttingen 2009

Duttge, Gunnar, Zur Bestimmtheit des Handlungsunwerts von Fahrlässigkeitsdelikten, 1. Auflage Tübingen 2001

Dworkin, Ronald, „Taking Rights Seriously", in: Israel Law Review; 14 (1979) S. 389–397

Dworkin, Ronald, Bürgerrechte ernst genommen, 1. Auflage Berlin 1984

Dworkin, Ronald, Gerechtigkeit für Igel, 1. Auflage Berlin 2012

Düwell, Marcus/*Hübenthal*, Christoph/*Werner*, Micha H. (Hrsg.), Handbuch Ethik, 3. Auflage Berlin 2011

Ebert, Udo, „Charakterschuld", in: Heger, Martin/Kelker, Britta/Schramm, Edward (Hrsg), Festschrift für Kristian Kühl zum 70. Geburtstag, 1. Auflage München 2014, S. 137–158

Ehrhardt, Anne, Unternehmensdelinquenz und Unternehmensstrafe, Sanktionen gegen jur. Personen nach deutschem und US-amerikanischem Recht, 1. Auflage Berlin 1994

Ehrlich, Eugen, Grundlegung der Soziologie des Rechts, 4. Auflage, durchgesehen und hrsg. von Manfred Rehbinder, Berlin 1989

Eidam, Gerd, Straftäter Unternehmen, 1. Auflage München 1997

Eidam, Gerd, „Die Verbandsgeldbuße des § 30 Abs 4 OWiG – eine Bestandsaufnahme", in: wistra 2003, 447–456

Einstein, Albert/*Born*, Hedwig und Max, Briefwechsel 1916–1955, 1. Auflage Rowohlt Taschenbuchverlag 1972

Enderle, Bettina, Blankettstrafgesetze. Verfassungs- und strafrechtliche Probleme von Wirtschaftsstraftatbeständen, 1. Auflage Frankfurt 2000

Enders, Christoph, Die Menschenwürde in der Verfassungsordnung, 1. Auflage Freiburg 1999

Engisch, Karl, Normative Tatbestandselemente im Strafrecht, in: Engisch, Karl (Hrsg.), Festschrift für Edmund Mezger zum 70. Geburtstag am 15.10.1953, 1. Auflage München 1954

Engisch, Karl, Referat zu den Verhandlungen des 40. deutschen Juristentages in Hamburg 1953, hrsg. von der Ständigen Deputation des Deutschen Juristentages, Band II (Sitzungsberichte), Teil E Strafrechtliche Abteilung, Sitzung vom 11. u. 12. September 1953, Empfiehlt es sich, die Strafbarkeit der Juristischen Person gesetzlich vorzusehen?, E7 – E 41, Tübingen 1954

Engisch, Karl, Wahrheit und Richtigkeit im juristischen Denken, 1. Auflage München 1963

Engisch, Karl, Die Idee der Konkretisierung in Recht und Rechtswissenschaft unserer Zeit. 2. Auflage Heidelberg 1968

Engisch, Karl, Die Lehre von der Willensfreiheit in der strafrechtsphilosophischen Doktrin der Gegenwart: Vortrag gehalten vor der Berliner Juristischen Gesellschaft am 4. Mai 1962, 2. Auflage Berlin 2014

Eposito, Roberto, Person und menschliches Leben, Übers. v. F. Romanini, diaphanes, 1. Auflage Zürich/Berlin 2010

Epping, Volker/*Hillgruber*, Christian, Grundgesetz Kommentar, 2. Auflage München 2013

Erbs/Kohlhaas, Strafrechtliche Nebengesetze, § 106 UrhG, 228. EL Januar 2020

Esser, Josef, Grundsatz und Norm in der richterlichen Fortbildung des Privatrechts. Rechtsvergleichende Beiträge zur Rechtsquellen- und Interpretationslehre, 1. Auflage Tübingen 1956

Evans, Edward Payson, The Criminal Prosecution and Capital Punishment of Animals, 1. Auflage Reprint (2. November 2009) London 1987

Falkenburg, Brigitte, Mythos Determinismus: Wie viel erklärt uns die Hirnforschung?, 1. Auflage Berlin 2012

Fechner, Erich, Rechtsphilosophie. Soziologie und Metaphysik des Rechts, 2. Auflage Tübingen 1. Auflage 1862

Fernek, Alexander Freiherr Hold von, Die Idee der Schuld. Eine strafrechtliche Studie, Leipzig, 1. Auflage 1911

Figueiredo Dias, Jorge de, „Schuld und Persönlichkeit", in: ZStW 95 (1983), 220–255

Finger, August, Lehrbuch des deutschen Strafrechts, 1. Band, Berlin 1904

Fink, Helmut, Die Quantentheorie und der liebe Gott, Aufklärung und Kritik 3/2010, Schwerpunkt Atheismus, Institut für Theoretische Physik I Universität Erlangen-Nürnberg, S. 222–237; abzurufen unter: https://theorie1.physik.uni-erlangen.de/h_fink/Fink_Quanten-Gott.pdf

Fischer, Thomas, Strafgesetzbuch und Nebengesetze, 67. Auflage München 2020

Fischer-Lescano, Andreas, „Kritische Systemtheorie Frankfurter Schule", in: Calliess, Christian/Fischer-Lescano, Andreas/Wielsch, Dan/Zumbansen, Peer (Hrsg.), Soziologische Jurisprudenz: Festschrift für Gunther Teubner zum 65. Geburtstag am 30. April 2009, 1. Auflage Berlin 2009

Foregger, Egmont/*Nowakowski*, Friedrich (Hrsg.), Wiener Kommentar zum Strafgesetzbuch, 2. Lieferung § 6, 7 StGB, Wien 1979

Forst, Rainer/*Günther*, Klaus, in: dies. (Hrsg.), Die Herausbildung normativer Ordnungen. Interdisziplinäre Perspektiven, 1. Auflage Frankfurt 2011

Forsthoff, Ernst, Recht und Sprache. Prolegomena zu einer richterlichen Hermeneutik, 1. Ausgabe Darmstadt 1964

Frank, Reinhard, „Über den Aufbau des Schuldbegriffs", in: Frank (Hrsg.), Festschrift für die Juristische Fakultät in Giessen zum Universitäts-Jubiläum, 1. Auflage Giessen 1907, S. 1–29

Frankfurt, Harry G., „Alternate Possibilities and Moral Responsibility", in: The Journal of Philosophy, 66 (1969) S. 829–839; abzurufen unter https://www.jstor.org/stable/2023833

Frede, Dorothea, Aristoteles und die „Seeschlacht". Das Problem der Contingentia Futura in de Interpretatione 9, 1. Auflage Göttingen 1970

Freier, Friedrich v., „Zurück hinter die Aufklärung: Zur Wiedereinführung von Verbandsstrafen", in: GA 2009, Band 156, Heidelberg, S. 98–117

Freund, Georg, Strafrecht Allgemeiner Teil. Personale Straftatlehre. 1. Auflage Berlin 1998

Freund, Georg, „Die Definitionen von Vorsatz und Fahrlässigkeit – Zur Funktion gesetzlicher Begriffe und ihrer Definition bei der Rechtskonkretisierung", in: Hettinger, Michael/Hillenkamp, Thomas (Hrsg.), Festschrift für Wilfried Küper zum 70. Geburtstag, 1. Auflage Heidelberg 2007, S. 63–82

Frisch, Wolfgang, „Unrecht und Schuld im Verbrechensbegriff und in der Strafzumessung", in: Britz, Guido u. a. (Hrsg.), Grundfragen staatlichen Strafens: Festschrift für Heinz, 2001, S. 237–259

Frisch, Wolfgang, „Strafbarkeit juristischer Personen und Zurechnung", in: Zöller, Mark A./ Hilger, Hans/Küper, Wilfried/Roxin, Claus (Hrsg.), Gesamte Strafrechtswissenschaft in internationaler Dimension: Festschrift für Jürgen Wolter zum 70. Geburtstag am 7. September 2013, 1. Auflage Berlin 2013, S. 349–375

Frisch, Wolfgang, „Zur Zukunft des Schuldstrafrechts – Schuldstrafrecht und Neurowissenschaften", in: Heger, Martin/Kelker, Britta/Schramm, Edward (Hrsg.), Festschrift für Kristian Kühl zum 70. Geburtstag, 1. Auflage München 2014, S. 187–212

Frister, Helmut, Schuldprinzip, Verbot der Verdachtsstrafe und Unschuldsvermutung als materielle Grundprinzipien des Strafrechts, 1. Auflage Berlin 1988

Frister, Helmut, „Die Struktur des „voluntativen Schuldelements", zugleich eine Analyse des Verhältnisses von Schuld und positiver Generalprävention, 1. Auflage Berlin 1993

Frister, Helmut, „Überlegungen zu einem agnostischen Begriff der Schuldfähigkeit", in: Freund, Georg/Murmann, Uwe/Bloy, René/Perron, Walter (Hrsg.), Grundlagen und Dogmatik des gesamten Strafrechtssystems, Festschrift für Wolfgang Frisch, 1. Auflage Berlin 2013, S. 535–554

Fritzsch, Quantenphysik und eine neue Deutung der Naturgesetze, in: Der Brockhaus Multimedial, Bibliographisches Institut & F. A. Brockhaus AG, Mannheim 2005

Fuchs, Peter, „Niklas Luhmann – beobachtet. Eine Einführung in die Systemtheorie", 2. Auflage Wiesbaden 1992

Funke, Andreas, „Recht und Normativität aus soziologischer Perspektive", in: Krüper, Julian (Hrsg.), Grundlagen des Rechts, 2. Auflage Berlin 2013

Funke, Andreas/*Schmolke*, Klaus Ulrich (Hrsg.), Menschenbilder im Recht, 1. Auflage Erlangen 2019

Galtung, Johan, „Expectations and Interaction Processes", in: Inquiriy: An Interdisciplinary Journal of Philosophy (Oslo) Vol. 2 (1959), S. 213–234

Geiger, Theodor, Vorstudien zu einer Soziologie des Rechts, 4. Auflage, durchges. und hrsg. von Manfred Rehbinder, Berlin 1987

Geisler, Claudius, Zur Vereinbarkeit objektiver Strafbarkeitsbedingungen mit dem Schuldprinzip: Zugleich ein Beitrag zum Freiheitsbegriff des modernen Schuldstrafrechts, 1. Auflage Berlin 1998

Geisler, Claudius, Anmerkung zu BGH, Urteil vom 26.04.2001–4 StR 439/00, in NStZ 2002, 86

Gerson, Oliver Harry, Das Recht auf Beschuldigung: Strafprozessuale Verfahrensbalance durch kommunikative Autonomie, 1. Auflage Berlin 2016

Geyer, Christian, Hirnforschung und Willensfreiheit: Zur Deutung der neuesten Experimente, 1. Auflage Berlin 2004

Gierer, Alfred, „Willensfreiheit aus neurowissenschaftlicher und theologiegeschichtlicher Perspektive – Ein erkenntniskritischer Vergleich", in: Max-Planck-Institut für Entwicklungsbiologie, Tübingen, Reprint 285, 2005

Gierke, Otto von, Die Genossenschaftstheorie und die deutsche Rechtsprechung, 1. Auflage Berlin 1887, abzurufen unter http://dlib-pr.mpier.mpg.de/m/kleioc/0010/exec/books/%2213 9687%22

Gierke, Otto von, Deutsches Privatrecht I, 1. Auflage Leipzig 1895; abzurufen unter http://dlib-pr.mpier.mpg.de/m/kleioc/0010/exec/books/%22143555%22

Gierke, Otto von, Das Wesen der menschlichen Verbände: Rede bei Antritt des Rektorats am 15. Oktober 1902, 1. Auflage Leipzig 1902

Glebke, Michael, Die Philosophie Georg Büchners, 1. Auflage Marburg 1995

Gómez-Jara Díez, Carlos, „Grundlagen des konstruktivistischen Unternehmensschuldbegriffs", in: ZStW 119 (2007), 290–333

Goos, Christoph, Innere Freiheit – Eine Rekonstruktion des grundgesetzlichen Würdebegriffs, 1. Auflage Göttingen 2011

Graf, Jürgen Peter (Hrsg.), BeckOK OWiG, München 22. Edition Stand: 15.03.2019

Grasnick, Walter, Über Schuld, Strafe und Sprache: Systematische Studien zu den Grundlagen der Punktstrafen- und Spielraumtheorie, 1. Auflage Tübingen 1987

Griffel, Anton, „Prävention und Schuldstrafe", ZStW 98 (1986), S. 28–43

Gripp-Hagelstange, Helga, Niklas Luhmann – Eine erkenntnistheoretische Einführung, 2. Auflage Tübingen 1997

Gründel, Johannes, „Schuld Strafe, Versöhnung aus theologischer Sicht", in: Köpcke-Duttler, Arnold (Hrsg.), Schuld – Strafe – Versöhnung. Ein interdisziplinäres Gespräch, 1. Auflage Mainz 1990, S. 93–116

Günther, Klaus/*Prittwitz*, Cornelius, „Individuelle und kollektive Verantwortung im Strafrecht", in: Herzog, Felix/Neumann, Ulfrid (Hrsg.), Festschrift für Winfried Hassemer zum 70. Geburtstag am 17. Februar 2010, 1. Auflage Heidelberg 2010

Habermas, Jürgen, Theorie und Praxis – Sozialphilosophische Studien, 2. Auflage Neuwied 1967

Habermas, Jürgen, „Wahrheitstheorien", in: Fahrenbach, Helmut (Hrsg.): Wirklichkeit und Reflexion. Walter Schulz zum 60. Geburtstag, 1. Auflage Pfullingen 1973, S. 211–265

Habermas, Jürgen, in: Maciejewski (Hrsg.), Theorie der Gesellschaft oder Sozialtechnologie (Theorie-Diskussion Supplement 1). Beiträge zur Habermas-Luhmann-Diskussion, 1. Auflage Frankfurt 1973

Habermas, Jürgen, „Bemerkungen zu einer Theorie der kommunikativen Kompetenz", in: Habermas, Jürgen/Luhmann, Niklas (Hrsg.), Theorie der Gesellschaft oder Sozialtechnologie – Was leistet die Systemforschung?, 10. Auflage Frankfurt am Main 1990

Habermas, Jürgen, „Diskursethik – Notizen zu einem Begründungsprogramm", in: Habermas, Jürgen (Hrsg.), Moralbewusstsein und kommunikatives Handeln, 5. Auflage Frankfurt am Main 1992

Habermas, Jürgen, Die Einbeziehung des Anderen. Studien zur politischen Theorie, 1. Auflage Berlin 1996

Habermas, Jürgen, Faktizität und Geltung. Beiträge zur Diskurstheorie des Rechts und des demokratischen Rechtsstaats, 5. Auflage Berlin 1996

Haft, Fritjof, Strafrecht Allgemeiner Teil, 9. Auflage München 2004

Hafter, Ernst, Die Delikts- und Straffähigkeit der Personenverbände, 1. Auflage 1903, Nachdruck 1995, Berlin

Haggard, Patrick/*Eimer*, Martin (Hrsg.), „On the relation between brain potentials and the awareness of voluntary movements", Exp. Brain Res 126 (1999), 128 – 133

Hart, Herbert L. A., The Concept of Law, 3. Auflage Oxford 2012

Hart, Herbert L. A., Der Begriff des Rechts, 2. Auflage Berlin 2011

Hartung, Fritz, Referat zu den Verhandlungen des 40. deutschen Juristentages in Hamburg 1953, hrsg. von der Ständigen Deputation des Deutschen Juristentages, Band II (Sitzungsberichte), Teil E Strafrechtliche Abteilung, Sitzung vom 11. u. 12. September 1953, Empfiehlt es sich, die Strafbarkeit der Juristischen Person gesetzlich vorzusehen?, E 43 ff., Tübingen 1954

Hashi, Hisaki, Naturphilosophie und Naturwissenschaft: Tangente und Emergenz im interdisziplinären Spannungsumfeld, 1. Auflage Münster 2010

Hassemer, Winfried/*Saliger*, Frank/*Neumann*, Ulfrid (Hrsg.), Einführung in die Rechtsphilosophie und Rechtstheorie der Gegenwart, 9., neu bearbeitete und erweiterte Auflage Karlsruhe 2016

Heine, Günter, Die strafrechtliche Verantwortlichkeit von Unternehmen. Von individuellem Fehlverhalten zu kollektiven Fehlentwicklungen, insbesondere bei Großrisiken, 1. Auflage Baden-Baden 1995

Heinitz, Ernst, Strafzumessung und Persönlichkeit, in: ZStW 63 (1951) Band 1, S. 57 – 82

Heinitz, Ernst, hrsg. von der Ständigen Deputation des Deutschen Juristentages, Band I (Gutachten), Teil E Strafrechtliche Abteilung, Empfiehlt es sich, die Strafbarkeit der Juristischen Person gesetzlich vorzusehen?, E 43 ff., Tübingen 1954

Heinold, Alexander, Die Prinzipientheorie bei Ronald Dworkin und Robert Alexy, 1. Auflage Berlin 2011

Heintschel-Heinegg, Bernd (Hrsg.), Strafgesetzbuch: StGB, 3. Auflage München 2018

Heller, Hermann, Staatslehre, hrsg. v. Niemeyer, 4. Auflage Tübingen 1970

Herrmann, Christoph S. u.a., „Eine neue Interpretation von Libets Experimenten aus der Analyse der Wahlreaktionsaufgabe", in: Herrmann, C. u.a. (Hrsg.), Bewusstsein: Philosophie, Neurowissenschaften, Ethik, 1. Auflage München 2005

Herzberg, Rolf Dietrich, „Das Fujimori-Urteil: Zur Beteiligung des Befehlsgebers an den Verbrechen seines Machtapparates", in: ZIS 11/2009, S. 576 – 580

Herzberg, Rolf Dietrich, Willensunfreiheit und Schuldvorwurf, 1. Auflage Tübingen 2010

Herzberg, Rolf Dietrich, „Überlegungen zum ethischen und strafrechtlichen Schuldbegriff", in: Hellmann, Uwe (Hrsg.), Festschrift für Hans Achenbach, 1. Auflage Heidelberg 2011, S. 157 – 189

Hettinger, Michael (Hrsg.), Reform des Sanktionenrechts, Bd. 3: Verbandsstrafe. Bericht der Arbeitsgruppe „Strafbarkeit juristischer Personen" an die Kommission nebst Gutachten sowie Auszug aus dem Abschlussbericht der Kommission zur Reform des strafrechtlichen Sanktionenrechts, 1. Auflage Baden-Baden 2002

Hilgendorf, Eric, Strafrechtliche Produzentenhaftung in der „Risikogesellschaft", 1. Auflage Berlin 1993

Hillenkamp, Thomas, Strafrecht ohne Willensfreiheit? Eine Antwort auf die Hirnforschung, JZ 2005, 313–320

Hillenkamp, Thomas, „Hirnforschung, Willensfreiheit und Strafrecht – Versuch einer Zwischenbilanz", in: ZStW 127(1) (2015), 10–96

Hillenkamp, Thomas, „Freie Willensbestimmung und Gesetz", in: JZ 2015, 391–401

Hirsch, Hans Joachim, „Der Streit um Handlungs- und Unrechtslehre, insbesondere im Spiegel der Zeitschrift für die gesamte Strafrechtswissenschaft", in: ZStW 93 (1981), Teil I, S. 831–863

Hirsch, Hans Joachim, Straffähigkeit von Personenverbänden: 364. Sitzung am 17. März 1993 in Düsseldorf, 1. Auflage Wiesbaden 1993

Hirsch, Hans Joachim, „Strafrechtliche Verantwortlichkeit von Unternehmen" in ZStW 107 (1995), Heft 2, S. 285–323

Hirsch, Hans Joachim, „Über Irrungen und Wirrungen in der gegenwärtigen Schuldlehre", in: Dannecker, Gerhard u. a. (Hrsg.), Festschrift für Harro Otto zum 70. Geburtstag am 1. April 2007, 1. Auflage Köln 2007, S. 307–330

Hirsch, Hans Joachim, „Zur gegenwärtigen deutschen Diskussion über Willensfreiheit und Strafrecht", in: ZIS 2/2010, S. 62–67

Hoffmann, Bernd von, Universalität der Menschenrechte: kulturelle Pluralität (Rechtspolitisches Symposium/Legal Policy Symposium, Band 7), 1. Auflage Berlin 2008

Hollerbach, Alexander, Artikel „Rechtsethik", Staatslexikon, 7. Aufl. 1988, 4. Band, Sp. 693

Holmes, Oliver Wendell Jr., The Common Law, 1. Auflage 1882 London; abzurufen unter https://openlibrary.org/works/OL500108W/The_common_law

Honderich, Ted, Wie frei sind wir? Das Determinismus-Problem, aus dem Englischen übersetzt von Joachim Schulte, 1. Auflage Stuttgart 1995

Horn, Norbert, Einführung in die Rechtswissenschaft und Rechtsphilosophie, 6., neu bearbeitete Auflage München 2016

Hörnle, Tatjana, „Gegenwärtige Strafbegründungstheorien: Die herkömmliche deutsche Diskussion", in: Hirsch/Neumann/Seelmann (Hrsg.), Strafe – Warum?, 1. Auflage Baden-Baden 2011

Hörnle, Tatjana, Straftheorien, 1. Auflage München 2011

Hörnle, Tatjana, Kriminalstrafe ohne Schuldvorwurf: Ein Plädoyer für Änderungen in der strafrechtlichen Verbrechenslehre, 1. Auflage Baden-Baden 2013

Hoven, Elisa, „Der nordrhein-westfälische Entwurf eines Verbandsstrafgesetzbuchs – Eine kritische Betrachtung von Begründungsmodell und Voraussetzungen der Straftatbestände", in: ZIS 2014, 19–30

Hoyer, Andreas, „Normative Ansprechbarkeit als Schuldelement", in: Heinrich, Manfred/Jäger, Christian/Schünemann, Bernd u. a. (Hrsg.), Festschrift für Claus Roxin zum 80. Geburtstag am 15. Mai 2011, 1. Auflage Berlin 2011, S. 737–762

Hübner, Heinz/*Lehmann*, Heinrich, Allgemeiner Teil des Bürgerlichen Gesetzbuches, 16. unveränderte Auflage, Reprint München 2017

Hume, David, Traktat über die menschliche Natur/Über den Verstand, Unveränderter Nachdruck der 2., durchgesehenen Auflage Hamburg 1904

Hutter, Michael/*Teubner*, Gunther, „Der Gesellschaft fette Beute. Homo juridicus und homo oeconomicus als kommunikationserhaltende Fiktionen", in: Fuchs, Peter/Göbel, Andreas (Hrsg.), Der Mensch, das Medium, die Gesellschaft?, 2. Auflage Frankfurt am Main 2016

Ingwagen, Peter von, „Free Will Remains a Mystery: The Eighth Philosophical Perspectives Lecture", in: Philosophical Perspectives Vol. 14, Action and Freedom 2000, S. 1–19; abzurufen unter https://www.jstor.org/stable/2676119seq=1#metadata_info_tab_contents

Isensee, Josef/*Kirchhof*, Paul, Handbuch des Staatsrechts der Bundesrepublik Deutschland, Band VI, 3. Auflage Karlsruhe 2003

Jäger, Christian, „Die Unternehmensstrafe als Instrument zur Bekämpfung der Wirtschaftsdelinquenz", in: Schulz, Lorenz/Reinhart, Michael/Sahan, Oliver/Knauer, Christoph (Hrsg.), Festschrift für Imme Roxin, 1. Auflage München 2012, S. 43–56

Jäger, Christian, Stirbt das moderne Schuldstrafrecht durch die moderne Gehirnforschung?, in: GA 2013, 3–14

Jahn, Matthias/*Schmitt-Leonardy*, Charlotte/*School*, Christian (Hrsg.), Das Unternehmensstrafrecht und seine Alternativen, 1. Auflage Baden-Baden 2016

Jakobs, Günther, Schuld und Prävention, 1. Auflage Tübingen 1976

Jakobs, Günther, Der strafrechtliche Handlungsbegriff, kleine Studie; Vortrag gehalten vor der Juristischen Studiengesellschaft Regensburg am 21. Mai 1992, 1. Auflage München 1992

Jakobs, Günther, Das Schuldprinzip. 357. Sitzung am 17. Juni 1992 in Düsseldorf, 1. Auflage Opladen 1993

Jakobs, Günther, „Das Strafrecht zwischen Funktionalismus und ,alteuropäischem' Prinzipiendenken", in: ZStW 107 (1995), Heft 4, S. 843–876

Jakobs, Günther, Norm, Person, Gesellschaft. Vorüberlegungen zu einer Rechtsphilosophie, 1. Auflage Berlin 1997

Jakobs, Günther, „Strafbarkeit juristischer Personen", in: Prittwitz, Cornelius u. a. (Hrsg.), Festschrift für Klaus Lüderssen zum 70. Geburtstag am 2. Mai 2002, 1. Auflage Baden-Baden 2002, S. 559–576

Jakobs, Günther, „Dolus malus", in: Rogall, Klaus/Puppe, Ingeborg u. a. (Hrsg.), Festschrift für Hans Joachim Rudolphi zum 70. Geburtstag, 1. Auflage Neuwied 2004, S. 107–122

Jakobs, Günther, Strafrecht Allgemeiner Teil. Die Grundlagen und die Zurechnungslehre. Lehrbuch. 2. neubearb. und erw. Auflage Berlin Reprint 2011

Jarass, Hans/*Pieroth*, Bodo, Grundgesetz für die Bundesrepublik Deutschland, 16. Auflage München 2020

Jescheck, Hans-Heinrich, „Die strafrechtliche Verantwortlichkeit der Personenverbände", in: ZStW 65 (1953), S. 210–225

Jescheck, Hans-Heinrich, „Wandlungen des strafrechtlichen Schuldbegriffs in Deutschland und Österreich", in: JBl 1998, S. 609–619

Jescheck, Hans-Heinrich/*Weigend*, Thomas, Lehrbuch des Strafrechts Allgemeiner Teil, 5. Auflage Berlin 2013

Joecks, Wolfgang/*Miebach*, Klaus (Hrsg.), Münchener Kommentar zum Strafgesetzbuch, Band 1, 3. Auflage München 2017

Joerden, Jan C., Logik im Recht, 2. Auflage Berlin 2010

Jung, Carl Gustav, Psychologische Typen, 3. Auflage Ostfildern 2018

Kant, Immanuel, „Kritik der reinen Vernunft", 2. Auflage Riga 1786, zit. nach Theorie-Werkausgabe Immanuel Kant (hrsg. von Wilhelm Weischedel), Band II, 8. unveränderte Auflage Frankfurt 2016

Kant, Immanuel, „Grundlegung zur Metaphysik der Sitten", 2. Auflage Riga 1786, zit. nach Theorie-Werkausgabe Immanuel Kant (hrsg. von Wilhelm Weischedel), Band IV, 8. unveränderte Auflage Frankfurt 2016

Kant, Immanuel, „Kritik der Urteilskraft", 2. Auflage Riga 1786, zit. nach Theorie-Werkausgabe Immanuel Kant (hrsg. von Wilhelm Weischedel), Band V, 8. unveränderte Auflage Frankfurt 2016

Kaser, Max, Das römische Privatrecht, 2. Auflage München 1971

Kaufmann, Armin, „Schuldfähigkeit und Verbotsirrtum", in: Bockelmann, Paul/Gallas, Wilhelm (Hrsg.), Festschrift für Eberhard Schmidt zum 70. Geburstag, 1. Auflage Göttingen 1961, S. 319–382

Kaufmann, Armin, „Das fahrlässige Delikt", in: ZfRV 1964, S. 41

Kaufmann, Arthur, „Dogmatische und kriminalpolitische Aspekte des Schuldgedankens im Strafrecht", in: JZ 1967, S. 553–560

Kaufmann, Arthur, Das Schuldprinzip – eine strafrechtlich-rechtsphilosophische Untersuchung, 2. Auflage Heidelberg 1976

Kaufmann, Arthur, Analogie und Natur der Sache, 2. Auflage Heidelberg 1982

Kaufmann, Arthur, „Schuld und Prävention", in: Broda, Christian/Deutsch, Erwin/Hans Schreiber/Vogel, Hans Joachim (Hrsg.), Festschrift für Rudolf Wassermann zum sechzigsten Geburtstag. 1. Auflage Darmstadt 1985, S. 889–897

Kaufmann, Arthur, „Unzeitgemäße Betrachtungen zum Schuldgrundsatz im Strafrecht", in: Jura 1986, S. 225–233

Kaufmann, Arthur, Über Gerechtigkeit: Dreißig Kapitel praxis-orientierter Rechtsphilosophie, 1. Auflage Köln 1993

Kaufmann, Arthur, Rechtsphilosophie, 2. Auflage München 1997

Kaufmann, Arthur/*Hassemer*, Winfried/*Saliger*, Frank (Hrsg.), Einführung in die Rechtsphilosophie und Rechtstheorie der Gegenwart, 9. Auflage Heidelberg 2016

Kaufmann, Erich, Kritik der neukantischen Rechtsphilosophie, in: Erich Kaufmann, Rechtsidee und Recht: Rechtsphilosophische und ideengeschichtliche Bemühungen aus fünf Jahrzehnten, 1. Auflage Göttingen 1960

Keil, Geert, „Keine Strafe ohne Schuld, keine Schuld ohne freien Willen?", in: ders., Zur Bedeutung der Philosophie für die theologische Ethik (128), 1. Auflage Freiburg 2010, 159–174

Keil, Geert, Willensfreiheit, 3. Auflage eBook (PDF) 2017

Kelsen, Hans, „Eine Grundlegung der Rechtssoziologie", in: Archiv für Sozialwissenschaft und Sozialpolitik 39 (1915), S. 839–876

Kelsen, Hans, „Die philosophischen Grundlagen der Naturrechtslehre und des Rechtspositivismus", 1. Auflage Charlottenburg 1928

Kelsen, Hans, Das Problem der Souveränität und und die Theorie des Völkerrechts, 2. Aufl. 1928

Kelsen, Hans, „Was ist die Reine Rechtslehre?", in: Demokratie und Rechtsstaat, Festgabe zum 60. Geburtstag von Zaccaria Giacometti, 1. Auflage Zürich 1953

Kelsen, Hans, „Reine Rechtslehre – Mit einem Anhang: Das Problem der Gerechtigkeit", in: Jestaedt, Matthias (Hrsg.), Studienausgabe, 2. Auflage Tübingen 1960

Kelsen, Hans, „Über Grenzen zwischen juristischer und soziologischer Methode: Vortrag, gehalten in der Soziologischen Gesellschaft zu Wien" Neudruck der 1. Ausgabe Tübingen 1911, erschienen Aalen 1970

Kelsen, Hans, „Hauptprobleme der Staatsrechtslehre, entwickelt aus der Lehre vom Rechtssatze", 2. Neudr. der 2., um eine Vorrede verm. Aufl. Tübingen 1923, Aalen 1984

Kelsen, Hans, Allgemeine Theorie der Normen: Im Auftrag des Hans Kelsen Instituts aus dem Nachlass, 1. Auflage Wien 1999

Kempf, Eberhard von/*Lüderssen*, Klaus/*Volk*, Klaus (Hrsg.), Unternehmensstrafrecht, 1. Auflage eBook (PDF) 2012

Kindhäuser, Urs, „Strafrechtliche Schuld im demokratischen Rechtsstaat", in: Neumann, Ulfrid/Herzog, Felix (Hrsg.), Festschrift für Winfried Hassemer, 1. Auflage Heidelberg 2010

Kindhäuser, Urs, „Rechtstreue als Schuldkategorie", in: ZStW 107 (1995), Heft 4, 701–733

Kindhäuser, Urs/*Neumann*, Ulfrid/*Paeffgen*, Hans-Ullrich (Hrsg.), Strafgesetzbuch, 4. Auflage Baden-Baden 2013 (genannt: Nomos-Kommentar)

Kindler, Steffi, Das Unternehmen als haftender Täter: ein Beitrag zur Frage der Verbandsstrafe im deutschen Strafrechtssystem – Lösungswege und Entwicklungsperspektiven de lege lata und de lege ferenda, 1. Auflage Baden-Baden 2008

Kirch-Heim, Claudio, Sanktionen gegen Unternehmen. Rechtsinstrumente zur Bekämpfung unternehmensbezogener Straftaten, 1. Auflage Hamburg 2007

Kirchhof, Paul, „Die Einheit des Staates in seinen Verfassungsvoraussetzungen", in: Depenheuer, Otto/Ossenbühl, Fritz (Hrsg.), Die Einheit des Staates, 1. Auflage 1998 Heidelberg

Kirchhof, Paul, Menschenbild und Freiheitsrecht, in: Grote, Rainer u. a. (Hrsg.), Die Ordnung der Freiheit: Festschrift für Christian Starck zum siebzigsten Geburtstag, 1. Auflage Tübingen 2007

Kirste, Stephan, „Die beiden Seiten der Maske", in: Gröschner Rolf/Kirste, Stephan/Lembcke, Oliver W., Person und Rechtsperson, 1. Auflage Tübingen 2015

Klesczewski, Diethelm, „Gewinnabschöpfung mit Säumniszuschlag – Versuch über die Rechtsnatur der Verbandsgeldbuße (§ 30 OWiG)", in: Schneider, Hendrik/Kahlo, Michael/ Klesczewski, Diethelm/Schumann, Heribert (Hrsg.), Festschrift für Manfred Seebode zum 70. Geburtstag am 15. September 2008, 1. Auflage Berlin 2008, S. 179–197

Kley, Andreas/*Tophinke*, Esther, „Überblick über die Reine Rechtslehre von Hans Kelsen", in: JA 2001, Heft 2, S. 169–174

Klippel, Diethelm (Hrsg.), Naturrecht und Staat. Politische Funktionen des europäischen Naturrechts (17.–19. Jahrhundert), 1. Auflage München 2006

Köchy, Kristian/*Stederoth*, Dirk (Hrsg.), „Willensfreiheit als interdisziplinäres Problem", 1. Auflage München 2006

Kohlberg, Lawrence, Die Psychologie der Moralentwicklung, W. Althof (Hrsg.), 1. Auflage Berlin 1995

Köhler, Michael, Strafrecht Allgemeiner Teil, 1. Auflage Berlin 1997

Köhler, Michael, „Der Begriff der Zurechnung", in: v. Weigend, Thomas/Küpper, Georg (Hrsg.), Festschrift für Hans Joachim Hirsch zum 70. Geburtstag am 11. April 1999, 1. Auflage 1999, eBook (PDF), S. 65–82

Kohlrausch, Eduard, Der Kampf der Kriminalistenschulen im Lichte des Falles Dippold, in: MSchrKrim I (1904/1905), S. 16–25

Kohlrausch, Eduard, Sollen und Können als Grundlagen der strafrechtlichen Zurechnung, in: Krüger u. a. (Hrsg.), Festgabe für Karl Güterbock zur achtzigsten Wiederkehr seines Geburtstages dargebracht von früheren und gegenwärtigen Angehörigen der Juristenfakultät zu Königsberg, 1. Auflage Neudr. 1981 Aalen

Koller, Peter, Theorie des Rechts, 2. Auflage Wien 2001

Köpcke-Duttler, „Schuld, Strafe, Versöhnung", in: Köpcke-Duttler, Arnold (Hrsg.), Schuld – Strafe – Versöhnung. Ein interdisziplinäres Gespräch, 1. Auflage Mainz 1990, S. 93–116

Kraatz, Erik, Der Einfluss der Erfahrung auf die tatrichterliche Sachverhaltsfeststellung. Zum „strafprozessualen" Anscheinsbeweis, 1. Auflage Berlin 2011

Krauß, Detlef, „Neue Hirnforschung – Neues Strafrecht?", in: Müller-Dietz, Heintz/Müller, Egon/Kunz, Karl-Ludwig/Radtle, Henning/Britz, Guido/Momsen, Carsten/Koriath, Heinz (Hrsg.), Festschrift für Heike Jung zum 65. Geburtstag am 23. April 2007, 1. Auflage Baden-Baden 2007, S. 411–431

Krause, Detlef, Luhmann Lexikon: Eine Einführung in das Gesamtwerk von Niklas Luhmann, 4. Auflage Stuttgart 2005

Krawietz, Werner, Recht als Regelsystem, 1. Auflage Stuttgart 1998

Kremnitzer, Ghanayim, Die Strafbarkeit von Unternehmen, in: ZStW, 113 (2001), S. 539–564

Krey, Volker/*Eser*, Robert (Hrsg.), Deutsches Strafrecht Allgemeiner Teil, 5. Auflage Passau 2012

Krieger, David J., Einführung in die allgemeine Systemtheorie, 2. Auflage Stuttgart 1996

Kriele, Martin, Recht und praktische Vernunft, 1. Auflage Göttingen 1979

Krüger u. a. (Hrsg.), Festgabe für Dr. Karl Güterbock zur achtzigsten Wiederkehr seines Geburtstages, Neudruck der Ausgabe Berlin 1910

Krümpelmann, Justus, „Neugestaltung über die Vorschriften über die Schuldfähigkeit durch das Zweite Strafrechtsreformgesetz vom 04. Juli 1969", in: ZStW, Bd. 88, 1976, S. 6–39

Krümpelmann, Justus, „Dogmatische und empirische Probleme des sozialen Schuldbegriffs", in: GA 130 (1983) S. 337–360

Kruse, Johannes, Neurojurisprudenz – Potenziale und Perspektiven in NJW 2020, 137–139

Kubiciel, Michael/*Löhnig*, Martin/*Pawlik*, Michael/*Stuckenberg*, Carl-Friedrich/*Wohlers*, Wolfgang (Hrsg.), „Eine gewaltige Erscheinung des positiven Rechts", Karl Bindings Normen- und Strafrechtstheorie, 1. Auflage Tübingen 2020

Kübler, Friedrich/*Assmann*, Heinz-Dieter, Gesellschaftsrecht. Die privatrechtlichen Ordnungsstrukturen und Regelungsprobleme von Verbänden und Unternehmen, 6. Auflage München 2006

Kühl, Kristian/*Lackner*, Karl (Hrsg.), Strafgesetzbuch: StGB, Kommentar, 28. Auflage München 2014

Kuhlen, Lothar, Fragen einer strafrechtlichen Produkthaftung, 1. Auflage Heidelberg 1989

Kuhli, Milan, Normative Tatbestandsmerkmale in der strafrichterlichen Rechtsanwendung, 1. Auflage Tübingen 2017

Kunert, Karl Heinz, Die normativen Merkmale der strafrechtlichen Tatbestände, 1. Auflage Berlin 1958

Küper, Wilfried, Normativierung der Arglosigkeit?, in: GA 2006, 310–313

Küpper, Georg, Grenzen der normativierenden Strafrechtsdogmatik, 1. Auflage Berlin 1990

Kurbacher, Frauke, Zwischen Personen. Eine Philosophie der Haltung, 1. Auflage Würzburg 2017

Ladeur, Karl-Heinz, Der Staat gegen die Gesellschaft, Zur Verteidigung der Rationalität der Privatrechtsgesellschaft, 1. Auflage Tübingen 2006

Lagodny, Otto, Strafrecht vor den Schranken der Grundrechte. Die Ermächtigung zum strafrechtlichen Vorwurf im Lichte der Grundrechtsdogmatik dargestellt am Beispiel der Vorfeldkriminalisierung, 1. Auflage Tübingen 1996

Lamneck, Siegfried, Neue Theorien abweichenden Verhaltens, 1. Auflage München 1994

Lampe, Ernst-Joachim, Das personale Unrecht, 1. Auflage Berlin 1967

Lampe, Ernst-Joachim, Systemunrecht und Unrechtssysteme, in: ZStW 106 (1994), 683–45

Lampe, Ernst-Joachim, Strafphilosophie. Studien zur Strafgerechtigkeit, 1. Auflage Köln 1999

Lange, Richard, Zur Strafbarkeit von Personenverbänden, in: JZ 1952, S. 261–264

Laplace, Pierre Simon de, Philosophischer Versuch über die Wahrscheinlichkeit (1814); v. Richard von Mises (Hrsg.), 1. Auflage Leipzig 1932

Larenz, Karl, Methodenlehre der Rechtswissenschaft, 6. Auflage Berlin 1991

Lask, Emil, Rechtsphilosophie Band 1 (1905), in: Herrigel, Eugen (Hrsg.), Gesammelte Schriften, 1. Auflage Tübingen 1923

Laue, Christian, Die strafrechtliche Verantwortlichkeit von Verbänden, JURA Heft 5/2010, 339–346

Laufhütte, Heinrich Wilhelm/*Rissing-van Saan*, Ruth/*Tiedemann*, Klaus (Hrsg.), Strafgesetzbuch. Leipziger Kommentar: Großkommentar. 12. Auflage Berlin ab 2006

Lege, Joachim, „Recht und Moral". Überlegungen zu einer altehrwürdigen Antithese, in: Atienza, Manuel/Pattaro, Enrico/Schlute, Martin/Topornin, Boris/Wyduckel, Dieter (Hrsg.), Theorie des Rechts und der Gesellschaft. Festschrift für Werner Krawietz zum 70. Geburtstag, 1. Auflage Berlin 2003

Lenckner, Theodor, Wertausfüllungsbedürftige Begriffe im Strafrecht und der Satz „nullum crimen sine lege", in: Juristische Schulung (JuS) 1968, S. 249 ff.

Lerner, Dieter, Die Verbindung von Sein und Sollen als Grundproblem der normativen Kraft der „Natur der Sache", in: ARSP Vol. 50, No. 3 (1964), S. 405–417

Lesch, Heiko, Der Verbrechensbegriff. Grundlinien einer funktionalen Revision, 1. Auflage Köln 1999

Lesch, Heiko, „Unrecht und Schuld im Strafrecht", in: JA 2002, 602 ff.

Lévy-Bruhl, Henri, Soziologische Aspekte des Rechts. Aus dem Französischen übertragen von Wolfgang Hromadka, 1. Auflage Berlin 1970

Lewis, Konventionen. Eine sprachphilosophische Abhandlung, 1. Auflage Berlin 1975

Libet, Benjamin, Mind Time: Wie das Gehirn Bewusstsein produziert, 1. dt. Auflage Berlin 2005

Libet, Benjamin, Anhang: „Haben wir einen freien Willen?", in: Hillenkamp, Thomas (Hrsg.), Neue Hirnforschung, neues Strafrecht? Tagungsband der 15. Max-Alsberg-Tagung am 28. 10. 2005 in Berlin, 1. Auflage Baden-Baden 2006

Liepmann, Moritz, Einleitung in das Strafrecht. Eine Kritik der Kriminalistischen Grundbegriffe 1900, nachdr. Montana 2010

Liszt, Franz von, Strafrechtliche Vorträge und Aufsätze, Bd. 2, 1. Auflage Berlin 1905

Liszt, Franz von, Lehrbuch des Deutschen Strafrechts, 26. Auflage Berlin 1932

Löffelmann, Markus, „Der Entwurf eines Gesetzes zur Einführung der strafrechtlichen Verantwortlichkeit von Unternehmen und sonstigen Verbänden", in: JR 2014, 185–199

Lohbeck, Andreas, Societas delinquere non potest – Ein Federstrich des Gesetzgebers und das Unternehmen ist strafbar?, in: JSE 2014, 5–20

Lohberger, Ingram K., Blankettstrafrecht und Grundgesetz, 1. Auflage München 1968

Lohmann, Hans-Martin/*Pfeiffer*, Joachim (Hrsg.), Freud-Handbuch: Leben – Werk – Wirkung, 1. Auflage Stuttgart 2013

Lorenz, Dieter, Der Maßstab des einsichtigen Menschen, 1. Auflage Bad Homburg vor der Höhe 1967

Lüderssen, Klaus, „Das Strafrecht zwischen Funktionalismus und ‚alteuropäischem' Prinzipiendenken", in: ZStW 107 (1995), Heft 4, 877–906

Lüderssen, Klaus/*Sack*, Fritz, Seminar abweichendes Verhalten, Band II, 1, 1. Auflage Frankfurt am Main 1975

Ludwig-Mayerhofer, Wolfgang, „Kommunikation in der strafgerichtlichen Hauptverhandlung: Von den Grenzen rechtlicher und soziologischer Modelle", in: Rehberg, Karl-Siegbert/Deutsche Gesellschaft für Soziologie (DGS) (Hrsg.), Differenz und Integration: die Zukunft moderner Gesellschaften, Verhandlungen des 28. Kongresses der Deutschen Gesellschaft für Soziologie im Oktober 1996 in Dresden, S. 446–450

Luhmann, Niklas, Rechtssoziologie Band I, 3. Auflage Reinbek 1972

Luhmann, Niklas, Ausdifferenzierungen des Rechts – Beiträge zur Rechtssoziologie und Rechtstheorie, 1. Auflage Frankfurt am Main 1981

Luhmann, Niklas, Die soziologische Beobachtung des Rechts. Ausgabe 3 von Würzburger Vorträge zur Rechtsphilosophie, Rechtstheorie und Rechtssoziologie, 1. Auflage Berlin 1986

Luhmann, Niklas, „Stellungnahme", in: Krawietz, Werner/Welker, Michael (Hrsg.), Kritik der Theorie sozialer Systeme. Auseinandersetzungen mit Luhmanns Hauptwerk, 1. Auflage Berlin 1992

Luhmann, Niklas, Das Recht der Gesellschaft, 1. Auflage Frankfurt am Main 1993

Lutz-Bachmann, Matthias, „Der Mensch als Person. Überlegungen zur Geschichte des Begriffs der ‚moralischen Person' und der Rechtsperson", in: Klein, Eckart/Menke, Christoph (Hrsg.), Der Mensch als Person und Rechtsperson, Grundlagen der Freiheit, 1. Auflage Berlin 2011

MacCormick, Neil, Why Law Makes No Claims, in: George Pavlakos (Hrsg.), Law, Rights and Discourse, 1. Auflage Oxford 2007

Maihold, Harald, Strafe für fremde Schuld, Die Systematisierung des Strafbegriffs in der spanischen Spätscholastik und Naturrechtslehre, 1. Auflage Köln 2005

Maiwald, Manfred, „Zum Begriff des Vorsatzes", in: Küper, Wilfried/Puppe, Ingeborg/Tenckhoff, Jörg (Hrsg.), Festschrift für Karl Lackner zum 70. Geburtstag am 18. Februar 1987, 1. Auflage Berlin Reprint 2018 (1. Februar 1987)

Mangakis, Georgios A., „Strafrechtsschuld und Willensfreiheit", in: ZStW 75 (1963), 516–540

Mangoldt, Hermann von/*Klein*, Friedrich/*Starck*, Christian (Hrsg.), Kommentar zum Bonner Grundgesetz I, 5. Auflage München 1999

Mannheim, Hermann, Maßstab der Fahrlässigkeit im Strafrecht, 1. Auflage Königsberg 1912

Marcic, René, „Rechtswirksamkeit und Rechtsbegründung", in: Merkl, Adolf J./Marcic, René/Verdroß, Alfred/Walter, Robert (Hrsg.), Festschrift für Hans Kelsen zum 90. Geburtstag, 1. Auflage Wien 1971

Markowitsch, Hans J., „Warum wir keinen freien Willen haben. Der sogenannte freie Wille aus Sicht der Hirnforschung", Psychologische Rundschau, 55. H. 4 (2004), S. 163–168

Markowitsch, Hans J., „Gene, Meme, ‚freier Wille': Persönlichkeit als Produkt von Nervensystem und Umwelt", in: Reichartz, Jo/Zaboura, Nadia (Hrsg.), Akteur Gehirn – oder das vermeintliche Ende des handelnden Subjekts, 1. Auflage Wiesbaden 2006

Marmor, Andrei, „Exclusive Legal Positivism", in: The Oxford Handbook of Jurisprudence & Philosophy of Law, S. 104; abzurufen unter https://www.oxfordhandbooks.com/view/10.1093/oxfordhb/9780199270972.001.0001/oxfordhb-9780199270972-e-3

Marquardt, Odo, „Das Über-Wir, Bemerkungen zur Diskursethik", in: ders. (Hrsg.), Individuum und Gewaltenteilung, 1. Auflage Stuttgart 2004

Maunz, Theodor/*Dürig*, Günter (Hrsg.), Grundgesetz. Kommentar, Loseblattsammlung seit 1958, München.

Maurach, Reinhart/*Gössel*, Karl Heinz/*Zipf*, Heinz u. a. (Hrsg.), Strafrecht Allgemeiner Teil StGB Bd. II: Erscheinungsformen des Verbrechens und Rechtsfolgen der Tat, 8. Auflage Heidelberg 2014

Maurach, Reinhart/*Zipf*, Heinz u. a. (Hrsg.), Strafrecht Allgemeiner Teil StGB Bd. I: Grundlehren des Strafrechts und Aufbau der Straftat, 8. Auflage Heidelberg 1992

Mayer, Hellmuth, Das Strafrecht des deutschen Volkes, 1. Auflage Stuttgart 1936

Merkel, Reinhard, „Schuld, Charakter und normative Ansprechbarkeit", in: Manfred Heinrich/Christian Jäger/Hans Achenbach/Knut Amelung/Wilfried Bottke/Bernhard Haffke/Bernd Schünemann/Jürgen Wolter (Hrsg.), Strafrecht als Scientia Universalis, Festschrift für Claus Roxin zum 80. Geburtstag am 15. Mai 2011, Band 1, 1. Auflage Berlin 2011, S. 737–761

Merkel, Reinhard, Willensfreiheit und rechtliche Schuld. Eine strafrechtsphilosophische Untersuchung, 2. Auflage Baden-Baden 2014

Mezger, Edmund, Vom Sinn der strafrechtlichen Tatbestände, in: Festschrift für Ludwig Traeger zum 70. Geburtstage am 10. Juni 1926, 1. Auflage Berlin 1926

Mezger, Edmund, „Die Straftat als Ganzes", in: ZStW 57 (1983), 675–701.

Mezger, Edmund, Strafrecht, Nachdruck der 3. unveränderten Auflage v. 1949 München/Leipzig 1996

Mitsch, Wolfgang, „Täterschaft und Teilnahme bei der ‚Verbandsstraftat'", in: NZWiSt 2014, 1

Mitsch, Wolfgang u. a. (Hrsg.), Karlsruher Kommentar zum Gesetz über Ordnungswidrigkeiten: OWiG, 5. Auflage München 2018

Möllers, Christoph, Die Möglichkeit der Normen – Über eine Praxis jenseits von Moralität und Kausalität, 1. Auflage Berlin 2015

Moore, George Edward, Grundprobleme der Ethik, 1. Auflage München 1985

Moore, George Edward, Principia Ethica, 1. Auflage Cambridge 1996.

Mugdan, Benno/*Magunna*, Paul (Hrsg.), Die gesammten Materialien zum Bürgerlichen Gesetzbuch für das Deutsche Reich, Band 1, online Ressource, Düsseldorf

Müller, Ekkehard, Die Stellung der juristischen Person im Ordnungswidrigkeitenrecht, 1. Auflage Heidelberg 1985

Müller, Friedrich, Strukturierende Rechtslehre, 2. Auflage Berlin 1994

Münch, Ingo von/*Kunig*, Philip, Grundgesetz-Kommentar, 5. Auflage München 2000

Müssig, Bernd, „Normativierung der Mordmerkmale durch den Bundesgerichtshof? Kriterien der Tatverantwortung bzw. Tatveranlassung als Interpretationsmuster für die Mordmerkmale", in: Widmaier, Gunter/Lesch, Heiko/Müssig, Bernd/Wallau, Rochus (Hrsg.), Festschrift für Hans Dahs, 1. Auflage Köln 2005

Nagel, Thomas, Moral Luck, in: Moral Questions, 1. Auflage Cambridge 1979, 24–38

Nagler, Johannes, Karl Binding zum Gedächtnis, in: Der Gerichtssaal 91 (1925), S. 1–66

Nass, Gustav, Ursprung und Wandlungen des Schuldprinzips. Ein Beitrag der psychologischen Anthropologie zur Evaluation des Rechtsdenkens, 1. Auflage Neuwied a. R./Berlin 1963

Nass, Gustav, Person, Persönlichkeit und juristische Person, 1. Auflage Berlin 1964

Nettesheim, Martin, Die Garantie der Menschenwürde zwischen metaphysischer Überhöhung und bloßem Abwägungstopos, in: Archiv für öffentliches Recht 130 (2005), S. 71–113

Nettesheim, Martin, Verfassungsrecht und Unternehmenshaftung: Verfassungsrechtliches Freiheitskonzept und präventionsgetragene Verschärfung des Wettbewerbssanktionsrechts, 1. Auflage Tübingen 2018

Neumann, Ulfrid, Strafrechtliche Verantwortlichkeit von Verbänden – rechtstheoretische Prolegomena, in: Kempf, Eberhard/Lüderssen, Klaus/Volk, Klaus (Hrsg.), Unternehmensstrafrecht, 2012, S. 13–20

Neumann, Ulfrid, „Neue Entwicklungen im Bereich der Argumentationsmuster zur Begründung oder zum Ausschluß strafrechtlicher Verantwortlichkeit", in: ZStW 99 (1987), S. 567–594

Nietzsche, Friedrich, „Menschliches, Allzumenschliches. Ein Buch für freie Geister", in: von Schlechta (Hrsg.), 5. Auflage Leipzig 1897

Nietzsche, Friedrich, „Götzen-Dämmerung oder: Wie man mit dem Hammer philosophiert", in: von Schlechta (Hrsg.), 10. Auflage Berlin 1984

Noll, Peter, „Schuld und Prävention unter dem Gesichtspunkt der Rationalisierung des Strafrechts", in: Geerds, Friedrich/Naucke, Wolfgang (Hrsg.), Beiträge zur gesamten Strafrechtswissenschaft: Festschrift für Hellmuth Mayer zum 70. Geburtstag am 1. Mai 1965, 1. Auflage Berlin 1966, S. 219–234

Oehler, Dietrich, „Das objektive Zweckmoment in der rechtswidrigen Handlung", 1. Auflage Berlin 1959

Omsels, Hermann-Josef, Kritische Anmerkungen zur Bestimmung der Irreführungsgefahr, in: GRUR 2005, 548–558

Opp, Karl-Dieter, Abweichendes Verhalten und Gesellschaftsstruktur, 1. Auflage Darmstadt 1974

Ostermeyer, Helmut, Kollektivschuld im Strafrecht, in: Zeitschrift für Rechtspolitik 4. Jahrg., H. 4 (April 1971), S. 75–76

Otto, Harro, Die Strafbarkeit von Unternehmen und Verbänden. Vortrag gehalten vor der Juristischen Gesellschaft zu Berlin am 26. Mai 1993, 1. Auflage Berlin Reprint 2015

Pade, Jochen, Quantenmechanik zu Fuß 2: Anwendungen und Erweiterungen, Band 2, 1. Auflage Heidelberg 2012

Palm, Ulrich, „Die Person als ethische Rechtsgrundlage der Verfassungsordnung", in: Der Staat, Vol. 47, No. 1 (2008), S. 41–62

Papathanasiou, Konstantina, Irrtum über normative Tatbestandsmerkmale, eine Verortung der subjektiven Zurechnung innerhalb der verfassungsrechtlichen Koordinaten des Bestimmtheitsgrundsatzes und des Schuldprinzips, 1. Auflage Berlin 2014

Pauen, Michael, Illusion Freiheit? Mögliche und unmögliche Konsequenzen der Hirnfor-schung, Frankfurt am Main, 2. Auflage 2005

Pawlik, Michael, „Der wichtigste dogmatische Fortschritt der letzten Menschenalter?" – An-merkungen zur Unterscheidung zwischen Unrecht und Schuld im Strafrecht, in: Dannecker (Hrsg.), Festschrift für Harro Otto, 1. Auflage Köln 2007

Peifer, Karl-Nikolaus, Festhalten am idealistischen Schöpferbegriff?, in: Hilty, Reto M./Dreier, Thomas (Hrsg.), „Vom Magnettonband zu Social Media." Festschrift 50 Jahre Urheber-rechtsgesetz (UrhG), 1. Auflage München 2015 S. 351–360

Pohl, Karl-Heinz, „Zur Universalität und Relativität von Ethik und Menschenrechten im Dialog mit China", in: Hoffmann, Bernd von (Hrsg.), Universalität der Menschenrechte. Kulturelle Pluralität, 1. Auflage Frankfurt 2008

Poscher, Ralf, Theorie eines Phantoms – Die erfolglose Suche der Prinzipientheorie nach ihrem Gegenstand, Rechtswissenschaft (RW) 2010, 349–372

Pothast, Ulrich (Hrsg.), Seminar: Freies Handeln und Determinismus, 1. Auflage Frankfurt a. M. 1978

Pound, Roscoe, Common Law and Legislation, HLR 21 (1908), S. 383–407

Prechtl, Peter/*Burkard*, Franz-Peter (Hrsg.), Metzler Lexikon Philosophie, 3. Auflage Würz-burg 2008

Prinz, Wolfgang, „Kritik des freien Willens – Psychologische Bemerkungen über eine soziale Institution", in: Senn, Marcel/Puskás, Dániel (Hrsg.), Gehirnforschung und rechtliche Verantwortung, 1. Auflage Stuttgart 2006, S. 27–39

Puppe, Ingeborg, Naturalismus und Normativismus in der modernen Strafrechtsdogmatik, GA 1994, S. 297–318

Putnam, Hilary, „Werte und Normen", in: Günther, Klaus/Wingert, Lutz (Hrsg.), Die Öffent-lichkeit der Vernunft und die Vernunft der Öffentlichkeit: Festschrift für Jürgen Habermas, 1. Auflage Berlin 2001, S. 280–314

Quante, Andreas, Sanktionsmöglichkeiten gegen juristische Personen und Personenvereini-gungen, Schriften zum Strafrecht und Strafprozessrecht Bd. 87, 1. Auflage Frankfurt am Main 2005

Radbruch, Gustav, Grundzüge der Rechtsphilosophie, 1. Aufl. Leipzig 1914

Radbruch, Gustav, Klassenbegriffe und Ordnungsbegriffe im Rechtsdenken, Internationale Zeitschrift für Theorie des Rechts 12 (1938), 46 ff.; abgedruckt in GRGA, Bd. 3, 60–70

Radbruch, Gustav, Gesetzliches Unrecht und übergesetzliches Recht, in: Süddeutsche Juris-tenzeitung 1. (1946), S. 105–108

Radbruch, Gustav, „Die Natur der Sache als juristische Denkform", in: Hernmarck, Gustav C. (Hrsg.), Festschrift zu Ehren von Prof. Dr. jur. Rudolf Laun, Rektor der Universität Hamburg anlässlich der Vollendung seines 65. Lebensjahres am 1. Januar 1947, 1. Auflage Hamburg 1948

Radbruch, Gustav, Rechtsphilosophie, hrsg. von Erik Wolf, 4. Auflage Stuttgart 1950

Radbruch, Gustav, Vorschule der Rechtsphilosophie, 2. Auflage Göttingen 1959

Radbruch, Gustav, Rechtsphilosophie, hrsg. von Erik Wolf, 7. Auflage Stuttgart 1970

Raiser, Thomas, Aufgaben der Rechtssoziologie als Zweig der Rechtswissenschaft, in: Zeitschrift für Rechtssoziologie, Band 15, Heft 1, S. 1–11

Raiser, Thomas, Das lebende Recht, 2. Auflage Baden-Baden 1999

Raiser, Thomas, Grundlagen der Rechtssoziologie, 6. Auflage Stuttgart 2013

Ransiek, Andreas, Zur strafrechtlichen Verantwortung von Unternehmen, in: NZWiSt 2012, S. 45–51

Recaséns-Siches, Luis, „Das Problem der ‚Natur der Sache‘", in: ARSP Vol. 58, No. 2 (1972), S. 199–214

Rehbinder, Manfred, Rechtssoziologie, 4. neu bearbeitete Auflage München 2000

Roeder, Hermann, Die Einhaltung des sozialadäquaten Risikos und ihr systematischer Standort im Verbrechensaufbau, 1. Auflage Berlin 1969

Rogall, Klaus, „Kriminalstrafen gegen juristische Personen?", in: GA 2015, 260–266

Röhl, Klaus Friedrich, Rechtssoziologie. Ein Lehrbuch, 1. Auflage Köln 1987

Röhl, Klaus Friedrich/*Röhl*, Hans Christian, Allgemeine Rechtslehre, 3. Auflage Köln 2008

Rotberg, Eberhard, „Für Strafe gegen Verbände", in: Cammerer, Ernst v./Friesenhahn, Ernst/Lange, Richard (Hrsg.), Hundert Jahre deutsches Rechtsleben. Festschrift zum hundertjährigen Bestehen des Deutschen Juristentages 1860–1960, 1960, S. 193–228

Roth, Gerhard, Das Ich ist nicht Herr im Hause, Das Magazin, 3/2001, S. 32–34

Roth, Gerhard, Fühlen, Denken, Handeln: Wie das Gehirn unser Verhalten steuert, 1. Auflage Berlin 2001

Roth, Gerhard, „Willensfreiheit, Verantwortlichkeit und Verhaltensautonomie des Menschen aus Sicht der Hirnforschung", in: Dölling, Dieter (Hrsg.), Jus humanum: Grundlagen des Rechts und Strafrecht. Festschrift für Ernst-Joachim Lampe zum 70. Geburtstag, 1. Auflage Berlin 2003, S. 50–63

Roth, Gerhard, „Worüber dürfen Hirnforscher reden – und in welcher Weise?", in: Geyer (Hrsg.), Hirnforschung und Willensfreiheit. Zur Deutung der neuesten Experimente, 1. Auflage Frankfurt am Main 2004

Roth, Gerhard, „Willensfreiheit und Schuldfähigkeit aus Sicht der Hirnforschung", in: Roth/Grün, Das Gehirn und seine Freiheit. Beiträge zur neurowissenschaftlichen Grundlegung der Philosophie, 3. Auflage Göttingen 2006.

Rothenspieler, Friedrich Wilhelm, Der Gedanke einer Kollektivschuld in juristischer Sicht, 1. Auflage Berlin 1982

Rotsch, Thomas, Tatherrschaft kraft Organisationsherrschaft?, in: ZStW 112 (2000), S. 518–562

Roxin, Claus, „Straftaten im Rahmen organisatorischer Machtapparate", in: GA 1963, S. 193–207

Roxin, Claus, „Einige Bemerkungen zum Verhältnis von Rechtsidee und Rechtsstoff in der Systematik unseres Strafrechts", in: Kaufmann, Arthur u. a. (Hrsg.), Gedächtnisschrift für Gustav Radbruch, 1. Auflage Göttingen 1968, S. 260–267

Roxin, Claus, „Kriminalpolitische Überlegungen zum Schuldprinzip", in: MSchrKrim, Band 56, 1973, S. 312–325

Roxin, Claus, „Zur jüngsten Diskussion über Schuld, Prävention und Verantwortlichkeit im Strafrecht", in: Kaufmann u. a. (Hrsg.), Festschrift für Paul Bockelmann zum 70. Geburtstag, 1. Auflage München 1979, S. 279–309

Roxin, Claus, „Zur Problematik des Schuldstrafrechts", in: ZStW 96, (1984) Heft 3, S. 641–660

Roxin, Claus, „Was bleibt von der Schuld im Strafrecht übrig?", in: SchwZStR 104 (1987), S. 356–376

Roxin, Claus, „Das Schuldprinzip im Wandel", in: Strafgerechtigkeit: Festschrift für Arthur Kaufmann zum 70. Geburtstag, Vol. 1 (1993), S. 519–535

Roxin, Claus, „Anmerkungen von BGH Urteil v. 26. 07. 1994 5. StR 98/94", in: JZ 1995, 49–52

Roxin, Claus, Strafrecht allgemeiner Teil, Band 1, 4. Auflage München 2006

Roxin, Claus, Zur neuesten Diskussion über die Organisationsherrschaft, GA 2012, S. 395–415

Roxin, Claus, Strafrechtliche Grundlagenprobleme, 1. Auflage Berlin 1972, Reprint 2012

Roxin, Claus, „Normative Ansprechbarkeit als Schuldkriterium", in: GA 2015, S. 489–502

Roxin, Claus, „Prävention, Tadel und Verantwortung – Zur neuesten Strafzweckdiskussion", in: GA 2015, S. 185–202

Roxin, Claus, „Das Schuldprinzip im Wandel", in: Strafgerechtigkeit, Festschrift für Arthur Kaufmann zum 70. Geburtstag, hrsg. von Fritjof Haft/Winfried Hassemer/Ulfrid Neumann/ Wolfgang Schild/Ulrich Schroth, 1. Auflage Heidelberg 1993, S. 519–535

Roxin, Claus, „Selbständigkeit und Abhängigkeit des Strafrechts im Verhältnis zu Politik, Philosophie, Moral und Religion", in: Hettinger, Michael/Zopfs, Jan/Hillenkamp, Thomas/ Köhler, Michael/Rath, Jürgen/Streng, Franz/Wolter, Jürgen (Hrsg.), Festschrift für Wilfried Küper zum 70. Geburtstag, Heidelberg 1. Auflage 2007, S. 489–504

Rüthers, Bernd/*Fischer*, Christian/*Birk*, Axel, Rechtstheorie: mit Juristischer Methodenlehre, 7. Auflage München 2013

Rüthers/Fischer/Birk (Hrsg.), Rechtstheorie mit juristischer Methodenlehre, 10. Auflage München 2018

Sacher, Mariana, „Systemtheorie und Strafrecht. Kritik der Rollenbezogenen Zurechnungs- lehre", in: ZStW 118 (2006) Heft 3, S. 574–619

Sachs, Michael (Hrsg.), Grundgesetz. Kommentar, 3. Aufl. München 2002

Safferling, Christoph, Vorsatz und Schuld: Subjektive Täterelemente im deutschen und eng- lischen Strafrecht, 1. Auflage Tübingen 2008

Sandherr, Urban, „Strafrechtliche Fragen des automatisierten Fahrens", in: NZV 2019, 1–4

Savigny, Friedrich Carl von, Vom Beruf unsrer Zeit für Gesetzgebung und Rechtswissenschaft, 2., verm. Auflage Heidelberg 1828

Savigny, Friedrich Carl von, System des heutigen römischen Rechts Band 2, eBook (PDF) Reprint Berlin 2016

Schlick, Moritz, Fragen der Ethik, Wien 1935 (1. Auflage 1930), Kapitel VII, wiederabgedruckt als „Wann ist der Mensch verantwortlich?", in: Seminar: Freies Handeln und Determinismus. Ed. Ulrich Pothast. Suhrkamp Taschenbuch Wissenschaft. 257. Frankfurt am Main: Suhrkamp, 1978, S. 157–168

Schlüchter, Ellen, Irrtum über normative Tatbestandsmerkmale im Strafrecht, 1. Auflage Tübingen 1983

Schlüter, Jan, Die Strafbarkeit von Unternehmen in einer strafprozessualen Betrachtung: nach dem geltenden Strafprozeßrecht, 1. Auflage Frankfurt am Main 2000

Schlüter, Philipp Horst, Gustav Radbruchs Rechtsphilosophie und Hans Kelsens reine Rechtslehre: ein Vergleich, abrufbar unter: http://nbn-resolving.de/urn:nbn:de:bsz:21-opus-4 0796

Schmidhäuser, Eberhard, „Über den axiologischen Schuldbegriff des Strafrechts: Die unrechtliche Gesinnung", in: Vogler, Theo (Hrsg.), Festschrift für Hans-Heinrich Jescheck zum 70. Geburtstag, Zweiter Halbband, 1. Auflage Berlin 1985, S. 485–502

Schmidt, Karsten, Gesellschaftsrecht, Köln 4. Auflage 2002

Schmitt, Carl, Über Schuld und Schuldarten: Eine terminologische Untersuchung, 2. Aufl. Mit einem Anhang weiterer strafrechtlicher und früher rechtsphilosophischer Beiträge, Berlin 2017

Schmitt-Leonardy, Charlotte, Unternehmenskriminalität ohne Strafrecht?, 1. Auflage Heidelberg, 2013

Schmitz, Roland, Bestrafung von Unternehmen – Abkehr vom Schuldstrafrecht, in: Kempf, Eberhard/Lüderssen, Klaus/Volk, Klaus (Hrsg.), Unternehmensstrafrecht,1. Auflage Berlin 2012, S. 311–320

Schmoller, Kurt, „Zur Argumentation mit Maßstabfiguren", in: JBl 112 (1990), 631–644

Schneider, Frank/*Frister*, Helmut/*Olzen*, Dirk/*Antonow*, Katrin, Begutachtung psychischer Störungen: mit Beispielgutachten, 1. Auflage Heidelberg 2006

Schneider, Hendrik, „Das Unternehmen als Projektionsfläche kollektiver Strafbedürfnisse – Über die soziale Konstruktion der Täter- und Opferrolle", in: Jahn, Matthias/Schmitt-Leonardy, Charlotte/Schoop, Christian (Hrsg.), Das Unternehmensstrafrecht und seine Alternativen, Baden-Baden 2016, S. 25–40

Schneider, Hendrik/*John*, Dieter, Das Unternehmen als Opfer von Wirtschaftskriminalität, 1. Auflage Köln 2013

Schneider, Kurt, Die Beurteilung der Zurechnungsfähigkeit, 2. Auflage Stuttgart 1953

Scholz, Rupert, Strafbarkeit juristischer Personen?, in: ZRP 2000, 435

Schönke, Adolf/*Schröder*, Horst (Begr.), Strafgesetzbuch. Kommentar, 30. Auflage München 2019

Schopenhauer, Arthur, „Preisschrift über die Freiheit des Willens", in: Frh. von Löhneysen (Hrsg.), Sämtliche Werke Band 3, 1962 Hamburg, S. 58–59

Schreiber, Rechtliche Grundlagen der Schuldunfähigkeitsbeurteilung, in: Venzlaff (Hrsg.), Psychiatrische Begutachung, 1. Auflage Stuttgart 1986

Schröder, Thomas, Unternehmensverantwortung und Unternehmenshaftung von und in Konzernen – zur Zukunft des Unternehmenskriminalstrafrechts – zugleich ein Tagungsbericht zu den Unternehmensstrafrechtlichen Tagen 2016 in Heidelberg, NZWiSt 2016, S. 452–464

Schroeder, Friedrich-Christian, „Die normative Auslegung", in: JZ, 66. Jahrg., Nr. 4, S. 187–194

Schroth, Hans-Jürgen, Unternehmen als Normadressaten und Sanktionssubjekte. Eine Studie zum Unternehmensstrafrecht, 1. Auflage Giessen 1993

Schroth, Hans-Jürgen, „Strafe ohne nachweislichen Vorwurf", in: Manfred Heinrich/Christian Jäger/Hans Achenbach/Knut Amelung/Wilfried Bottke/Bernhard Haffke/Bernd Schünemann/Jürgen Wolter (Hrsg.), Strafrecht als Scientia Universalis, Festschrift für Claus Roxin zum 80. Geburtstag am 15. Mai 2011, Bd. II, 1. Auflage Berlin 2011, S. 705–729

Schulz-Schaeffer, Ingo, „Rechtsdogmatik als Gegenstand der Rechtssoziologie. Für eine Rechtssoziologie ‚mit noch mehr Recht‘", in: Zeitschrift für Rechtssoziologie 25 (2), 2004, S. 141–174

Schumann, Heribert, Strafrechtliches Handlungsunrecht und das Prinzip der Selbstverantwortung der Anderen, 1. Auflage Tübingen 1986

Schünemann, Bernd, in: Schünemann, Bernd u. a. (Hrsg.), Grundfragen des modernen Strafrechtssystems, 1. Auflage Berlin 1984

Schünemann, Bernd, Unternehmenskriminalität und Strafrecht, 1. Auflage Köln 1984

Schünemann, Bernd, „Die Strafbarkeit der juristischen Personen aus deutscher und europäischer Sicht", in: ders. (Hrsg.), Bausteine des europäischen Wirtschaftsstrafrechts. Madrid-Symposium für Klaus Tiedemann, 1. Auflage Köln 1994

Schünemann, Bernd, „Strafrechtsdogmatik als Wissenschaft", in: Schünemann u. a. (Hrsg.), Festschrift für Claus Roxin zum 70. Geburtstag am 15. Mai 2001, 1. Auflage Berlin 2001

Schünemann, Bernd, „Zum gegenwärtigen Stand der Lehre von der Strafrechtsschuld", in: Dölling, Dieter (Hrsg.), Jus humanum: Grundlagen des Rechts und Strafrecht. Festschrift für Ernst-Joachim Lampe zum 70. Geburtstag, 1. Auflage Berlin 2003

Schünemann, Bernd, „Strafrechtliche Sanktionen gegen Wirtschaftsunternehmen?", in: Ulrich Sieber u. a. (Hrsg.), Strafrecht und Wirtschaftsstrafrecht: Dogmatik, Rechtsvergleich, Rechtstatsachen, Festschrift für Klaus Tiedemann zum 70. Geburtstag, 1. Auflage Köln 2008

Schünemann, Bernd, „Die aktuelle Forderung eines Verbandsstrafrechts – Ein kriminalpolitischer Zombie", in: ZIS 2014, 1

Schurz, Gerhard, Wahrscheinlichkeit, 1. Auflage Berlin 2015

Schuster, Frank Peter, Das Verhältnis von Strafnormen und Bezugsnormen aus anderen Rechtsgebieten. Eine Untersuchung zum Allgemeinen Teil im Wirtschafts- und Steuerstrafrecht, 1. Auflage Berlin 2012

Schwinge, Christina, Strafrechtliche Sanktionen gegenüber Unternehmen im Bereich des Umweltstrafrechts, 1. Auflage Pfaffenweiler 1999

Sieckmann, Jan, Recht als normatives System. Die Prinzipientheorie des Rechts, 1. Auflage Baden-Baden 2009

Simon, Josef, Kant – Die fremde Vernunft und die Sprache der Philosophie, 1. Auflage Berlin 2003

Singer, Wolf, Ein neues Menschenbild? Gespräche über Hirnforschung, 1. Auflage Berlin 2003

Singer, Selbsterfahrung und neurobiologische Fremdbestimmung. Zwei konfliktträchtige Erkenntnisquellen, in: Schmidinger, Heinrich/Sedmak, Clemens (Hrsg.), Der Mensch – ein freies Wesen? Autonomie – Personalität – Verantwortung, 1. Auflage Darmstadt 2005

Sinn, Arndt, Moderne Verbrechensverfolgung – auf dem Weg zu einem Feindstrafrecht?, in: ZIS 2006, 107–117

Soergel, Hans-Theodor, Bürgerliches Gesetzbuch mit Einführungsgesetz und Nebengesetzen (BGB), Band I, 12. Auflage Stuttgart 1987

Söllner, Alfred, Einführung in die Römische Rechtsgeschichte, 5. Auflage München 1996

Söllner, Alfred, „Bona fides – guter Glaube", in: SZ Rom 122 (2005), S. 1–61

Soon, Chun Siong u. a. (Hrsg.), Unconscious determinants of free decisions in the human brain, in: Nature Neuroscience Volume 11, Number 5 2008, S. 543–545

Spendel, Günter, „Zum Begriff der Täterschaft", in: Prittwitz, Cornélius/Baurmann, Michael/Günther, Klaus/Kuhlen, Lothar/Merkel, Reinhard/Nestler, Cornélius/Schulz, Lorenz (Hrsg.), Festschrift für Klaus Lüddersen zum 70. Geburtstag am 2. Mai, 1. Auflage Baden-Baden 2002, S. 605–612

Spilgies, Gunnar, Die Bedeutung des Determinismus-Indeterminismus-Streits für das Strafrecht, 1. Auflage Hamburg 2004

Stern, Klaus, Das Staatsrecht der Bundesrepublik Deutschland, 5 Bde. in Tl.-Bdn., Bd. 3/1, Allgemeine Lehren der Grundrechte, 1. Auflage München 1988

Strache, Karl-Heinz, Das Denken in Standards, 1. Auflage Berlin 1968

Stratenwerth, Günter, Das rechtstheoretische Problem der „Natur der Sache", 1. Auflage Tübingen 1957

Stratenwerth, Günter, Tatschuld und Strafzumessung (Recht und Staat in Geschichte und Gegenwart/Eine Sammlung von Vorträgen und Schriften aus dem Gebiet der gesamten Staatswissenschaften), 1. Auflage Tübingen 1972

Stratenwerth, Günter, Die Zukunft des strafrechtlichen Schuldprinzips, 1. Auflage Heidelberg 1977

Strathenwerth, Günter, Strafrechtliche Unternehmenshaftung?, in: Gepert, Klaus/Bohnert, Joachim/Rengier, Rudolf (Hrsg.), Festschrift für Rudolf Schmitt zum 70. Geburtstag, 1. Auflage Tübingen 1992, S. 295–310

Strawson, Peter Frederick, „Freiheit und Übelnehmen", in: Pothast, Ulrich (Hrsg.), Seminar: Freies Handeln und Determinismus, 1. Auflage Frankfurt a. M. 1978, S. 212–244

Strawson, Peter Frederick (Hrsg.), aus dem Engl. übers. von Freimut Scholz, Einzelding und logisches Subjekt: ein Beitrag zur deskriptiven Metaphysik (Individuals), 1. Auflage Ditzingen 1972

Streng, Franz, „Schuld ohne Freiheit?", in: ZStW 101 (1989) Heft 2, S. 273–334

Streng, Franz, „Schuld, Vergeltung, Generalprävention. Eine tiefenpsychologische Rekonstruktion strafrechtlicher Zentralbegriffe", in: Jakob, Raimund/Rehbinder, Manfred (Hrsg.), Beiträge zur Rechtspsychologie, 1. Auflage Berlin 1987, S. 167–182

Streng, Franz, „Schuldbegriff und Hirnforschung", in: Pawlik, Michael (Hrsg.), Festschrift für Günther Jakobs zum 70. Geburtstag am 26. Juli 2007, 1. Auflage Köln/Berlin/München 2007, S. 675–692

Strobel, Benedikt, „Zwei-Welten-Theorie", in: Horn, Christoph/Müller, Jörn/Söder, Joachim (Hrsg.), Platon Handbuch, 1. Auflage Stuttgart 2009, S. 367–371

Stucki, Saskia, Grundrechte für Tiere. Eine Kritik des geltenden Tierschutzrechts und rechtstheoretische Grundlegung von Tierrechten im Rahmen einer Neupositionierung des Tieres als Rechtssubjekt, 1. Auflage Baden-Baden 2016

Sturma, Dieter, Person. Philosophiegeschichte – Theoretische Philosophie – Praktische Philosophie, 1. Auflage Paderborn 2001

Sturma, Dieter, „Philosophie der Psychologie", in: Journal für Psychologie, 10 (2002) 1, 2002, S. 18–39

Sutherland, Edwin H., „Is ‚White Collar Crime' Crime?", in: American Sociological Review Vol. 5, No. 1 (Feb., 1940), S. 1–12

Tesar, Ottokar: Die symptomatische Bedeutung des verbrecherischen Verhaltens, 1907, in: Abhandlungen des kriminalistischen Seminars der Universität Berlin (Hrsg. Franz von Liszt), Neue Folge, Fünfter Band, Heft 3, Berlin 1907

Teubner, Gunther, „Elektronische Agenten und große Menschenaffen: Zur Ausweitung des Akteursstatus in Recht und Politik", in: Becchi, Paolo/Graber, Christoph Beat/Luminati, Michele (Hrsg.), Interdisziplinäre Wege in der juristischen Grundlagenforschung, 1. Auflage Zürich 2008

Thelen, Hans-Paul, Das Tatbestandsermessen des Strafrichters, 1. Auflage München 1967

Thibaut, Anton Friedrich Justus, System des Pandekten-Rechts, 2. Auflage Jena 1805

Tiedemann, Klaus, Tatbestandsfunktionen im Nebenstrafrecht: Untersuchungen zu einem rechtsstaatlichen Tatbestandsbegriff, entwickelt am Problem des Wirtschaftsstrafrechts, 1. Auflage Tübingen 1969

Tiedemann, Klaus, „Die ‚Bebußung' von Unternehmen nach dem 2. Gesetz zur Bekämpfung der Wirtschaftskriminalität", in: NJW 1988, 1169.

Tiedemann, Klaus, Wirtschaftsstrafrecht AT: Einführung und Allgemeiner Teil, 4. Auflage München 2014

Trappe, Paul, „Die legitimen Forschungsbereiche der Rechtssoziologie", in: Theodor Geiger/ Trappe, Paul (Hrsg.), Vorstudien zu einer Soziologie des Rechts. Mit einer Einleitung und internationalen Bibliographie zur Rechtssoziologie von Paul Trappe. Luchterhand Neuwied am Rhein 1964 (zuerst: Kopenhagen 1947)

Trotha, Trutz von, Recht und Kriminalität. Auf der Suche nach Bausteinen für eine rechtssoziologische Theorie des abweichenden Verhaltens und der sozialen Kontrolle. 1. Auflage Tübingen 1982

Trüg, Gerson, Die Verbandsgeldbuße gegen Unternehmen – Ist-Zustand und Reformüberlegungen in ZWH 2011, 6–13

Trüg, Gerson, Zu den Folgen der Einführung eines Unternehmensstrafrechts in wistra 2010, 241–249

Vargha, Julius (Hrsg.), Die Verteidigung in Strafsachen – historisch und dogmatisch dargestellt, 1. Auflage Wien/Mainz 1879

Vergho, Raphael, „Das Leitbild eines verständigen Durchschnittsverbrauchers und das Strafrecht – ein inkongruentes Verhältnis", in: wistra 2010, 86–91

Vesting, Thomas, Rechtstheorie, 1. Auflage München 2007

Vogel, Joachim, „Unrecht und Schuld in einem Unternehmensstrafrecht", in: StV 2012, 427–432

Vowinkel, Bernd, „Maschinen mit Bewusstsein – Wohin führt die künstliche Intelligenz?", 1. Auflage Berlin 2006

Wächter, Daniel von, Die kausale Struktur der Welt, Eine philosophische Untersuchung über Verursachung, Naturgesetze, freie Handlungen, Möglichkeit und Gottes kausale Rolle in der Welt, 1. Auflage München, 2009

Walter, Robert, „Das Lebenswerk Hans Kelsens: Die Reine Rechtslehre", in: Marcic, René/Merkl, Adolf/Verdross, Alfred/Walter, Robert (Hrsg.), Festschrift für Hans Kelsen zum 90. Geburtstag, 1. Auflage Wien 1971

Walter, Tonio, Der Kern des Strafrechts. Die allgemeine Lehre vom Verbrechen und die Lehre vom Irrtum, 1. Auflage Tübingen 2006

Wandtke, Artur-Axel, „Urheberrecht in der Reform oder wohin steuert das Urheberrecht?", in: MMR 2017, 369–373

Watzlawick, Paul, Vom Unsinn des Sinns oder vom Sinn des Unsinns, 3. Auflage Wien 1994

Weber, Ulrich von, Über die Strafbarkeit juristischer Personen in GA 1954, S. 237 ff.

Weber, Ulrich, Konzeption und Grundsätze des Wirtschaftsstrafrechts (einschließlich Verbraucherschutz), in: ZStW 96 (1984), 376–416

Weinberger, Ota, Norm und Institution, 1. Auflage Wien 1988

Weißer, Bettina, „Ist das Konzept strafrechtlicher Schuld nach § 20 StGB durch die Erkenntnisse der Neurowissenschaften widerlegt?", in: GA 160 (2013) S. 26–48

Weizsäcker, Carl Friedrich von, Die Einheit der Natur. 4. Auflage München 1971

Welzel, Hans, Naturalismus und Wertphilosophie im Strafrecht: Untersuchungen über die ideologischen Grundlagen der Strafrechtswissenschaft, Nachdruck der 1. Ausgabe Mannheim/Leipzig 1935

Welzel, Hans, Das Deutsche Strafrecht: eine systematische Darstellung, 4. Auflage Berlin 1954

Welzel, Hans, Naturrecht und materiale Gerechtigkeit, 4. Auflage Göttingen, 1962

Welzel, Hans, „Persönlichkeit und Schuld", in: ZStW Bd. 60 (1994) S. 428–474

Wesel, Uwe, Geschichte des Rechts in Europa: von den Frühformen bis zur Gegenwart, 4. Auflage München 2014

Wex, Peter, Grenzen normativer Tatbestandsmerkmale im Hinblick auf den Bestimmtheitsgrundsatz „nullum crimen sine lege", 1. Auflage Berlin 1969

Wieacker, Franz, Privatrechtsgeschichte der Neuzeit unter besonderer Berücksichtigung der deutschen Entwicklung, 2. Auflage Göttingen 1967

William, James, The Dilemma of Determinism, 1. Auflage Whitefish MT 2005

Williams, Bernd, Moralischer Zufall, philosophische Aufsätze 1973–1980, übersetzt von André Linden, 1. Auflage Königstein 1984

Windel, Peter A., „Ist der Mensch eine ‚juristische Person'", in: Gödicke, Patrick/Hammen, Horst/Schur, Wolfgang/Walker, Wolf-Dietrich (Hrsg.), Festschrift für Jan Schapp zum siebzigsten Geburtstag, S. 537–553

Wiswede, Günter, Soziologie abweichenden Verhaltens, 2. Auflage Stuttgart 1979

Wittgenstein, Ludwig, The Big Typescript. TS 213, herausgegeben und übersetzt von C. Grant Luckhardt und Maximilian A. E. Aue. Blackwell, 1. Auflage 2005; abzurufen unter https://the-eye.eu/public/Books/Bibliotik/B/Big%20Typescript%20-%20Ludwig%20Wittgenstein.pdf

Wolf, Erik, Strafrechtliche Schuldlehre 1. Teil, Die gegenwärtige Lage, die theoretischen Voraussetzungen und die methodologische Struktur der strafrechtlichen Schuldlehre, 1. Auflage Mannheim 1928

Wolf, Erik, Die Typen der Tatbestandsmäßigkeit, 1. Auflage Breslau 1931

Wolf, Erik, „Umbruch oder Entwicklung in Radbruchs Rechtsphilosophie?", in: ARSP, Vol. 45, No. 4 (1959), S. 481–503

Wolf, Erik, Das Problem der Naturrechtslehre: Versuch einer Orientierung, 3., durchgearb. u. erw. Aufl., Karlsruhe 1964

Wolf, Gerhard, „Gestufte Täterschaft – zur Lehre vom ‚Täter hinter dem Täter'", in: Hoyer, Andreas/Müller, Henning Ernst/Pawlik, Michael/Wolter, Jürgen (Hrsg.), Festschrift für Friedrich-Christian Schroeder zum 70. Geburtstag, 1. Auflage Heidelberg 2006, S. 415–430

Wolf, Hans J., Organschaft und juristische Person, 1. Bd. Juristische Person und Staatsperson (Kritik, Theorie und Konstruktion), Berichtigter Neudr. d. 1. Ausgabe Berlin 1933

Wolter, Jürgen (Hrsg.), Systematischer Kommentar zum Strafgesetzbuch, 9. Auflage München 2017

Wroblewski, Igor, Zwei verschiedene Kompatibilismen – Peter Bieris und Daniel Dennetts Willensfreiheitstheorien in der gegenwärtigen Debatte, 1. Auflage Münster 2014

Würtenberger, Thomas, „Zur Problematik der strafrechtlichen Zurechnungsfähigkeit", in: JZ 1954, S. 209–213

Zieschang, Frank, Das Sanktionensystem in der Reform des französischen Strafrechts im Vergleich mit dem deutschen Strafrecht, 1. Auflage Berlin 1992

Zieschang, Frank, „Gibt es den Täter hinter dem Täter?", in: Dannecker, Gerhard/Langer, Winrich/Ranft, Otfried/Schmitz, Roland/Brammsen, Joerg (Hrsg.), Festschrift für Harro Otto zum 70. Geburtstag am 1. April 2007, 1. Auflage Köln 2007, S. 505–526

Zieschang, Frank, Das Verbandsstrafgesetzbuch in GA 2014, S. 91–106

Zippelius, Reinhold, Rechtsphilosophie: ein Studienbuch, 3. Auflage München, 1994

Zippelius, Reinhold, Grundbegriffe der Rechts- und Staatssoziologie, 3. Auflage Tübingen, 2012

Stichwortverzeichnis

Agnostiker   26, 30, 40, 50, 56
Allgemeinbegriff   117, 120, 121
Anthropozentrik   145, 146, 149
Argumentationsmuster   123
Autopoietisch   75, 76

Bereitschaftspotential   29, 32
Bestimmtheitsgrundsatz   114, 116
bona fides   119
bonus ad diligens pater familias   119

Charakterschuld   21, 22, 24–26, 52–56, 70

Dafürkönnen   20
Determinismus-Indeterminismus-Debatte
   17, 30, 41, 48, 70
Dilemma der Willensfreiheit   26, 39, 40
Dritte-Person-Perspektive   30, 32, 33
Dualismus der Perspektiven   30
Durchschnittsanforderungen   12, 118

Erste-Person-Perspektive   32, 33, 35
Erwartungsbegriff   58
Erwartungsstrukturen   58, 59, 90

Faktizität   72, 77, 81, 98
Fiktionstheorie   140
Freiheitsbewusstsein   25, 62
Fundamentalsätze   65, 66
Funktionsstufen   23

Gebot der Vorhersehbarkeit der Strafe   114
Gefühl der Freiheit   34, 35
Generalklausel   72, 107, 109, 114, 115
Gesinnung   24, 68
Gottesebenbildlichkeit   129, 130, 133, 136
Grundgesetz   52, 58, 68, 81, 106, 128–130,
   135, 145, 146, 149, 154, 156, 160
Grundrechte   40, 122, 126–128, 130, 135,
   156

Handlungsfähigkeit   46, 140–143, 146–
   148, 152, 157
Himmelsmechanik   42
Hirnareale   32, 56
Homunculus   116
homunculus normalis   115

Idealtypen   108, 120
„imago dei"-Lehre   129
Intelligibilitätsargument   40

Kategorienfehler   35
Kognitives System   32
Kollektivakteuren   144
Konstitutionsprinzip   156
Konstruktionsfrage   142
Kopenhagener Deutung   37
kosmologische These   28
Kriminalrecht   141
Kunstfigur   13, 116, 160

Laplace'schen Dämon   28
Lebensführung   54, 64
Leib-Seele-Problem   37, 38
Leitbild   114, 116, 132, 160
Leitgedanken   123
Libet-Experiment   29, 30, 33
Lissabon-Entscheidung   12

Maßstab   60, 66, 100, 112, 113, 115–117,
   121, 133, 156
metajuristische Phänomene   24, 63
moralische Bausteine   92, 122

Naturalistischer Fehlschluss   114
Naturgesetze   28, 33, 38, 42, 48, 88
Neurologie   11, 49, 55
Nietzsche   11, 14
Normabweichungen   21
Normadressateneigenschaft   143
Normalmaß   13, 119, 120, 121, 134

normative Setzung 61, 63, 118, 120, 121, 134, 159
Normbefehl 63, 114, 128, 138
Normpyramide 122, 135
Normvertrauen 58

Ödipus-Komplex 11
Optimierungsgebote 92, 123, 126, 127, 132
Ordnungsidee 128, 130
organisierte Unverantwortlichkeit 137
Organtheorie 140, 141, 142, 151

Personifikation 144
Persönlichkeitsentfaltung 156
Prävention 16, 24, 63, 64
Prinzipientheorie 119, 122, 123, 126, 131, 135
Psychologie 11, 31, 38, 50, 101
Psychologische Komponente 21

Quantenphysik 36, 37, 38
Quantenphysikalisches Phänomen 28, 36
Querschnitt 115

Realtypen 120
Rechtsgutlehre 116
Rechtspositivismus 78, 82, 84, 86, 89, 91–93, 95, 96, 122
Rechtsstaatsprinzip 15, 16, 149, 157
Rechtssubjektivierung 146
Rollenträger 60, 66, 152

Schraubensorte 120
Schuldanalogiemodell 151
Schuldidee 12, 22–25, 63, 68, 69, 71, 121, 133, 134, 135, 137
Schwachsinn 20, 21

seelische Abartigkeit 21
Selbstschädigungsdelikten 114
Selbstwahrnehmung 31, 36, 48
sittliche Autonomie 129
societas delinquere non potest 149
Soziale Wirklichkeit 89, 144
Spannungsfeld 17, 78
Spielregel 61, 160
Staatsgesetze 42
Standardisierung 114
Standards 60, 94, 107, 119–121, 131, 135
Steuerungsfähigkeit 21, 22, 50, 62, 65, 67
Strafbegründungsschuld 23, 51, 68
Strafzumessungsschuld 24, 51, 68
Strukturverschlingung 78, 118

Typizität der Lebenserscheinungen 117

Verantwortungsfähigkeit 17, 143
Verfassungsrang 15, 17, 132
Verhaltensidealisierung 126
Vernunftbegabung 130, 132, 135
Vernunftnatur des Menschen 129
Verständigungsgesetz 15
Veto-Möglichkeit 30
Vorwerfbarkeit 19, 20, 49, 148, 152, 153, 157

Weltall 28
Wertbegriffe 121
Willensbildung 12, 20, 49

Zufall 36, 45
Zufallsargument 39
Zuschreibung 12, 25, 43, 48, 53, 56, 58, 67, 69, 103, 111, 143, 144, 146

Julian Dust

Täterschaft von Verbänden

In der wissenschaftlichen Diskussion über die Reform des Unternehmenssanktionenrechts dominieren traditionell Überlegungen, ob juristische Personen und Verbände schuldhaft handeln können. Darüber wird häufig die Frage vernachlässigt, ob der Täterbegriff des geltenden Strafrechts auf Verbände übertragen werden kann. Die vorliegende Untersuchung zeigt auf, dass sich eine Täterschaft von Verbänden in die geltenden Strukturen einpassen lässt, womit zugleich ihre Voraussetzungen umgrenzt werden. Juristische Personen haben die Fähigkeit, nicht nur Normadressat, sondern selbst Normautor zu sein. Ebenso wie natürliche Personen haben sie Einfluss auf die Entstehung gleicher Freiheit, weshalb sie sich auch so organisieren müssen, dass sie dieser Freiheit gerecht werden. Zur Gestaltung des Organisationskreises des Verbandes sind dessen Leitungspersonen berufen, deren Handlungen dem Verband als eigene zugerechnet werden können. Eine Täterschaft im Sinne des geltenden Strafrechts resultiert hieraus nur dann, wenn die Anknüpfungstat als personales Unrecht der juristischen Person missbilligt wird. Der Autor resümiert, dass eine solche Verbandstäterschaft in § 30 OWiG adäquat umgesetzt ist, nicht dagegen im EU-Kartellrecht.

Schriften zum Strafrecht, Band 340
138 Seiten, 2019
ISBN 978-3-428-15717-4, € 59,90
Titel auch als E-Book erhältlich.

www.duncker-humblot.de